日本教材学会設立20周年記念論文集

「教材学」
現状と展望

上 巻

日本教材学会

まえがき

名誉会長　辰野　千壽

　早くも本学会は設立20周年を迎え、記念事業の一環として記念論文集を刊行するに至った。設立当時のことを思い、今日の発展を考えると誠に目出度いことであり、感無量である。

　本学会は、平成元年1月28日関係者の長年にわたるご努力により設立された。そのねらいは、研究者、実践者、製作者の三者が一体となり、教育に不可欠な教材について教科別、メディア別などの分野別の研究を超えて総合的・横断的・系統的に、しかも理論的、実践的に研究することであった。具体的には基礎理論、教材開発、教材活用、課題研究の四つの研究部会と研究発表大会、研究懇話会、会報編集、年報（現在は教材学研究）の四つの運営委員会によって活発に運営されてきた。事務局は（財）図書教材研究センターにおき、センターの皆様の献身的なご尽力により円滑に運営された。爾来、会員各位のご熱意、関係諸機関のご支援により順調に発展し、今年設立20周年を迎えることができた。誠に喜ばしく、ご同慶の至りである。

　本学会設立当時は、個性重視の原則の下に教育改革が進められ、能力・適性に応じた指導、基礎・基本の徹底、自己教育力の育成などが重視され、この目標の達成に役立つ教材の研究・開発が求められた。筆者は、学習心理学の立場から、平成4年に教材の役割、条件、用い方を含めた「教材の心理学」（学校図書）を出版した。もちろん、教育は時の教育理論の影響を受けるが、教材も学習理論の変化に伴ってその考え方、用い方が変化している。

　1950年代半ばまでは、学習は観察できる刺激と反応の結合の形成であると考える行動心理学が盛んであった。そこでは、学習者は与えられた刺激（教材）に受動的に反応することが主になり、教師中心のドリル学習、系統学習、プログラム学習、オペラント学習などが重視され、教材もこのような教授に役立ち、知識・技能の習得に役立つものが求められた。ところが、

1960年代になると、学習は観察できない内的過程・認知構造の変化であると考える認知心理学が発展した。そこでは、学習者は能動的、自発的に刺激を自分で合理的に処理し、意味を構成すると考え、学習者中心の理解学習、問題解決学習、発見学習、探求学習、体験学習などが重視され、教材も自己活動に役立ち、思考力、問題解決力の育成に役立つものが求められた。もちろん、行動理論、認知理論を折衷した認知的行動理論もみられる。基礎的・基本的な知識・技能の習得とそれを活用する思考力・判断力・表現力などの育成を重視する今日の教育では、この認知的行動理論に基づき、伝統的な教師中心、教科中心の指導法に学習者中心の指導法を加えた方法が重視され、教材も、この立場から知識・技能の習得・定着とその活用力、さらには実践場面における活用力・応用力の育成に役立つものが求められている。

　さらに、学習に役立つ教材を具体的に考える場合には学習はどのように進むかを考え、それに適した教材を考えることが必要である。典型的な過程としては、(1) 動機づけ、(2) 獲得（習得）、(3) 保持（定着）、(4) 転移（応用）の四つに分けられる。そこで、教材の構成では、これらの段階の特徴を考え、その指導に役立つ教材を考えることが必要である。

　なお、教育の研究では理論と実践の統合が求められ、「一方の足を研究室に、他方の足を教室に」という心構えで研究することが求められている。さらに、研究の質を高め、教材の研究を科学としての「教材学」に発展させるためには、次の条件が必要だと考えられている。(1) 研究課題は、教師の指導にはもちろん、児童生徒の学習に意義があること。(2) その領域の先行研究を明らかにし、自分の研究と関係づけること。(3) 研究を行う児童生徒の人数は、一般的結論を出すのに適していること。(4) 研究の手続き、結果の表し方、纏め方が適切であり、さらに追試が可能であること。(5) 分析と論理的結論が正しく行われていること。

　今回、「教材学」としての体系化を目指し、この記念論文集が刊行された。これを契機に教材の研究はもちろん、この教材学会がさらに発展することを祈念する。終わりにこの記念論文集の企画、編集、執筆に当たられた皆様のご努力に敬意を表し、「まえがき」に代えさせていただくことにする。

　なお、私事にわたって恐縮であるが、会長在任中にいただいた皆様のご支援、ご協力に心から謝意を表する。

発刊にあたって

会長　川野辺　敏

　日本教材学会が創立20周年を迎え、「教材学」に関する図書を出版する運びに至ったことを、会員とともにお祝い致します。学会発足当時のことを思い起こすと、「教材とは」「学習材とは」といったシンポジュームや熱のこもった議論が思い起こされます。それからあっという間の20年でしたが、着実に会員を増やし、研究の質を向上し、学術会議の一機関として、認知される学会に成長しました。その間、組織の中では年1回の「研究発表大会」に留まらず、機関紙「学会通信」の定期的配布（年3回）、研究懇話会の開催（年3回、平成19年度から年2回）、各研究部（基礎理論・教材作成・教材活用・課題研究の4部門）ごとの年数回に及ぶ研究会など、他の学会に見られないような着実な活動が進められ、その結果が、今回の刊行にこぎつけた原動力になったものだと確信します。ここに、関係者皆さんの、ご努力・ご協力に改めて敬意を表させていただきます。

　本学会はいうまでもなく、他の教育関連学会とは一味違った研究対象と構造を持っています。一つは、研究対象の具体性（「授業や学習に不可欠な「教材」）です。教材は日常的に学校の授業や家庭での学習等に広く活用されているものであり、教師や子ども、さらには父母等に最も身近な教授・学習材でありながら、これを研究対象にした学会はありませんでした。子どもの学習は教師と子どもの相互作用、あるいは父母と子ども、子ども自身によって進められ、その手段・素材として「教材」が活用されています。学校での授業に限定していえば、授業の質は教師の人格・指導法などによるところが大きいことは言うまでもありませんが、活用する教材の質により、学習の質も変化するという関係にあります。つまり、子どもの教育・学習の質に直接影響を与える可能性の最も大きい「教材」の研究を行う学会であるといえます。二つは、研究者・教師・教材作成者の三者の構成による学会であると

いうことです。これまで、研究者中心あるいは教師を含めた学会は多く見られ、近年は理論研究と平行して実証的な研究を重視する学会も増える傾向にはありますが、一歩踏み込んで、教材の具体的な作成者を含め、総合的に研究を進めようとしたのが本学会の特色だともいえるでしょう。三つは、異なった学問分野の専門家の集団であることです。国語・数学・社会・理科・外国語・家庭・美術・音楽など各教科の専門家及び教育学・環境学・心理学・情報学などの専門家が加入している学会であることにより、異なった専門分野の研究者が「教材」を核にした総合的・横断的な研究を進めていることです。他に例を見ない学会であるといえるでしょう。

これら学会の持つ特性・伝統を受け継ぎつつ、学会20周年を機に「教材学」と銘打った本書の刊行に踏み切ったことは大変意義深いことだといえます。周知の通り、「教材学」という分野の学問を切り開いたのはわが国が初めてであり、世界各国を俯瞰しても例を見ないものです。したがって、教材とはなにかという基本に始まり、教科書とその他の教材の関係、教育目標や内容・方法の変化・多様化に応じた教材のあり方、コンピュータを含む新しいメディア教材の出現など、きわめて複雑・多様な課題を抱えており、特に変化の激しい時代の中で、研究―実践―検証の反復が必要です。別言すれば、よりよい教材の開発のためには研究の継続が不可欠であり、実践的な研究の積み重ねの中での改善が求められているといえるでしょう。

このような認識のもとに、学会創設20周年を期に、委員長をはじめとする「紀要編集委員会」の諸先生の教材にかける熱意とご努力に支えられ、本書が刊行の運びになったことを、重ねて感謝したいと思います。今回の成果を踏まえ、学会員各位が過去を振り返りつつ、本書の内容を吟味・共有し、更なる学会の充実・発展へと前進する糧にしていただくと同時に、教育関係者の皆さんの教材に対する関心をより一層深め子どもの教育の質の向上に役立てて頂ければ幸いです。

最後になりますが、学会の20年のその殆どを会長として理論面及び運営全般に亘ってご指導たまわった現名誉会長の辰野先生、また、当初から今日に至るまで裏方に徹し、学会を支え、本書の刊行を含め、ここまで育て上げてこられた清水副会長、さらには運営面でご苦労をおかけしてきた故風間先生・現十亀事務局長および事務局の皆さんに感謝の意を表し、ご挨拶に代えさせていただきます。

目　次

まえがき　　　　　　　　　………名誉会長・辰野　千壽　1
発刊にあたって　　　　　　………会長・川野辺　敏　3

Ⅰ章　教材学 ——————————————— 7
① 教材学とは　　　　　　　　………長谷川　榮　9
② 教材とは　　　　　　　　　………山口　満　22
③ 教材の歴史　－教育改革と教材観の関係性－………佐島　群巳　27
④ 教材と心理　　　　　　　　………福沢　周亮　42
⑤ 教材研究の方法論　－知識観と学習観の問い直しから－
　　　　　　　　　　………小笠原　喜康・柴山　英樹　51
⑥ 教材の種類・形態とその働き　………古藤　泰弘　64
　　ⅰ 教科書教材　　　　　　………柴田　義松　70
　　ⅱ 図書教材　　　　　　　………清水　厚実　79
　　ⅲ 映像教材　　　　　　　………大河原　清　93
　　ⅳ NIE教材　　　　　　　　………植田　恭子　112
　　ⅴ デジタル教材とその特性　………古藤　泰弘　123
　　ⅵ 放送教材の教育機能　　………菊地　紀子　136
⑦ 地域社会と教材　　　　　　………新井　郁男　150
⑧ 教材の作成・開発の視点と方法
　　　－ホーリズムの視点に立った教材開発を中心として－
　　　　　　　　　　　　　　………下田　好行　159
⑨ 教材の活用　　　　　　　　………北　俊夫　170
⑩ 教材の評価と改善　　　　　………小野瀬　雅人　181

Ⅱ章　各教育内容の教材とは ─────────────────193

① 国語科の教材とは　　　　　　　　………清水　健　195
② 社会科の教材とは　　　　　　　　………石橋　昌雄　202
③ 算数・数学科の教材とは　─算数・数学科の教材の特質と教材開発の必要性─
　　　　　　　　　　　　　　　　　………半田　進　215
④ 理科の教材とは　─理科教材の特性─　………福地　昭輝　228
⑤ 生活科の教材とは　　　　　　　　………日台　利夫　241
⑥ 音楽科における教材とは　　　　　………八木　正一　250
⑦ 美術教育における教材　　　　　　………柴田　和豊　262
⑧ 技術科の教材とは　　　　　　　　………宮川　秀俊　275
⑨ 家庭科の教材とは　　　　　　　　………中間　美砂子　289
⑩ 体育科の教材とは　　　　　　　　………岸本　肇　302
⑪ 外国語教育の本質と教材　　　　　………伊藤　嘉一　314
⑫ 総合的な学習における教材の意義と働き　………小林　宏己　327
⑬ 道徳の教材とは　　　　　　　　　………吉澤　良保　338
⑭ 特別活動の教材とは　　　　　　　………林　尚示　350
⑮ 幼児教育の教材を考えるための一考察
　　　　　　　　　　　………谷田貝　公昭・髙橋　弥生　363

Ⅰ章
教材学

教材学とは

長谷川　榮
(はせがわ　さかえ)

1　教材学の性格

　教材学会が設立されて20周年を迎えるが、その間教材学の学問的性格とその体系が研究されて論じられたことがない。教材学を標榜してその研究活動を進めるかぎり、教材学とは何かという科学的基礎づけを図らなければならない。そこで、教材学とは何かという問題に取り組んで、その基礎づけを図る試論を展開してみよう。
　まず、教材学の学問的性格を考察し、次に教材学の科学的基礎づけを図る試みをする。

(1)　教材学の定義

　どんな人でも、学ぼうとする限り教材が必然的に求められる。学習にとって、教材は不可欠な要素であるからである。人間が教材を対象にして取り組むことから学習が起こる。新しい知識を得る、必要な行動様式を身につける、これまでの考え方を改善する、身につけた技能を修正する、発表力を向上するなど、これらの学習に取り組むためにはその意図にふさわしい教材が必要となる。これは、学ぼうと意図するさいに生活のあらゆる場面で起こることである。学校の授業の場面のみではない。今日では生涯学習社会といわれるように、人生のどんな局面でも、どんな生活場面でも、教材が求められ学習が行われている。人が学習しようとするかぎり、教材が必ず必要となることから、教材の重要性が認識される。
　教材学は、こうした意義をもつ教材を取り上げて研究する。教材の研究を進めこれを使って指導する人を考えてみよう。学校の授業では、教師が教育的意図をもって子どもたちの学習を指導する活動が展開される。子どもは教

材から学習するので、教師は教材を作成してこれを子どもに提示して、教材への取り組みを指導する。教師のこうした教材の作成と使用という実践的活動に対して、教材学は寄与しなければならない。教材の作成が創造的な開発へ進み、子どもへの教材の使用が効果的な活用へ研究を進めることが望まれることである。

　教材の研究と指導をするのは、学校の教師に限らない。各種の研究会、講習会、研修会、サークル、社会教育学級などの指導者も、教材の研究に工夫をこらしている。こうした指導者の教材研究の活動にも、教材学は貢献しなければならない。このように見ると、教材学は教師や指導者の教育的意図に基づいて教材の開発と活用の研究に共に参与しながら、それに寄与する実践科学であるといえよう。

　こうした考察に基づいて、「教材学とは、教材に関わる現実から出発してその開発と活用を研究する実践科学である」[1] と定義することができる。これには三つの要因が含まれる。第一は、教材学の研究は教材に関わる現実の問題から出発することである。教師や指導者が教材の作成や使用において問題に直面する現実が、研究の発端である。第二に、教材学は教材の開発と活用の研究を中心の課題とする。教育意図に基づく教材の創意工夫による開発と、教材を目標達成のために効果的に活用することである。そして第三は、教材学は教育課題に対応する実践科学であるということである。実践科学は、現実の問題から出発して研究を進め、究明したことを実践に還元して、教材研究の実践に貢献することを意味する。

(2) 教材学の位置

　教材学は教育学においてどんな位置を占めるのか。教育学には、現在さまざまな専門科学が存在し、研究活動が行われている。教育哲学、教育史学、教育社会学、教育心理学、教育行政学、教育法学、教育制度学、教育課程学、教育方法学、教科教育学など、それぞれ学会が組織されて研究活動が展開されている。教材学も、そうした専門科学の自立した一つの部門である。

　教材学に関わりの深いのは、教育内容に関わる教育課程学、教材と学習活動に関わる教育方法学、教科の教材を扱う教科教育学などである。教材学は、関連の深いこれらの専門科学と連携し協力して研究していかなければならない。こうした関連の中で、教材学は教材に関わる課題、すなわち教材の開発

と活用に焦点を当てて独自に研究する実践科学である。
　しかし、教材学はまだ科学的基礎づけと学問の体系が十分に構築されているわけではない。その科学的構築の努力を進めていかなければならない。

(3) 科学的基礎づけの視点

　教材学を科学的に基礎づけるためには、その研究の対象と方法を確立しなければならない。教材学は何を研究対象とするか、及びそれをどんな方法で研究するか、明白に把握する必要がある。かつて、ドイツの教授学の文献をもとにして教授学の対象と方法を考察したことがある[2]。次いで、これを足場にして、教育方法学の研究の対象と方法を明らかにした[3]。日本教材学会通信に掲載した「教材学の構築に向けて」と題した提言においても、研究の対象と方法の視点は同じように立てて教材学を素描してみた。これを敷衍する形で、教材学の科学的基礎づけを試みてみよう。

　教材学の研究の対象と方法は、次のような視点を立てて考察することができる。
　教材学の研究対象の視点は、次の3点である。
①教材学は研究対象をどんな分野に求めるか
②教材学はその研究分野をどんな構造で捉えるか
③教材学はその対象分野において何を研究課題とするか
　教材学の研究方法の視点は、次の3点である。
①教材学はどんな意図で研究するか
②教材学はどんな方法で研究するか
③教材学はどんな理論に基づいて研究するのか
　教材学の対象と方法について6視点からの問いに答えて、教材学を科学的に構築する試みをしたいと思う。

2　教材学の対象

(1) 研究対象をどんな分野に求めるか

　教材学の対象は、教材である。教材は一般に学校教育の分野に求めることが多い。国語、算数・数学、社会、理科などの各教科、道徳、特別活動、総

合学習の領域における教材のあり方が問題とされる。これらの分野での教材の研究は盛んである。しかし、対象分野はもっと広く把握する必要がある。

家庭教育の分野でも、さまざまな教材が取り上げられる。実際に家庭では、親が子どもに対して絵本、童話、物語などを読み聞かせたり、朗読させたりする。また子どもが学校に入学すると、教科書、学習用図書、参考書、問題集などに取り組んで家庭学習をする。ここに、家庭教育や家庭学習の教材の作成と利用の研究分野が広がっている。

社会教育の場でも、多様な形で教材が作成され使用される。母親向け、青少年向け、高齢者向けなどの各種の講習会では、目的に対応した教材が作成され利用される。会社でも、新入社員や幹部職員等へのさまざまな研修が行われ、そこで用いる教材の開発や作成が問われる。教材や図書の会社は、教科書をはじめとして、その補助教材、指導書、問題集などを開発し作成している。さらに、博物館、美術館、科学館、民俗館などでも、学校と関連して博学連携教材が開発され、また来館者の関心に対応するような学習用教材が開発され、利用されている。

教育的意図のもとに学習活動を進めるかぎり、どんな教育の場であっても教材が必要であり、そこで教材の作成や開発と使用や活用が問題とされ研究される。教材学の対象分野は学校教育の枠から開放して、生涯学習のさまざまな教育機関の活動に拡大し、研究分野を広げることが求められる。

(2) 研究対象の分野をどんな構造において捉えるか

教材学の対象分野を学校教育に限らず、生涯学習にも広く求めてみたが、それをどんな構造において把握するか。このためには、対象分野を構成する諸要因を取りだし、それらの関連を認識しなければならない。

対象分野の構造は、「教材学の構造モデル」の図に示すことができる。教材学の基本要因は、「教材の開発と活用」である。この基本的要因を直接的に構成する内部諸要因とこれらに間接的に影響する外部諸要因とが区別できる。

内部諸要因は、教材を開発し活用する働きを直接的に構成する要因である。その中で大事な要因は、一方では「教育課題」である。これは教材の開発と活用を方向づけるから、明確に把握することが先決である。他方では、学習の主体である「子どもや学習者の状況」である。かれらの生活の状況と

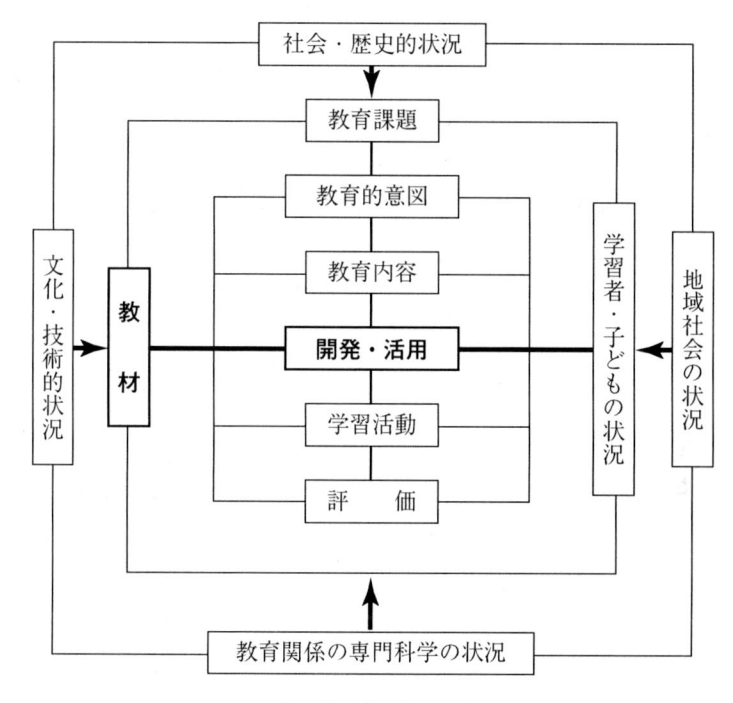

```
                    ┌─────────────┐
                    │社会・歴史的状況│
                    └──────┬──────┘
                           ▼
                    ┌─────────────┐
                    │  教育課題   │
                    └─────────────┘
                    ┌─────────────┐
                    │  教育的意図  │
                    └─────────────┘
┌────┐              ┌─────────────┐              ┌────┐  ┌────┐
│文化│              │  教育内容   │              │学習│  │地域│
│・  │  ┌────┐      ├─────────────┤      ┌────┐  │者・│  │社会│
│技術│→ │教材│ ───→ │ 開発・活用  │ ←─── │子ど│  │の  │
│的  │  └────┘      ├─────────────┤      │もの│  │状況│
│状況│              │  学習活動   │              │状況│  │    │
└────┘              ├─────────────┤              └────┘  └────┘
                    │   評  価    │
                    └─────────────┘
                    ┌─────────────────┐
                    │教育関係の専門科学の状況│
                    └────────▲────────┘
```

図　教材学の構造モデル

形成されている行動や意識の状態は、教材の研究に直接に関係する。子どもや学習者がこれまで経験し学習して身につけた知識と理解、制作と表現の技能、及び学習意欲と学習習慣などの状態は、教材研究の原点である。

　内部諸要因において、教材の開発を構成する主要因が教育的意図と教育内容であるとすると、教材の活用を構成する主要因は学習活動と評価である。この4要因の内実について簡潔に言及しておこう。

　第一は、教育課題に対応する「教育的意図」である。教育的意図なしに、教材は作成できない。それは主として、子どもや学習者にどんな学力を育成するかを示す。知識・理解か、技能・習熟か、思考力・表現力か、意欲・態度か、それらの総合的能力か、これらの育成をはっきりとつかむことである。

　第二は、教育的意図に対応する「教育内容」である。これは、社会の担う

文化から教育や学習に値する価値のある内容として選択される。選択した教育内容は教育的意図のもとに教科などの領域に構成され、ひとまとまりの単元のテーマとして立てられる。そこに、教育的意図と教育内容とが結合されて、教育目標が設定される。

第三は、教材を用いての「学習活動」である。これは、子どもや学習者が主体となって学習を目指した活動である。学習活動は、直接に知識や技能の習得を目指すこともあれば、問題を探究し解決する方法や能力の育成をねらうこともある。学習活動が活性化し充実するかどうかは、教材のあり方や指導の方法に左右される。

第四は、「評価」である。学習活動の過程と結果を調べて、学習目標、教材の量や質、指導方法などが、学習目標のもとに評価される。特に教材について、これが子どもや学習者の学習を推進し向上させたかどうか、この評価の結果に基づいてその改善が図られる。

次に外部諸要因を検討してみよう。外部諸要因は、教材の開発と活用に間接的に影響する諸要因である。第一は、「社会・歴史的状況」である。教育は社会の状況によって影響されるし、歴史的に変化する。1945年の「墨塗り教科書」の出現に典型的に見られるが、教材は社会の歴史的変化に影響をうける。教材の開発と活用の内実は、社会状況の変化に規定される。

第二は、「文化・技術的状況」である。文化が教材の開発と活用を規定するからである。文化は人間が創り出して、人間が生活において享受するものである。現代では、文化はほとんど科学的に研究されると共に、技術化されている。こうした文化から教育内容が選択され、教材が構成され、活用される。とくに、文化としての技術は教材の開発と活用の多様化を促進する。この例は、開発されたデジタル教材の利用である。

第三は、学校などの教育機関を支える地域社会の状況である。地域社会における地形や河川などの自然条件、農漁商工などの産業の状況、そこに生活する人々の暮らしと文化などは、子どもに身近な教材の資源である。教材を開発し活用する基盤は、地域社会の歴史と文化である。地域社会の豊かな学習資源を研究して、これを教材として開発し活用することが実際に求められる。

第四は、「教育関係の専門科学の状況」である。教育社会学、教育心理学、文化人類学、教育課程学、教育方法学などの研究方法及び研究成果は、その

意義と必要に応じて取り入れて教材学の研究を豊かにする必要がある。

(3) 対象分野において何を研究課題とするか

　研究課題は、現実の問題の多様性から考えると、多方向に広がるはずである。ここでは、基本的方向の課題を概括的に示すのみにする。

　研究課題は、研究分野の構造から導き出される。ここでも、教材学の内部諸要因の意味関連、及び内部諸要因と外部諸要因の作用関連という二つの面から研究課題の方向を示すことができる。

　教材学の中心的研究課題は、教育課題との対応関係のもとで教育的意図に基づく教材の開発と活用をどのように図るかということである。例えば、子どもの思考力の育成を教育課題とすれば、そのためにどんな教材を開発し、どのようにそれを活用するか、という課題である。教育課題の中心は、子どもや学習者の学力形成であるから、学力の内実を明らかにすることが前提である。

　内部諸要因の意味関連からでは、教育課題に応えるために立てられる教育意図と教育内容の面と子どもや学習者の状態との関係から、どんな教材をどんな手続きで開発するかは大事な課題の方向である。他方では、開発した教材が学習活動にどのように使用されて、その結果をどう評価するかも、必要な課題である。特に開発した教材の評価の観点、規準、方法の解明と実証は、大事な実践的研究課題である。

　外部諸要因との作用関連では、第一に、歴史・社会的状況と教材との関係の問題である。この問題は歴史教科書の作成、検定及び利用に歴史認識として先鋭化されてきている。国際的、政治的、経済的な圧力と教科書の自立性との関係は、教科書の開発と活用の大きな研究課題である。

　第二は、文化・技術的状況と教材との関係の研究課題である。文化、とりわけ科学の発展と教材内容との対応関係は、1950年代末から60年代にわたる教育内容の現代化の動きにおいて問われた。科学の進展と教材の開発との関係は、大きな研究課題である。また、技術の発展と教材の活用の関係も現代の研究課題である。

　第三は、地域社会の状況と教材との関係である。地域社会の歴史と文化は教材の資源となるものであるが、教材の開発と活用に地域社会の資源をどう生かすか、何を選択してどのように利用するかは、大事な課題である。地域

社会のさまざまな文化機関と学校とが教材の開発と活用においてどのように連携していくのか、必要な検討課題である。

第四は、教育関係の専門科学の研究状況と教材の開発・活用との関係に関係する課題である。これは実質的には多方面にわたるのであるが、有効な研究方法と結果を教材研究の内容と方法にどう生かすかは、大事な課題である。

3 教材学の方法

(1) どんな研究意図で研究するか

ハバーマスは、科学的研究の基礎には「認識を導く関心」が見出されるとして、経験分析的学問には技術的認識関心、歴史解釈学的学問には実践的認識関心、そして批判的方向の社会科学の学問には解放的認識関心が働いていることを指摘した[4]。科学的に認識する根底に研究者の関心が内在し、これが研究意図に現れる。どんな研究にも、認識関心に基づく意図が存在する。このことに基づいて、教材学の研究意図は何かを考察することができる。

教授学の研究において、ペターセンも三つの認識関心が内在するとして、陶冶論的教授学の実践的関心、情報論的教授学の技術的関心、及びコミュニカティーフ教授学の解放的関心を指摘した[5]。これに基づいて考察すると、教材学の研究意図はどうであろうか。

教材学の研究にも、同じように三つの意図が働くと思われる。

第一は、教材の開発と活用の活動を指導しその改善をはかる「実践的意図」である。これは、教材学の実践的性格に由来する。授業研究のための実践の反省・討論において大きく問題にされるのは、教材の使い方である。そこから問題が教材作成のねらいにも及ぶ。授業における教材の問題を研究参加者が共有して、教材の開発と活用を実践する能力の改善を図ることが、そこで目指される。教材学は、教材の開発と活用をする教師や指導者と同じ立場に立って、教材の質を充実する方向で実践を向上させる意図をもつ。

第二は、教材を作成し使用する目標の達成を効率的に統制する「技術的意図」である。これは、実践的意図と重なる面をもつが、教材の作成と使用の方法に着眼して、指導のねらいを有効に達成するための方法を技術化する意

図である。目標達成の方法の有効な要因を取り上げて吟味し検証して、教材を操作する技術の定式化と向上を図ることが目指される。

　第三は、教材の開発と活用の主体性を貫く「批判的意図」である。教師や指導者の教材の理論的・実証的研究の自由と主体性の確立を目指して、内外の不当な圧力を排除するために批判することが意図される。教師や指導者の内面における偏見や不条理からの解放と、外部の政治的・経済的・社会的な不当な圧力からの解放が意図され、教材研究の主体性の確保が意図される。

(2) どんな方法で研究するか

　教材学の研究方法の確立は、大事な課題である。それは、研究意図に対応して三つの研究方法が立てられる。

①解釈学的方法（hermeneutische Methode）

　ディルタイの精神科学では、研究方法の基本は「理解」（了解）であり、この理解の技術が解釈である[6]。解釈は日常的に行われるのであるが、解釈の方法と理論を科学的に基礎づけるのが解釈学である。解釈学的方法は、人間の思考と行動がこれに基づいて創り出され客観化された文化所産を通して究明できるとし、その歴史的資料、芸術作品、教育的著作、教育活動の記録等の表す意味を方法的に洗練した形で合理的に、しかも点検可能なように解明する方法である。教育的著作や記録などはその時代の歴史的状況と関連し、歴史的に規定されたものと見るのが基本である。

　教材学は、指導計画、作成教材、その活用と評価の記録などを資料として、教材の作成と利用の意図、その根拠や理由、その方法と結果などの記録をとって、その意味することを解釈する方法を採ることができる。そこでは、意味解明の「慎重さ」と「厳密さ」が必要である。こうした解釈を通して、教材を吟味して理論を引き出し、理論を実践に向けて生かし確かなものにすることが求められる。

　研究者として解釈するさいに大切なことは、教材の開発と活用に対する教育的責任をもつことである。教師や指導者の教材への教育的責任を共有することなしに、教育実践は向上しないと見なされるからである。

②経験的方法（empirische Methode）

　経験的方法は、理論に基づいて立てた仮説を経験的事実にそくして検証する方法である[7]。この基本的手順は、第一に理論形成である。これは、問題

意識と研究目的のもとに対象を確定し、先行研究等を検討して、対象に関する一般的命題を立てて体系化して行われる。第二は理論から演繹された仮説の設定である。仮説は、経験的に検証できるように数量化可能性をもたせて操作的に定義される。第三は、観察、調査、実験などに基づいた仮説の検証である。統計学的方法によって引き出され整理された結果に基づいて、仮説の実証の可否が検討される。

教材学の経験的方法では、データを採る方法は観察、調査、実験である。観察は、開発した教材を用いた授業を記録して分析する授業研究が一般的である。調査は、教材の開発と活用に関して質問紙法や面接法を用いて行われる。実験は、開発した教材を授業などの実践において試行しその効果を測定して考察する。これは倫理上の問題を含んでいるので、実験の慎重さが求められる。

③ **批判的方法**（kritische Methode）

批判的方法は、教育の組織や決定が社会経済的関係や社会的観念に影響を受けること及び社会的結果として作用することを認識して、その影響や作用の中に支配を正当化する「誤った意識」の存在を批判することである[8]。それは、次の二点に着眼する。第一は、教育理論の形成、教育目的、教育課程、教育方法などの研究において、社会的利害関心が無反省的に表出されていないかを問う。第二は、教育政策の方針決定、教育目的の設定、教育内容の決定、教育方法の採用、教具や学習用具の使用などの背後において、一定の社会集団が自己の利害を隠蔽して働きかけ、結果的に子どもや学習者に誤った意識や考えを生み出していないかを問う。

教材学でも、批判的方法の採用は大事である。教材の開発と活用の研究における主体性と正当性を貫くためである。戦後から今日まで教材の歴史を見ると、教材に関して問われたのは特に歴史教科書である。その検定審査の規準と方法、記述内容における歴史認識に関する国の内外の抗議などの問題である。また、教育内容の採否や教科書の採択と使用においても、経済的、政治的、社会的な圧力が作用する。教育の自立性と主体性を確保するためには、教材研究においても批判的方法が大きな意義をもっている。

どんな研究方法を採用して研究するかは、三つの方法につきるものではない。研究意図に基づく研究目的にふさわしい研究方法は、研究者自身の創意にかかっている。

(3) どんな理論的立場で研究するか

　教材学の研究でも、教育学の研究と同じように、研究者が立脚する理論を自覚することが必要である。研究方法を洗練するためには、それに関する科学的理論の検討が大事なことである。三つの研究方法を概観してみたが、それを支える理論が存在する。解釈学的方法では精神科学的理論、経験的方法では自然科学的実証理論、そして批判的方法では社会科学的批判理論が基礎にある。それらの理論の基礎の一端に言及してみよう。

①**精神科学的理論**

　精神科学は人間、社会、歴史的世界の意味関連や有意味な作用関連の理解を目指すが、この関連は直接的には把握できない。人間の精神的活動の対象として創り出された表現形態を通して把握する方法をとる。文書、法規定、芸術作品、建物、規則、慣習、道徳などの文化的客観物が、理解の対象となる。文化は歴史的所産であるから、世界の意味や作用の関連は歴史的生成において解釈される。

　解釈は、人間の生に由来する意味、作用、構造、類型などのカテゴリーを用いて行われる。これらを用いて一般的合法則的関連の認識を目指すというよりは、歴史的一回的な個性の理解を目指す。この理解は、部分と全体とが相互作用しながら円環的に発展すると見なし、理解の進む過程では事前理解と理解結果とが相互作用しながら理解が向上し発展するとする。これは、「解釈学的円環」ないし「解釈学的螺旋」[9]といわれる。これによって、解釈がより洗練されるとみなす。

②**教育学的実証理論**

　教育学では、実証理論は実験教育（教授）学、記述的教育学、そして教育社会学や教育心理学などの研究に基づいて進展してきている。実証理論では、さまざまな立場があって一律に論じることができない。ケーニッヒの所説[10]に基づいて、その特徴を示すのみにする。

　実証理論は、科学的認識のために「疑うことのできない基礎」を重視する伝統に立っている。この基礎は、一方では合理主義に基づく論証性にあり、他方では経験主義に基づく実証性にある。前者の論証性は数学に依拠し、自明な公理から演繹して命題の証明を進め展開する。ここでは論理の無矛盾性が大事な要件である。これに対して、後者の実証性は自然科学に依拠し、命題の真偽は現実と一致するかどうかであり、一致する命題が真と見なされ

る。実証論の基本は、科学的根拠づけの方法が経験的基礎に還元されて、命題の有意味性が判別されることである。

記述的教育学は、教育の現実を一定の視点から記述する方法をとるが、現象学的方法は教育の事実現象を対象にして直観し、その意識のありのままを記述する方法をとる。これらは現実の存在を記述することができるが、命題の有用性は問うことができない。これに対して、教育学の調査や実験は、命題について統計学的方法で現実との一致を吟味して、命題の有意味性や有用性を明らかにすることが意図される。

③批判理論

批判理論はフランクフルト学派の社会哲学の思想を指すが、ホフマンの批判的教育学[11]によってその科学的特徴を捉えることにする。

批判理論の特徴は、第一に、社会や組織体の変革ないし改革を目指すことである。社会や組織体は、それ自体の変革なしに存続も発展もできない。こうした変革を目標とする行為を指して、批判が考えられている。第二は、批判理論は伝統的科学に対する批判として、科学が「社会実践の産出物」であることを見逃しているという。科学の研究も、人間の社会的実践であることを前提とする。第三に、科学の認識関心は人間の隷属状態からの解放を目指すことである。自由な個人から成る社会を構想して、不正の破棄と正当性の確立を意図するのである。

こういう思想に基づいて、批判的教育学や批判的教授学が構想される。その批判理論の特徴について指摘しておこう[12]。第一は、教育と教授の考察に当たって社会批判的立場に立つことである。「学校制度における授業」を研究し考察するに当たって、その社会的条件を見つめることを閉ざしてきた。学校は社会的施設であり、社会や政治や文化のシステムに組み込まれているが、授業もそこで用いる教材もそうである。学校、授業、そして教材も多くの社会的勢力に影響を受けるが、批判理論はそこに不合理な支配、他者決定、社会的不公平、不正などに着眼して批判を加える。第二は、不当な支配や不正に対して、個人の主体性の確立と社会生活の民主化を念頭において個人と社会の「解放」を求めることである。第三は、批判理論が研究方法において解釈学的方法と経験的方法に対する「吟味の審判所」になることである。これは、問題設定、研究目的、研究結果の考察などの面で社会的不正や不合理の混入に批判的鑑識眼を働かせることである。教材の開発と活用のさ

まざまな面において、こうした批判的な眼の働きは重要である。

引用・参照文献

1) 拙稿「教材学の構築へ向けて」日本教材学会通信第9号2007年5月
2) 拙稿「教授学の対象と方法」筑波大学大学院博士課程教育学研究科『教育学研究集録』第19集1995
3) 拙稿「教育方法学とは何か」拙著『教育方法学』協同出版2008
4) ハバーマス,長谷川宏訳『イデオロギーとしての技術と科学』(1968) 紀伊国屋1970
5) Peterβen,W.H.:Gegenwärtige Didaktik:Position,Entwürfe,Modelle. Mateialen 20,1979
6) Beckmann,H-K.:Geisteswissenschaftliche Methode,in:Roth,L.(Hrsg.) Methoden erziehungswissenschaftlichen Forschung.1978
7) Roth,L.Empirische Forschungsmethoden.1978
8) Klafki,W.,Ideologiekritik.1978
9) Klafki,W./Rückriem,G.M.u.a.:Erziehungswissenschaft.3,Funk-Kolleg, 1971
10) ケーニッヒ著、ルーメル・江島正子共訳『教育科学通論―教育学における科学理論の動向』(1975) 学苑社1980
11) Hoffmann,D.:Kritische Erziehugwissenschaft.1978
12) Schittko,K.:Ansätze der kritischen Didaktik.1980

教材とは

山口 満
（やまぐち みつる）

1　教材の定義

　教材という用語に一義的に定まった定義は得られていない。しかし、ごく一般的には、教材とは、授業において指導すべき教育内容を学習者の学習課題として具体化した材料のことであると定義される。

　この定義では、教材の範囲は、「教育内容を学習者の学習課題として具体化した材料」というように限定されている。それに対して、教材の範囲をより広くとらえる考え方がある。以下に、2つの定義を紹介する。

- 「大人と子ども、あるいは子どもと子どもがつくりだしている教育関係のなかに登場し、教育の媒体となるすべての文化財」（中内敏夫著『教材と教具の理論』有斐閣、1979、p.14）。
- 「教材とは、人間形成に役立つ力の総体としてのカリキュラムの材料を意味する。この役立つ力は、既成の教材のうちにも存在しているが、自然や社会のうちにも存在し、また人間の五感ではとらえられない無意識の深みの場所にも存在している。」（小野慶太郎著『人間形成における教材選択の視点』東洋館出版、1982、p.5）

　広狭いずれの概念に立つとしても、教材は教師・大人と学習者・子どもを媒介する働きをするというところに本質があり、狭義の概念、つまり授業の場面に限定すれば、教師の教授活動と学習者の学習活動が教材を媒介にして一体化されることになる。教師が授業を通して学習者に習得させ、伝えたい教育内容、文化的価値は学習者の興味や意欲を喚起し、学習活動の対象として最適な形になるように具体化される。授業を構成する3つの要素（教授・教材・学習）のうちの1つとして、授業の成立と展開に中核的な役割を果たす。この意味で、教材の選択と構成のあり方は学校における授業の内実と質

を決めるうえできわめて重要な意味をもつことになる。

2　教材と学習材

　最近の教育界では、「教材」と区別して「学習材」という用語が使われることがある。ときとして、指導計画や指導案にこの用語が使われていることがある。

　その理由や背景として、加藤幸次は次のように述べている。「日本でも、1980年代に入ると、子どもたちの主体的な学習活動self-directed learningが注目されるようになり、子ども自身が学習課題を解決するのに使用する学習材の開発が行われるようになった。」(『現代学校教育大事典』1、ぎょうせい、2002、p.328)

　こうした傾向は教科のなかでも特に生活科の教材・教具に関して多く見られることを寺尾慎一は指摘している。「生活科の授業にあっては、児童が活躍しながら、そのなかで、価値ある内容の発見や習得を促すように運ぶからである。」(『現代教育方法事典』図書文化、2004、p.227)

　こうした指摘にみられるように、「教材」に代えて「学習材」の用語を使うことについては、授業を教師・教授活動の側からとらえる立場から、学習者・学習活動主体の授業へと変えていく必要があるという課題意識が反映されており、今後の動向が注目されるのである。

　よく知られているように木下竹次著『学習原論』(目黒書店、1923)は「他律的教育から自立的学習への進展」を意図して書かれたものであるが、同書のなかでは、一貫して「教材」に代えて「学習材料」という用語が使われている。木下の言うところの「学習材料」が生活科で言われている「学習材」とまったく同じであるかどうかは分からないが、両者には共通するところがあり、最近の考え方を先取りした先駆的な試みであったとみることができる。

　教材を「学習材」という観点から見直すという試みは、活用型学習の重要性が説かれ、主体的な学びを育てる学習環境をつくることの必要性が指摘されている今日の状況からみても検討に値すると思われる。

　教科書教材を「教科書学習材」として見直すという発想があってはじめて

教科書のページ数を増やすということにも意義と効果を期待することができるのではなかろうか。

3 教材と教具

　教材と教具は、概念上は明確に区別されるべきものである。教材は教師が学習者に伝え、習得させたい教育内容（知識や技能、道徳や芸術など）を学習者が取り組むことができる形に具体化した言語的な学習情報であり、ソフトウェアである。

　一方、教具はそれ自体としては教育内容や情報を含んでおらず、それらを載せる道具としての役割をもっている。非言語的なハードウェアである。

　それにもかかわらず実際には「教材・教具」というように一括りの用語として使われることが多く、未整理のままで使われ、混乱が生じている。例えば教科書教材とは教科書に掲載されている文章や情報のことを指しており、教科書はその文章や情報を掲載している道具であるにもかかわらず、両者の使い分けは必ずしも十分ではない。「教科書」という用語は多義性をもって使われている。

　文部省が小・中学校等の教材・教具を計画的に整備するためにつくった「教材基準」（1966）では、黒板、楽器、木工用具、視聴覚機器までが教材と呼ばれており、「教具の概念を駆逐している」と指摘されている（柴田義松著『教科教育論』第一法規、1981、p.136）。それにもかかわらず「教材基準」に言うところの「教材」は中身からみると「教具」という意味合いが強い。

　我々は教材と教具を概念上も実際の取り扱いにおいても、明確に区別することによって余計な混乱を防ぎ、研究や実践をより実りあるものにすることができる。

4 教材と陶冶財

　我が国の近代教育学研究において、教材とは何かという問題について深い

思索の成果を提供した人物に篠原助市がいる。『教育辞典』（宝文館、1935）および『教授原論』（岩波、1942）において、篠原は〔教材と陶冶材〕という問題を取り上げ、両者は同義語でありながら微妙な違いをもっていることを次のように指摘している。

「近時陶冶材なる語を用いるもの次第に多し。こは教授は単に文化財を獲得せしむるに止まらず、寧ろ文化財を通して精神界を形成すべしと主張するに至りし結果にして、此の点より見るときは、もと「形成する」という意義を有する「陶冶」なる語を冠し、之を陶冶材と呼ぶを一層適切なりとせん。」（篠原助市著『教育辞典』（宝文館、1935、p.232）

「教材は学校に於ける教授の材料を指すに止まれども、陶冶材は、教授の材料は固より、苟くも精神界の形成に興る文化材を総称し、其の中に、例へば、映画・演劇・少年文学の如きも含め、其の範囲教材よりも広し。」（篠原助市著『教育辞典』（宝文館、1935、p.232）

篠原は、このように、「精神界を形成」することの重要性に着目すると、「教材」に代えて「陶冶材」という用語を使うことが適切であること、および「陶冶材」の範囲は「教材」よりもはるかに広いことを指摘している。

本章の冒頭で紹介したように、今日の研究者の中には「教材」を広く解釈し、学校内外での生活を通して触れる自然や社会、人間や文化、様々な体験などが「教材」として働き、豊かな人間形成のための材料となることを説く人たちが少なくない。知的な側面だけではなく、豊かな心や健やかな体の育成という課題を視野に入れた教材論を提起する必要がある。教材は学校だけではなく家庭、地域社会にも広く存在すること、それらが連携し、一体となることがよりよい教材づくりの基盤になることへの自覚をもつ必要がある。篠原の「陶冶材」からそうした考え方、気付きへのヒントを得ることができる。

5 知識基盤社会・知の循環型社会の時代における豊かな教材概念の構築

学習指導要領の改善および新しい時代を切り拓く生涯学習振興方策について出された2つの中教審答申（2008.1, 2008.2）では、これからの社会を特徴

付けるキーワードとして知識基盤社会・知の循環型社会が提唱されている。これからの学校教育像はそうした時代にふさわしい質の高い知的能力をもった子どもを育てるという観点から描かれなければならい。

　そのための学校づくりと授業づくりを進めていくうえで豊かな教材概念を再構築し、教育関係者が共有し、教育実践に生かしていくことが大切である。広義の概念と狭義の概念との関係の整理、教材の論理性を重視する考え方と子どもの活動性を重視するする考え方との統一、「教材」と「教具」の関係の整理、活用型教材の開発など、多くの重要な課題に正対していくことが求められている。

参考文献

デューイ著・松野安男訳『民主主義と教育（上）』岩波書店、1975

辰野千寿編『学習指導用語事典』教育出版、2005

長谷川榮著『教育方法学』協同出版、2008

教材の歴史
―教育改革と教材観の関係性―

佐島　群巳

1　まえがきにかえ―主題の捉え方

　教材は、人間形成という目的実現過程に、教師と子ども、子ども同士とのかかわり合いの授業において、確かな知識、概念、技能、能力、態度、芸術的価値など「文化的価値」を習得するのに用いられる素材を組織的に構成したものである。

　教材にすべき素材は、無数に存在する。素材は、学習者を取り巻く環境（自然・社会・文化）から収集・選択し、目的実現過程に位置づけることによって「価値ある教材」となるのである。このことを素材の教材化という。[1]

　教育目標の実現に最適な教材は、習得させたい概念（教育目標・内容）や子どもの発達、学び方を考慮して、学習過程に計画的・組織的に位置づけるものである。そのような作業は、教師によってなされるものであるが、取り上げる教材内容・取り扱う範囲は、すでに「学習指導要領」に規定されている。その「学習指導要領」の内容は、時代の変化、社会的要請、子どもの人間形成上必要とされることがらから選定されるのである。

　本稿では、「教材の選定・精選・構成」の意図・思想（教材観）を導いてきた教育改革・教育改善の方向性を辿りながら「教材の歴史(注)」について次の視点から論及していきたい。

（1）教育の民主化と教材観
（2）教育の地域生活化と教材観
（3）教育の現代化と教材観
（4）教育の人間化と教材観
（5）教育のグローバル化と教材観

　　（注）「教材の歴史」に関する文献は、国立情報研究所（NACSI－National　Science　Information

System）のWebcatによって検索したが皆無であった

2 教材観の歴史的意味

(1) 教育の民主化と教材観

　1945.7.26ポツダム宣言一項で連合国より「日本国ニ対シ今次ノ戦争ヲ終結スルノ機会ヲ与フルコトニ意見一致セリ」を示されることによって終戦に迎えた。以後、GHQ（general headquarter総司令部）による矢継ぎ早の教育改革への通達がだされた。

　文部省は主体的な教育改革へ着手し、『新日本建設ノ教育方針（1945.9.15）』を発表した。そこでは、軍国主義、国家主義を排して新しい国づくりについて次のように述べている。

　　平和国家ノ建設ヲ目途トシテ謙虚反省只管国民ノ教養ヲ深メ科学的思考力ヲ養ヒ平和愛好ノ念ヲ篤クシ智徳ノ一般水準ヲ昂メテ世界ノ進展ニ貢献スルモノタラシメントシテ居ル

　このように教育の方向性が示された。それに続いて3「教科書」の項目には、新教育方針を実現するように旧来の教科書を訂正・削除して使用することが明記された。これが所謂「墨塗り教科書」である。例えば、初等科国語教科書　四巻では、次のものが全文削除された。

　　「船は帆船よ」「大連から」「観艦式」「くりから谷」「ひよどり越」「万寿姫」「グライダー『日本号』」「大演習」「小さな伝令使」「扇の的」「弓流し」「広瀬中佐」「大阪」「大砲のできるまで」「防空監視哨」「早春の満洲」

　この他の「読み物」は、一部分墨ぬりにして使用した。さらに、GHQからの「修身・日本歴史・地理授業停止（1945.12.30）」を受けて文部省は『くにのあゆみ』上・下（1945.10.19）、『日本の歴史』上・下（1945.9.20）を刊行し偉人、天皇中心の歴史学習から脱却を図る。しかし、これらは、人間不在の無味乾燥な歴史教科書との批判を受ける。

　その後、日本の教育改革に対する第1次米国教育使節団報告書[2]（1946.4.6）が出され、その報告書は教科書の作成・選定について、次のように指摘している。

- 教科書の作成並に出版は一般競争に委ねること
- 教科書の選定は一定の地域から出た教師の委員会によって行はれるべきである

かくして「文部省『国定教科書』」は、廃止された。

戦後、我が国の教育改革の第一歩は、「公民教育刷新ニ関スル答申（第一次・第二次答申）」である。この答申は、日本の民主化教育への熱い情念が溢れ、新しい教材観の基礎になった。わが国は、今や文化国家・平和国家を目指し個人の能動性の啓発、合理的精神の涵養、生活の科学化、実証的歴史認識の重要性などが強調された。この答申がGHQの目にとまり、この教育の理念は、アメリカ合衆国の「Social　Studies」の基本理念に似ている、ということから小学校はバージニアプラン、中学校はミズリープラン及びカリフォルニアプランをモデルにして戦後初めての「学習指導要領一般編」（1947.3.22）「各教科学習指導要領（試案）」（1947.5）が文部省から刊行され、ここに新教育がスタートしたわけである。

(2) 教育の地域化と教材観

地域の教材化の教育思潮は、1930年代の郷土教育運動[3]の方法論が生かされ発展したものである。例えば、真野常雄（1931）「郷土教育の実際的研究」（東洋図書）は、三つの教材を提示した。
- 郷土地理的教材
- 郷土史的教材
- 社会科的教材（郷土教育の中核教材）

この郷土教育では、社会科的教材なる用語を用い「地域の農業」「農村の貧困」「生活問題」「婦人問題」「犯罪」など地域社会の諸問題に着目し、地域生活の現実を直視して綴り方に表現し郷土に甲斐甲斐しく貢献する意欲・能力を持った郷土人の育成をしようとしたものである。

このように郷土教育は、大正末から昭和初期の社会・経済の疲弊の様態を子どもたちに見つめさせ観察・表現する活動を通して、郷土に生きる力となる自立更正の能力育成と農村構造の改革・生産労働の強化を目指そうとしたものである。

このような郷土教育の実践研究方法は、戦後の教育改革の貴重な「地域教育計画」策定のモデルとなったのである。

川口プラン（1947.4.8）は、児童・生徒及び地域住民の参加により、行政（梅根悟川口市助役）と学者（海後宗臣東大教授・矢口新中央教育研究所員）、学校の教師たちによって「地域調査」を行い「地域の課題」を掘り起こし、その課題を「『工業地帯』『農業地帯』」のカリキュラムに構成し、そのカリキュラムを構成要素・素材のすべてを地域から収集・選択し「鋳物を作る人」「鋳物の作り方」「鋳物の販売」「世界の貿易」などの教材が選定し、配列された。この川口プランに匹敵する地域教育計画が全国津々浦々に研究され策定された[4]。

　その後、村の生活問題を調べ、考え、綴り方に表現する、いわば生活綴り方の方法を用いた実践が現れた。それが無着成恭の「山びこ学校」青銅社（1951）、江口武士の「村の五年生－農村社会科の実践」評論社（1956）などの労作がある。さらに、「生活をコア」にした問題単元を設け「生活コース」「生活拡充コース」「基礎コース」三層と「表現・社会・経済（自然）・健康」の四領域からなる内容の系統性と活動の多様性とを総合した教材構成とその実践が提示された。いわゆる、コア連の「三層四領域[5]」（1951）でこれが基礎学力形成の一つの提言でもある。

　このころ、地域に根ざした教材開発の事例は、次々に発表された。

　　相川日出雄の「野馬のすんでいたころ　新しい地歴教育」国土社1954、永田時雄の「西陣織」カリキュラム1954　2月号、渋谷忠雄「佐濃川」－郷土に学ぶ社会科」国土社　1958

　これらは、フィールドワークを通して地域社会に目を向け、地域の中で学ぶ、地域を学び、地域に生きる力としての問題解決能力の育成を目指す教材観である。

(3) 教育の現代化と教材観

　上記のような1947－1950年代の経験主義教育の教材観は、子ども中心の問題解決学習で地域教材に固執し、社会の変化に対応できない「はいまわる経験主義」の教材観であるとの批判を受けた。

　そこで、中央教育審議会（以下「中教審」という）は、「社会科教育の改善に関する答申」（1953）の中で「教科・科目の組織改善については社会科と同様に理科についても検討する必要がある」と指摘した。この指摘を受けて、教育課程審議会（以下「教課審」という）は、社会科教育の改善点を次

のように示した。
　・小学校高学年は、地理・歴史の系統的学習
　・中学校は、1年地理的分野、2年歴史的分野、3年政治、経済・社会的分野の学習の必要性
　・さらに「道徳・倫理」の単元設定を推める

　この改善点は、総合社会科から分化社会科への変更だ、修身への復活だ、と「社会科問題協議会」が批判し、反対したのである。この改革は、民主主義教育を阻害し、知識量の重圧に子どもたちを追いやり、知識注入の教科書教材中心の暗記社会科になる、との疑念がもたれたからである。しかし、1955年、1958年の2回にわたる社会科学習指導要領改訂において、社会科は、系統主義教育へと傾斜していく。中学校地理的分野では、社会の変化を反映して「(2) 日本諸地域」の内容として、新しく産業発展に対応して「資源の開発と産業・交通」が設けられ、指導書に次のように解説されている。

　　諸地域が積極的な開発を図るため、大きな立場から諸地域について総合的な開発計画を立て、その地域の合理的の開発できるようにすること、またそのために資源を活用し、同時にこれを愛護・保全して長く利用を続け、生産活動の発達に寄与できるようにする必要がある（以下略）。

　時に、我が国は、高度経済成長期に入り産業界から「科学技術を身につけた人材養成」が叫ばれた[6]。これに呼応するように中教審は、次のような「科学技術教育の振興方策についての答申（1957）」を出した。答申の（2）のアには、次のような指摘がなされた。

　　小学校・中学校および高等学校における数学・理科・技術的教科は、科学技術教育の基礎であり、また産業人・社会人として科学技術的水準の向上の為にその振興が望まれるが、現在の教科、時間数、学習指導に改善を必要としないか（以下略）

　さらに、答申には「数学（算数）・理科教育の教育課程の改善」「基礎学力の向上」、内容は「基本的・原理的事項の系統的にじゅうぶん学習されるようにする」「数学（算数）・理科教育の強化するとともに、工作等の学習の改善、充実して、技術的・実践的態度の育成」を強調された。文部省は「小学校理科実験と観察」という指導書（1958）を提示し、徹底した実験・観察の「科学的方法」の習得に力点がおかれ、次のような教材内容が示された。

・1年　はねの飛び方
・2年　落下さんの飛び方
・3年　グライダー　ゴムやばねのおもちゃ
・3年・6年　ばね
・5年　摩擦の大小

　いずれにしても、この指導書には、科学的な実験の目的や内容・実験用具・方法などが図解しているので誰でも学習指導できるようにしている。
　小学校（1968）、中学校（1969）、高等学校（1970）という順で社会科学習指導要領が改訂された。社会科は、高度経済成長の所産である「公害から国民の安全・健康と環境を守ることが極めて重要である」ことが明記され、水俣病・イタイイタイ病など四大公害、各地の環境汚染等の教材内容が取り上げ産業発展と生存権との関係認識を深めることが重視した。
　時に、「ソ連の人類初の有人宇宙船（1961.4.12）」が打ち上げられた。このことに対してアメリカ合衆国は、科学技術の遅れに危機感を抱き、1959年9月ケープ・コットのウッヅホールにおいて35人の科学者・学者・教育者が集まって初等・中等教育における自然科学教育の改善を討議した。その報告書は、J・S・ブルーナー/鈴木祥蔵・佐藤三郎訳『教育の過程（THE PROCESE OF EDUCATION）（岩波書店）』である。これが「教育の現代化」の発端ともなった。
　文部省は、中学校、高等学校教育の「『新しい理科教育』理科教育現代化講座指導資料[7]」を刊行した。同時に『数学教育の現代化[8]』という著書も刊行したのである。
　『新しい理科教育』指導資料の冒頭には、「理科における現代化の性格と意義」について述べている。要するに、現代化の背景はめざましい科学技術の進歩によるもので、アメリカのPSSC物理などの一連の新しい動きに刺激されていることは確実である。そして、ブルーナーの「構造の重要性」で指摘しているように基本的な科学概念の骨組みとしての内容の構造化、教材の構造化を図ることにあるというのである。この指導内容の構造化運動は、山口康助ら[9]によって進められた。

(4) 教育の人間化と教材観

　1960年代から指向してきた科学主義教育は、本来的な子どもの人間形成

を阻害し、非人間化させた。子どもたちは、知識の量におしつぶされ、知識の暗記だけで、受身の学習で主体性が喪失してしまったからである。そこで、学習者を何とか人間らしくしたい、という機運が教育界のみならず社会全体にもみなぎってきたのである。科学主義教育・知識注入教育の教材観の転換を図る必要性に迫られたのである。科学主義教育は、子どもたちを科学と知識とで圧迫し、それに窒息し、学習者の個性も、創造性も、人間性も啓発されずに埋もれてしまうではないか、と危惧されたのである。

そのころ、学校の教室も、家庭も、荒れるようになった。シルバーマンの『教室の危機[10]』は、荒れる教室、子ども同士の不信を解消できるような柔軟にして、且つ子どもたちが主体的に学びあう教室にすべきである、という主張である。

1970年代のアメリカに「学校教育の人間化（Humanizing the School）」は、子どもの豊かな感性、理性の啓発をはかるために「ゆとりある教育」「他人とかかわる教育」「他人のよさを学ぶ教育」への転換を図るものであった。ブルーナーでさえ『人間の教育[11]』の著書において子どもの人間性の啓発が大切である、と主張するようになるのである。

わが国においては、「臨教審第2次答申」でも教育の荒廃を憂い学校や家庭・地域の教育力を生かし、同時に日本の本来もっている不易な伝統・文化・価値倫理に学ぶことを求めたのである。教育界では、「人間中心の教育」が叫ばれるようになったのもそのためである。そこでは、子どもの強い興味・関心・欲求にもとづいた自発的・主体的な学習がすすめられることが求められるようになったのである、と主張したのである。

そのころ、筆者は「人間を軸にした教材精選と系統化[12]」を推進してきた。この人間学習の原理は、次の二つである。

①教材の人間化
②学習の人間化

①の「教材の人間化」とは、教材に人間を登場させること、または人間味溢れる素材を教材化することである。子どもたちは、その人間との出会いと対話を通して人間理解による自己認識を深めることが出来るのである。

②の「学習の人間化」とは、学習者が学びの場を共有し、互いに学び合い、支え磨き合い、互いに感性と認識を豊かにし、自ら学ぶ喜びを実感し、自らを変え、そして、人間的に成長することである

このころ、日教組・中央教育課程検討委員会（1976.5.1）は、精力的に「ゆとりの教育」に対する意味ある提言[13]をしているのである。

　今日、日本の学校と社会は問題に充ち、子ども・青年の人間的成長は困難な状況におかれていた。受験戦争の激化、学力の低下、自殺の低年齢化等等、その状況は深刻である。他方、学校では管理体制強化の元で、教師がじぶんで教える内容を、自主的に研究し、選択する自由が奪われている。

日教組は、科学主義教育から「ゆとりある授業づくり」の自主編成教育課程にすべきであると主張した。

ゆとりの教育が生まれる背景は、中教審審議経過報告（2006.11.15）の社会の変化に対応し生涯にわたって学び続けることのできる「自己教育力の育成」の必要性があると述べている。

また、臨教審は、四つの答申（第1次1985.6.26、第2次1986.4.23、第3次1987.4.1、第4次1987.8.7）を提示し、教育の現状から知識水準を高め、記憶中心から自ら判断する能力、想像力の伸長を求めている。この改革の背景は、前にも指摘したように「臨教審第一次答申」の「教育環境の人間化」の項に、凡そ次のように述べている。

　今日、子どもにとって生活・教育環境が悪化している。学校においては、加熱した受験戦争のなかで、児童、生徒の間に、児童、生徒と教師の間に、心の触れ合いや人間的なつながり、友情、信頼を失われがちになっている。また、情報化など科学技術の進歩や都市化の進展により、子どもが家庭や地域社会や人間性豊かに育成されることが阻害され、自然のないこのような状況で、子どもの人間性回復には、自然のなかで相互に切磋琢磨する機会を持つ時間が必要である。つまり、自然環境のなかで、心身を鍛錬する教育システムを導入することが重要である。

この論調は、「ゆとり教育」を推進する一つの根拠になったことを否定しがたいものである。これは、教育課程改善の重要な提言でもあった。この臨教審の考え方と日教組の先の「ゆとり教育への提言」と比較して、その背景は、教育の荒廃における子どもの生きる力の回復、子ども力を育成しようとするものであり、教師の主体的な指導性を加味した発想である。ゆとりは、子どもを自由に遊ばせることだけではなく、内容を削減するだけではない。教師は、「ゆとりのなかの子どもといかに充実した指導体制を確立して、実

践するかが問われている」と解釈すべきだ。
　臨教審第二次答申は、教科等の内容構成について三つの重点を上げている。
　①低学年の総合化－読み、書き、算の基礎の習得を重視
　②中学校は専門性、系統性を重視し、社会科歴史は通史
　③健康教育の充実
　臨教審・中教審の答申を受けた教課審答申（1987.12.24.）は、教科構成の改編、教育内容の重点化を次のように示された。
- 新教科「生活科」低学年社会科・理科廃止体験重視の教材が提示
- 国語では、「表現」領域について話すこと、書くことの活動を重視する。また、「言語事項」は基礎的国語の学力として①よみ・かきの基礎的事項　②字種・字数を見直し、扱いは弾力化　③正しく書く（毛筆による書写）が導入
- 社会科は、地域社会における「生産活動」「消費生活」「健康で安全な生活」「地域の年中行事」「歴史上の人物の扱い」「産業構造の変化、社会の変化、運輸通信などの第三次産業」「人物、文化遺産を中心とした歴史学習―通史の扱い」「近代化に尽くした人物」「政治のはたらき」「国際化に対応する日本」などの内容を扱う
- 理科は「生物とその環境」「物質とエネルギー」「地球と宇宙」の教材内容

　上記の視点から教材構成を図るには、特に児童・生徒の発達的特性、教育の継続性、教育内容の発展的系統性などを考慮し、教材精選・吟味をすべきである、と考える。

(5) 教育のグローバル化と教材観

　1980年代は、高度経済成長のバブルが崩壊とともに、世界的な不況、冬の時代に入ったのである。経済景気の不確実性、不透明性、地球環境のアンバランスによる不可逆性など解決の困難な地球社会が到来したのである。
　この問題の中で、臨教審第一次答申（1985.6.26）は、すでに「21世紀に向けての教育の基本的な在り方」において、次のように述べている。
　　科学技術文明、情報文明の将来などに関し文明論的考察を加え、また、
　　人間にとって永遠に変わらない不易なものは何かを省察し、あわせて国

際社会あるいは地球社会全体の展望とそのなかでの我が国の役割、我が国社会・文化の個性はなにかの諸問題を検討する。

第15期中教審（1996.7.9）は、「21世紀を展望した我が国の教育の在り方について」次の三つの検討課題が、文部大臣から諮問をされた。

［1］今後の教育の在り方及び学校、家庭、地域社会の役割と連携の在り方
［2］一人一人の能力・適性に応じた教育と学校間の接続の改善
［3］国際化、情報化、科学技術の発展等社会の変化に対応する教育の在り方

この三つのうち、本稿で取り上げる「教育のグローバル化」は、［3］の社会の変化に対応する教育の在り方である。人間形成において「時代を超えて変えてはならにもの（不易）」と「社会の変化とともに変えなければならないもの（流行）」とがある。

中教審は、社会の変化に対応する教育[14]として、次の四つを取り上げ教育変革の方向性を示した。

①国際化と教育
②情報化と教育
③環境問題と教育
④科学技術の発展と教育

ここでは、①と③について取り上げその意味を考えてみたい。

①の国際化と教育については、1991年冷戦構造の終焉とともに、経済・文化・教育の国際交流が進展してきた。特に、アジアの発展途上国といわれる中国・インドの経済成長は目をみはる状況である。一方、人口増加、難民問題、食料・エネルギー、環境などは、地球的規模で解決しなければならない状態に至っている。このような状況において、広い視野に立つ異文化理解、相手の立場を尊重しつつ、自分の考えや意思を表現するコミュニケーション能力を育成する必要がある。そのためには、日本人としてのアイデンティティー（自分の存在、自分らしい生き方）をもち、社会的存在として個性豊かな自己を確立することが求められている。

③の環境問題と教育においては、経済活動、人口増大によって、環境の持っている復元能力を超え、地球温暖化、オゾン層の破壊、砂漠化、熱帯林の減少、野生生物種の減少絶滅、酸性雨など人類の生存基盤が脅かされている

ことへの感性と認識を深めることである。また、都市生活型公害といわれる自動車公害（CO_2）、ゴミ問題、水質汚濁の問題などは、21世紀に生きるために切実な解決の迫られる課題である。その場合、次の三つの教材の捉え方・学び方のあることにもよく理解する必要がある。

・自然へのやさしさ、感受性、環境への関心を培う「環境の中で、環境を通して学ぶ（in & through）」
・環境と人間・生物との関係の仕組みについて理解する「環境について学ぶ（about）」
・環境保全の意欲、態度、倫理観を身につける「環境のために学ぶ（for）」

これら社会的要請の高まりから、国際理解教育、情報教育、環境教育などは、いずれの教科等にもかかわる内容であり、そうした観点から教科『横断的・総合的学習』を推進する必要性を提案された。

この中教審の答申を受けた教課審（1997.7.29）は、総合的な学習のテーマとして、①国際理解教育、②情報教育、③環境教育、④福祉・健康教育の四つが明示された。

中教審は、「新しい時代の義務教育を創造する」答申（2005.10.21）において、我が国の義務教育の質の保障・充実を図ろうとしている。

さらに、中教審は、「幼稚園、小学校、中学校、高等学校及び特別支援学校の学習指導要領の改善ついての」答申（2008.1.17）が提示された。今次中教審は、中教審答申「我が国の高等教育の将来像（2004）」で指摘した21世紀に必要な新しい知識・情報・技術が政治・経済・文化をはじめ社会のあらゆる領域での活動の基盤として飛躍的に重要性を増す、いわゆる、「知識基盤社会」（knowledge based society）の時代であると強調された。

「知識基盤社会」の特質は、次の四つである。
①知識には、国境がなく、グローバル化が一層進む
②知識は、日進月歩であり、競争と技術革新が絶え間なく生まれる
③知識の進展は、旧来のパラダイムの転換を伴うことが多く、幅広い知識と柔軟な思考力に基づく判断が一層重要になる
④性別や年齢を問わず参画することが促進される

知識基盤社会化やグローバル化の時代だからこそ身近な地域社会の課題解決に主体的に意欲的に参加する能力・態度形成が求められているのである。これが、生きる力の基礎だからである。

今日の地球的規模の環境問題は、人類の生存・人間の尊厳にかかわる問題であり、無知・無関心であっては取り返しのつかないことになる。したがって、持続可能な社会を構築するためにも、まず自分は、地域生活環境にどのように関わり日常的に環境負荷を与えない社会的責任を果すことであり、そのことが地球環境の保全に通じるからである。その意味で、「Think Globally Act Locally」という用語が用いられているのは、そのためである。今こそ、我々は、地球的危機に対して、全人類共通課題として、一人の市民として、一人の人間としての生き方の問題として、地域から発想した環境問題に対する感性から認識へ、そして、行動力を身につけ、地域社会・地球社会に生きる市民形成を目指すべきである、という考えが教育グローバル化の教材観の基本である。

3　あとがきにかえて－学会の存在意義

　歴史とは、E・H・カーが言うように、歴史とは、過去との絶え間ない対話である[15]。したがって、『教材の歴史』とは、学習者（研究者）の教材との絶え間ない出会いと対話で学習・研究の連続過程に成立するものである。

　しかし、歴史は、連続と不連続の中で生成・発展・継承・衰退という現象が見られる。教材の歴史を辿ってみると時代の必要、社会的要請によって教材化（教材の見方・捉え方・教材づくり）や教材構成（目標達成過程の教材の位置づける要素・順序・強調点）の仕方、学習論などと絡み合って教材観をめぐる論争は、多様に表出するものである。教材観の論争こそは、教材開発、教材活用研究の原理と方法を導くに必要な条件である。

　我々日本教材学会は、「答申の風」に翻弄されながらも、主体的研究能力、教育実践の場で教材との出会う子どもの学び方、教師の指導力を駆使して教材の価値を検証・評価していくべきである。さらには、実践的研究成果から、教育改革への提案をしてより質の高い教材観、教材構成への考え方を先導的に提示すべきであると考える。

　もっと言うならば、新しい教育改革に向けて教材の価値を生産的に構成していく必要性を痛感したのである。

　同時に、日本教材学会は、教材をめぐる我が国の教育と研究の機能を他学

会とも共有しうる性格を持っている。この意味で当学会は21世紀の環境世界へのある一つの提言をする必要があると考える。なぜならば、21世紀は次の三つの特性を持つ、いわゆる①循環型社会、②低炭素社会、③共生社会を構築することが今求められているからである。

これらの社会は、繰り返しいうまでもなく、今人類の生存、人間の尊厳にかかわる地球危機がせまっている。このことは、人間形成における学力観、人間観の確立と無関係でないことだけを明記すべきである。

今、日本教材学会の存在意義が問われている。それは、21世紀社会形成の課題を念頭におきながら、「教材と出会う子どもと教師とが学習過程に対話を通してどのような感性と認識、行動力、価値倫理が形成されていくのか実証的研究」を地道に積みあげていく必要がある、と考える。それは、我々の研究命題ではなかろうか。

(注)

1) 佐島群巳（1995）素材の教材化 （佐島群巳・武村重和・森一夫『新学力と学習』三晃書房 p 115－130
2) 第一次米国教育使節団報告（1946.3.5）は、聯合国軍最高指令官へ提出する。そこには次の三つの指摘・勧告がなされた。(『全訳解説 村井実 アメリカ教育使節団報告 講談社学術文庫1979 所収』)①軍国主義・国家主義教育の排除 ②学校は人々の経験を補充し豊富にするために設けられた。個人が一生を通じて順次その最善の到達する結果をもたらすような教育が望ましい。③「公民教育の授業の実施提案」の項で、日本の修身や公民に当たるものは、アメリカは「Social　Studies」に含まれる。社会科設置を勧告する。
3) 大正末から昭和初期に真野常雄と同様郷土教育運動が峰地光重、志垣寛、赤井米吉らの児童中心主義の郷土教育へと発展した。1935年には、秋田・山形などの貧しい東北農村生活を綴り方で語る「北方性教育」が生まれた。
4) 各地に優れた地域教育の実践的研究がなされた。その代表的なものは、次の実践である。
①桜田プラン（1947.1）②新潟プラン（1947.5）③本郷プラン（1947.6）
⑤西多摩プラン（1947.7）⑥福沢プラン（1947.9）⑦北条プラン（1947.10）
5) 海後勝雄（1964）「三層四領域論の成立」『生活教育』1月号
6) 産業界から産業社会に貢献する人材養成及び科学技術教育振興に対する次のような意見要望が出された
①経済審議会「経済発展における人的能力開発の課題と対策」1962

②日経連「新時代の要請に対応する技術教育についての意見」1956
③関西経済同友会「科学技術教育に関する要望」1956
④日経連「科学技術教育に関する意見」1957
⑤日経連「単科大学制度創設に対する意見要望」1960

7) 文部省（1958）は、中学校（'71）・高等学校（'74）それぞれ『新しい理科教育—理科教育の現代化講座指導資料』を三部作を公刊し、科学概念の形成と指導法を提示した。

8) 数学の分野では、各出版社が競うように数学（算数）教育現代化に関する著書を公刊している。埼玉県教育局指導課では、1969年「算数教育現代化とその指導」（数学教育の現代化研修会用テキスト）を発刊された。つまり、それは、国の教育改革の現代化の方針を受けて、各地方公共団体において算数の現代化の実践方法を具体的に示されたものである。例えば「集合」「関数」「論理推論」「構造化」についての指導方法が丁寧に解説されている。

9) 山口康助編著（1963）『社会科指導内容の構造化』（新光閣）において、教材構造と授業全体との関係をイメージできるように基本事項（核・幹）基礎事項（枝・葉）を図式化したものである。この後、文部省教科調査官国語沖山光、社会山口康助、算数中島健三、理科蛯谷米司四氏の「教材の構造化論」の論文の後、四氏による思考と構造の関係性について「座談形式で」討論された。（『教科における思考と構造』東洋館1966）。

10) シルバーマン著、山本正訳（1973）『教室の危機—学校教育の全面的検討（上・下）サイマル書房』本書は、「学校を人間味ある機関」（making the school institution）ということを強調された。これは、学校の非人間化を回復するための提言であり、従来の科学概念カリキュラムは科学者のもので現場教師の悩みや子どもの問題から生まれた問題ではない。つまり、60年代の失敗を振り返って、教室の雰囲気の変革、学習計画の変革を目指している。

11) J・S、ブルーナー著　佐藤三郎訳（1970）『人間の教育』（誠心書房）において「幼児の心」「差異の文化観」「未成熟期の性格」の論考の中で、「価値ある人間存在を認識し、人間を出来るだけ人間らしくすることこそ、教育の過程である」と述べ、かつての「教科構造論」からの大転換をはかるに至った、というべきである。

12) 佐島群巳（1973）「人間を軸にした教材精選と系統化」社会科教育No111　10月号P12—31
この後を受けて我々研究同人は、日本に存在する典型的な「伝統・文化」の実情を凡そ10年間にわたる調査研究し、伝統・文化の教材開発及びそれを授業で実践的に検証した。その成果は、『伝統文化に学ぶ社会科授業』—地域に根ざした産業の教材開発—佐島群巳編著1989に発表している。この研究に先駆けて、研究同人は、激変する経済・社会の中で1960年から失われかけた日本の農村文化、農業経営の様態をつぶさに観察調査する10年間研究

を行う。我々の研究は「地域調査による『教材の人間化』」と「子どもが生きる『学習の人間化』」の方法原理を授業において実践実証的に検討した。その成果は『農業学習の新構想と展開』(明治図書　1979　佐島群巳編著)として公刊した。

13) 日教組の教育制度検討委員会　梅根悟編 (1971)「日本の教育をどう改めるべきか」(勁草書房)というテーマで民間臨教審というべき「教育改革シリーズⅠ～Ⅳ」公刊した。『Ⅲ中教審答申の批判』の書もあるが、荒廃した教育現場の再生への提案である。

14) 教育職員養成審議会 (1997)「新たな時代に向けた教員養成の改善方策について第一次答申」には、今後特に教員に求められる具体的資質能力として、①地球的視野に立って行動する資質能力　②変化の時代を生きる社会人に求められる資質能力　③教員の職務から求められ資質能力　これは、教育のグローバル化に求められている教師像でもある。

15) E. H. カーは『歴史とは何か』(清水幾太郎訳　岩波新書　1962)において「歴史とは歴史家と事実との間の相互作用の不断の過程であり、現在と過去との間の尽きることを知らぬ対話なのであります。(P40)」と述べている。

教材と心理

福沢　周亮（ふくざわ　しゅうすけ）

はじめに

　教材とは、教育の目標を達成するために教授や学習指導の中で用いる学習内容であると考えるとき、それに関わる人々の心理がどのように反映しているかという問題の考察が、本稿の主題である。

　まず、教材が成立するための条件の考察を行い、心理がどのような位置づけになるのかを考える。そのうえで、教材の作成時における心理の問題と教材を用いる際の心理の問題を取り上げる。

　まとめとして、望ましい教材の在り方について考察する。

1　教材の条件

　教育という営みをもっとも具体化すると、教える者（以下では指導者とする）と教えられる者（以下では学習者とする）との間で行われる学習活動となる。この場合、指導者からみれば教授活動または学習指導活動であるが、指導者だけでは教育が成立しないことを考えると、この営みでは学習者が中心であることがわかるだろう。通信教育などを考えてみれば容易に理解されるように、学習者がいれば、そこに指導者がいなくても教育は成立するのである。

　しかしながら、どのような形をとっても、指導者と学習者を繋ぐ学習内容が必要であって、いわば両者の媒介物として存在する。これが教材である。

　教材は、従って、教育の目標を実現するために具体化したものであって、教材の条件として、第一に教育目標との関係が問われるのである。

しかも、その教育目標は、学習者の成長や発達が考えられて設定されることが望ましい状態と考えると、教材には、おのずから心理が反映せざるを得ない。しかし、これは常に表に表われているとはいい難いかもしれない。
　その意味で、より強く認められる条件が、指導者との関係で問われることになる。第二の条件である。
　同じ教育目標を具体化した教材であっても、指導しやすいものとそうでないものがあるのだ。
　もっともこれは、指導者と学習者との関係の中で出てくることであるため、指導者のみに焦点を合わせた解釈は難しいかもしれない。しかし、例えば、ひらがなの読みを教えるのに文字法を使う場合と文章法を使う場合では、前者のほうが扱いやすいのではあるまいか。つまり、ここに指導者の心理が反映するのである。
　以上、こうして教育目標と指導者を取り上げて、それぞれにおいて心理の問題が関係することを指摘してきたが、結局、それは学習者の心理に集約されるように思われる。つまり第三の条件である。
　教育目標をよく反映した教材であっても、学習者に受け入れられないようでは教材としての条件に欠けると解されるからであり、指導者に受け入れられても、学習者に受け入れられないようでは、同様に解釈できるからである。
　要は、学習者の心理をよく反映させることで、これが教材の条件として大変大事と認められる。

2　教材の作成との関わりで

　ここでは、筆者が作成に関わった教科書教材を取り上げて、教材と心理との関係を考察する。小学校および中学校の国語の教科書教材で、いずれも、教育出版によっている。
　　小学校3年『広い言葉、せまい言葉』
　　小学校4年『言葉の落としあな』
　　小学校5年『言葉と事実』
　　中学校2年『言葉とイメージ』
　いずれも言葉を話題にした説明文である。

これらの作成時期にはかなりの違いがあるが、共通している考え方は、言葉についての興味関心を引き出すことにあった。言葉とは面白いものだという感想が生まれるようであれば、目的の第一は達せられたと考えたのである。
　そのため、学習者（この場合は児童生徒）の知的好奇心を湧出させるような話題を用意することを意図して、一般意味論で指摘している事柄を取り上げた。
　各説明文と一般意味論の関係は以下のとおりである。
『広い言葉、せまい言葉』
　一般意味論で指摘している「抽象の段階（抽象のはしご）」の考え方を基礎として、同じものにつけられた名称でも、名称のそれぞれの意味する範囲に違いがあることを示し、同時に広い意味の範囲をもつ言葉が狭い意味の範囲をもつ言葉を包みこんでいることを示している。
　「シオカラトンボ」「ハグロトンボ」「オニヤンマ」を「トンボ」としてまとめ、更に「こん虫」「動物」「生物」とも言えることを例にしているように、同じものでもいくつかの表現の仕方があり、選ぶ言葉によって、その意味するところが違うことを理解させるのである。
『言葉の落としあな』
　一般意味論で"言わない嘘"として指摘されていることを取り上げたもので、漫画の『サザエさん』『コボちゃん』を材料としている。
　言葉は抽象的な存在であるため、伝えようとすることの総てを伝えるのは難しく、伝えたつもりであっても、意図しなくて伝えきれないところが残り"落としあな"ができてしまって、間違ったことを伝える結果になっているという事実を示したものである。
『言葉と事実』
　一般意味論で用いられている通達的内包（社会的に同意された非個人的な意味）と感化的内包（ある言葉を聞いて心の中に浮かべるイメージや感情的雰囲気）の考え方を基礎にしたもので、同じ事実でも、どのような言葉で表現するかによって受け取られ方が異なり、結果として事実の受け取られ方に違いが出てくることを示している。同じハンカチでも「手ふき」の札をつけた場合と「織りのやわらかい、混じりけのないアイルランドあさのハンカチーフ」の札をつけた場合では、前者より後者が二倍の値段で売れたという例

によっている。

『言葉とイメージ』

同じ花でも、「シクラメン」「ブタノマンジュウ」「カガリビバナ」と名称が異なると、イメージが異なるという例により、同じ事実でも、言葉によってイメージが異なって作られることを示している。一般意味論で指摘している感化的内包を中心の話題にしている。

以上は、いずれも説明文であるため、授業のうえでは、話題になっている事柄を論理的に追う形になる。しかも、どの場合も比較することが思考の中心になっているため、帰納的思考の働きが認められる。

指導のうえでは、従って、話題を取り上げながら、言葉および言葉の使い方に注目させることになる。言葉とは面白いものだという感想が生まれるようであれば、これらの教材の作成意図は、かなり満たされたといえるだろう。

いずれの場合も、言葉に対する見方の面白さに気づき、その意味で言葉について発見があると望ましいと考えるのだ。特に『言葉の落としあな』『言葉と事実』『言葉とイメージ』は、認知的不協和の感じを刺激して、知的好奇心を湧出させるだろう。『広い言葉、せまい言葉』についても、例えば、チョウは動物ではないと思っている児童の場合には、やはり認知的不協和の感じを刺激するのではあるまいか。

以上、こうしてみると、これらの教材は言葉に対する興味関心を湧出させると考えられ、これは、国語教育という言葉の教育を成功させるための大きな力になると考えられる。

ここに、教材と児童生徒（すなわち学習者）の心理との結びつきが認められる。

教材の作成では、こうした点への配慮が大事と考えられるのである。

3 教材の使用との関わりで

教材がどのような目的で作成されていても、学習内容として提供されるため、その内容の習得という視点から、効率的な習得が問われることになる。

辰野（1992）が教材の条件として指摘している、構造化、明確化、具体化、順序・階層化は、いずれも効率的な学習が前提になっていて、学習者の

心理が色濃く反映している。授業の中での教材の使用に重要な示唆を与える、こうした指摘は、教材の作成と結びつくと更に有効と考えられる。

しかしながら、実際の授業の場では、教科書を中心とすることが多く、いわば教材が与えられるため、与えられた教材の扱い方によって、そこに学習者の心理が関わるため結果が異なるという問題を取り上げる。

平澤（2007）は、中学校3年生を対象として、同じ文章を縦書きにした場合と横書きにした場合を比べて、読解力テストの結果に有意差が認められなかったことを確認したうえで、サイドラインとアンダーラインの効果を比較した。縦書きの文章ではサイドラインを、横書きの文章ではアンダーラインを、同じ箇所に引いたのである。両群の読解力テストの得点は、平均で有意差が認められなかった。

この研究は、サイドラインの効果とアンダーラインの効果を比較したものであるが、同じ文章を縦書きにしても横書きにしても、その心理的効果は同じと考えられる結果を示しており、さらにサイドラインを使ってもアンダーラインを使っても、心理的効果は同じと考えられる結果を示している。

平澤（2008）は、また、中学校3年生を対象として、詩の読解指導における傍線引きの効果を比較した。

三好達治の詩『雪』について、「雪ふりつむ」2箇所に傍線が引かれている詩が与えられたグループと「眠らせ」2箇所に傍線が引かれている詩が与えられたグループと傍線が引かれていない詩が与えられたグループの、それぞれのイメージをSD法により測定したのである。その結果、「雪ふりつむ」のグループが、"豊かで和やかな、ゆったりとしたあたたかで幸せな"イメージを読み取っていることが認められた。

また、山田数子の詩『慟哭』を用い、傍線を引きながら読むグループとテキストに何も書き加えてはいけないとされたグループについて、詩についての読後の記述を比較した。その結果、前者は後者より量的に有意に多く文章を産出することが明らかになった。

同じ詩であっても、すなわち同じ教材であっても、注意を引く印の存在は、また特に注意すべき箇所として印をつけることは、理解に影響を与えるわけで、これは教材と心理を考える際の、また教材を使用する際の留意点と認められる。

荒川（2008）は、小学校6年生と4年生を対象とし、読書材料として物語

文と説明文を用いて、音読と黙読の比較を行った。音読の測定にヘッドセットを用いており、読書材料は、読みながら埋め込まれた質問に答えていく形式になっている。

その結果、6年生について、物語文の音読と説明文の黙読の比較では説明文の黙読が速く、説明文の音読と物語文の黙読の比較では物語文の黙読が速かった。また、4年生について、物語文の音読と説明文の黙読では有意差が認められなかったが説明文の黙読のほうが速く、説明文の音読と物語文の黙読では物語文の黙読が速かった。6年生においても4年生においても、黙読が速く読まれていることが認められたのである。

音読と黙読の相関をみたところ、6年生では強い相関が認められ、4年生では弱い相関が認められた。

同じ教材でも、扱い方の違いにより結果に違いが認められている。つまり学習者の心理が反映している例の一つである。

青木（2001）は、小学校4〜6年生を対象として、説明文について、尾括型・頭括型・まとめなし型の、理解およびイメージへの影響を検討した。いずれの場合も、読書材料は内容のうえでは同じであるが、文章の構成が異なっている。尾括型では最後にまとめが位置しており、頭括型では最初にまとめがある。まとめなし型ではまとめが入っていない。

その結果、三形態による理解の比較では、尾括型が頭括型より理解テストの得点がよく、尾括型はまとめなし型より理解テストの得点がよかった。また、三形態の中で、尾括型が一番"やさしい""わかりやすい""まとまっている"などのイメージをもっていた。

内容のうえでは同じであっても、構成の違いが理解やイメージに影響を与えているわけで、これもやはり、教材の扱い方の違いを意味すると考えられる。

鈴木（2007）は、女子大学生を対象として、『猫の嫁』（日本の昔話）を実演で語り聞かせた場合と同じものをテープで聞かせた場合を比較して、イメージなどを検討した。その結果、実演を行った語り聞かせ群は同じものをテープで聞いた群よりも、特に活動的なイメージを促進させ、ポジティブな感情、懐古の情を喚起させたことが明らかになった。

また、同様に女子大学生を対象として、『スーホの白い馬』（モンゴルの民話）を材料に、その文章のみを語り聞かせた場合と絵本を見せながら読み

聞かせた場合を比較した。その結果、スーホと白馬のイメージについては両群の間に差が認められなかったが、物語を聞いた時の気持では、文章のみの語り聞かせ群は絵本を見せた読み聞かせ群に比べて、ポジティブな感情、想像力、一体感が、より喚起されていることが明らかになった。

　以上は語り聞かせの効果を明らかにした研究であるが、同じ読書材料でも、つまり同じ教材であっても、扱い方によって差の出ることが明らかにされたわけで、そこに学習者の心理が反映していると言える。

　次に、教材の扱い方の問題で、以上の研究とは少々異なる例を挙げておく。これは、教材に手を加え、手を加える前の文章と手を加えた後の文章を比較するという操作により、元の文章の特徴に気づかせることを狙った扱い方として認められる。

　並里（2005）は、『銀河鉄道の夜』（宮沢賢治）から一部の文章を取り出し、登場人物の名前のみを変えた読書材料を2種作成した。「カンパネルラ」を「五平」に、「ジョバンニ」を「与作」に変えた「原作A」「原作B」「日本A」「日本B」である。女子大学生を対象として、調査1ではそれぞれの名前のイメージをSD法により測定した。調査2では調査1と同じSD法用紙を用い、当該文章による場面のイメージを測定した。

　その結果、「原作A」と「日本A」の比較、「原作B」と「日本B」の比較共に、「外国的――日本的」という対で大きな有意差が認められた。また「都会っぽい――田舎っぽい」の対では、いずれも「田舎っぽい」のイメージがあるものの、「日本A」「日本B」にその程度が強く、「原作A」「原作B」との間に有意差が認められた。

　文章全体のイメージに、登場人物の名前のイメージが大きく影響していることが認められたのである。物語文を教材として用いる時、登場人物の名前に注意することは大事な要件といえるのだ。

4　望ましい教材の在り方

　どのような教材であっても、教育目標を具体的な形で表現したものと解されるため、教材は、まず教育目標との関係が問われなければならない。しかも、一つの教材であっても教育目標が一つであることは稀で、複数であるこ

とが多い。知的学力や技能的学力の獲得を予想して行われる学習であっても、同時進行で態度的学力の獲得を考慮せざるを得ない場合が多いのである。

　従って、教材の作成にあたっては、教育目標との関係を考慮すると共に、知的学力や技能的学力の増進のみでなく態度的学力の増進も考慮する必要が認められている。

　例えば、漢字の、特に書くことの学習は、繰り返しが原則になっており、学習者にそうした機会を与えることが指導の一つの方針になっている。しかし、知的学力のみに重点を置いた方針では、時に漢字学習を忌避する態度的学力を作ることになり、必ずしも望ましい方向に結びつかない。望ましい教材作成の在り方として、複数の教育目標を満足させる教材作りが望まれるのだ。

　同様に、実際場面での教材の扱い方の在り方は、複数の教育目標を配慮した扱い方でなければならない。漢字を教材としたゲームなどが考えられるのは、漢字の読みの学習と共に漢字への興味関心を引き出すことを重視しているからである。

　教材の扱い方の問題では、また、指導者が望ましいと考えて採った方法が、学習者の心理に合わなかったために問題が起きたというケースがある。ひらがなの指導で語形法が主張され、ひらがなを指導するときには、言葉を単位として扱うべきで、一字一字で扱うのはよくないとしたのは、一字一字を中心とした指導では、ひらがなの読みを覚えた後の文章の読みに、望ましくない影響が出てくると考えられたためであった。しかし、語形そのものがひらがなでは作りにくいということもあり、ひらがなは一字一音が原則で、学習の状況が英語とは異なることが明らかになってきて、この主張は消えてしまった。ここに、学習者の心理の的確な把握が、指導にあたって重要な配慮になると認められる。

　以上、こうしてみてくると、教材と学習者の心理の関係を実証的に明らかにすることが望ましい教材の在り方を考えるうえで大変重要であることがわかる。教材と学習者の心理の関係が明確にわかってこそ、望ましい教材の作成や望ましい扱い方ができるのである。

　特に強調したい点は、教材と学習者の学習結果との間の因果関係を明らかにすることで、教材についての心理学的な検討や社会学的検討が望まれるの

だ。

　もちろん、教材と学習者を対象とした記録では授業記録が大きな一つであって、これを丹念に分析していけば、教材と学習者の関係がかなりみえてくるはずである。しかし、両者の因果関係を、どこまで明らかにすることができるだろうか。心理学や社会学を背景とした実証的な検討を主張するのは、いわば現場分析に終始せざるを得ない授業記録では不足する点が多いと考えるからである。

　今後、そうした検討を活発にして、望ましい教材の在り方を明確にすることを期待したい。

引用文献

1) 青木賢治「説明文におえる三形態の比較―理解とイメージを中心として―」聖徳大学大学院児童学研究科平成13年度修士論文、2001
2) 荒川信行「小学生の文章理解における音読と黙読の比較」聖徳大学大学院児童学研究科平成19年度修士論文、2008
3) 平澤真名子「読解に及ぼすサイドラインとアンダーラインの効果の比較」教材学研究、第18巻、2007、7-14
4) 平澤真名子「中学校国語科詩の読解指導における傍線引きの効果」児童学研究―聖徳大学児童学研究所紀要―、10. 2008. 23-30
5) 並里久美子「文章のイメージに及ぼす登場人物の名前の影響」聖徳大学人文学部児童学科平成16年度卒業論文、2005
6) 鈴木こずえ「語り聞かせに関する実証的研究―実演の効果を中心として―」教材学研究、第18巻、2007、15-26
7) 辰野千壽『教材の心理学』学校図書、1992

キーワード　学習者の心理、教材の作成、教材の使用、実証的研究

教材研究の方法論
－知識観と学習観の問い直しから－

小笠原　喜康
柴山　英樹

1　教材研究の範囲

　教材とはなにか。教具とはなにか。それはこの学会でも、しばしば問題になった。しかし、いまだに十分な一致をみていない。そこで筆者は、とりあえずそれを、「その物の面から見たときに教具といい、その働きの面からみたときに教材という」、としておく。したがって、教材と教具は、実際上分けられない。校舎や校庭からチョークまで、およそそれが教育の文脈にあるかぎり、すべて教材であり教具である。と、このようにしておこう
　どんな物理的な物でも、教育目標・内容理解の面から問題にされるとき、それが「教材」とよばれる。しかしどんな物も、ただ「モノ」としてそこにあるだけでは、「教具」とは呼ばれない。その「モノ」が、教育の文脈にはあるものの、教育目標・内容理解の面からではなく、もっぱら物理的な属性の面から問題にされるとき、それが「教具」とよばれる。だが通常この区別は、あいまいなままに「教材・教具」とくくられて使われる。それでも特に問題がないからである。
　しかしこの区別が必要になる場合がある。それがこの章のテーマである「教材研究」をおこなう場合である。具体的な授業を想定して研究対象を決めようとする場合に、初めて「教材」という概念が必要になってくる。教師教育において「黒板の字の書き方」を授業の目標にするような場合ならば、チョークが教材研究の対象となる。しかし小学校の児童を対象にした「電池のはたらき」ならば、チョークは問題にならない。だが中学校ぐらいで、「伝導体」の理解を目標にするならば、チョークも「教材」として研究対象となるかもしれない。
　このように教材研究の対象は、その目標のたてかたに応じて事象や関係性

から物体まで、およそ教育にかかわることすべてになる。そしてもちろん、そこに参加する子ども達も対象となる[1]。というのも、そこには知識と学習というものの性格がかかわっているからである。教師は、教材研究をする場合に、知識や学習とはどういうものなのかということを理解しておくことも必要である。なぜならそれによって、教材研究の範囲とやり方が変わってくるからである。

　知識観と学習観の両方の転換は、これからの教材研究にとって、避けては通れない道である。というのも、いま、明治以来の大きな転換の波が教育に打ちよせているからである。すなわち産業資本主義時代が終焉して知識産業時代を迎えた今日、従来のような断片的知識再生ではない学力の姿が求められているからである。となれば、教材研究の方法もこれまでのような教科の知識内容を詳しく知るだけでは済まされなくなる。そこで以下、まず教材研究の難しさを考えた上で、知識と学習という問題を改めて問い、その問いにたって新たな教材研究論を提起したい。

2　教材研究の変数

(1) 研究の変数（要素）の多さ

　教材研究は、非常に難しい作業である。なぜなら教材研究には、少なくても下記のような変数が考えられるからである。教材研究をする場合には、

・どのような内容を（その構造・関連・発生）
・どのような状況で（その知が働く場面）
・どのような方法で（身体性も含む教科書などの物理的・記号的条件）
・どのような子どもたちの（年齢・心身の特性・準備的状況）

学びを構想するのかという、こうした諸条件を考えなくてはならない。

　ざっとみても、このような変数の組合せを考えなくてはならない。しかしこれは、あくまで学習者への働きかけを考える教師の内的なレベルの変数にすぎない。学校での現実の教育活動を遂行するという点からみれば、さらに次のような外的なレベルの変数も必要になる。

・学年の他のクラスとの歩調の問題　　・同教科の他の分野との時間配分
・入試等のテスト問題傾向への顧慮　　・学年歴での行事等との関係

などなど、細かく数え上げればきりがないくらいの様々な要素に配慮しなくてはならない。しかもこれらに、学習を援助する教師自身の問題が加わる。それは、これらを自分がどのように理解していて、かつどう準備し表現できるのか、子どもたちに対して教材内容をどう翻訳できるのかという問題である。こうして教材研究の変数は、さらに膨らむ。教材研究が極めて困難な作業であることの理由がここにある。

　なかでも子ども達への働きかけの2番目の変数「どのような状況で」という問題は、学校という場においては難しい部分がある。身体的な知識の場合は、プールや運動具などの物理的条件と子どもたちの身体的条件を検討するだけで、ある程度まで状況を作りだすことができる。しかし、歴史や地理、そしてなにより数学といった、これまで主に記号の学習が中心とみられてきた分野は、その知識が生きて働く場面を用意することが難しい。これらは、テストでその保有を簡単に計ることができると思われているので、なおさら難しい。というのも、結果がでやすいがために、その難しさが隠されてしまうからである。

　もちろん少しでも意識のある教師には、その難しさが了解されているだろう。いくら状況が必要といっても、たとえ高校生であっても鎌倉時代を学ぶのに、「吾妻鏡」を直接読ませることはしない。数学の基礎だからといって、「線分」の定義から始めることも普通は考えない。とすれば子ども達からみれば、あまりに遠い時間と距離の壁を越え、四則演算以外にはめったに遭遇することのない算数・数学の課題状況に遭遇できる場面を用意することは、事実上困難であるように思われる。

　「知識」を個別的に独立したものであり、それを食べ物を摂取するごとくに脳髄という体内に採りいれ蓄積するのが学習であるとすれば、こうした悩みの大方は解決するかもしれない。そうした従来の考え方にたてば、反復練習を繰り返し、テストをくり返して、その定着をはかることは、現実の学校状況に合っているという見方も正当であるかもしれない。

　しかし他方で、それは校門をでない学力を育成することにすぎず、しかも主体的な持続的学習を生み出す力にはならないことも教師は知っている。そうだとするならば、どのような教材研究が必要なのだろうか。子どもたちを実社会から切り離して隔離し教科書で教えるという、いわば必然ともいえる近代学校の課題を乗り越えるには、どのような研究をすべきなのだろうか。

こうした問題は、いつも私たちを悩ませるジレンマである。学校での学習を将来に役立つように整えるのは、余りにも条件が悪すぎる。同一時間と同一教材というマスプロ教育の枠に縛られた近代学校では、知が働き、知が生まれる現場に立ち会わせることは、事実上不可能であると思われる。
　確かにその通りである。そこで現実は、教師用指導書＋市販雑誌やなにがしかの運動体からのヒントに依存するのがせいぜいである。それでこちらの思い通りに子どもが動き、それなりの成績を収めてくれれば、もうそれ以上を望むことは徒労にすぎない。実際のところは、確かにそうである。だがしかし、それで満足できるのかといえば、もちろんそうではない。満足どころか、結局子ども達を学校という枠内に縛り付けておいているだけではないのかという疑念がいつも片隅でうずいている。
　確かに、これを一挙に解決する方法はない。しかし教育のおもしろいところは、すべてがガラリと変わらなくても、見た目はほとんど変わりなくても、考え方を教師が少し変えるだけで、目の前の子ども達が違って見えてくることがあることである。それは、子どもへの援助の方法の転換につながり、少し長く時間スパンをとるならば案外違った結果を生みだすことにもつながる。
　よく昔から、教師は一つでいいから、自分の得意な教材、自分が好きで追求する分野を持てといわれてきた。それはどういう意味なのだろうか。以下では、この昔からの教えを解く三つの視点について述べていこう。
　それは、第一に知識観の転換の必要である。知識とは、個別に独立してあるものではなく、状況とのセットでなくてはならない。それ故に第二に、学習観の転換が必要となる。学習とは、知の生まれる現場への参加であると考えられる。そうならば、子ども達を参加させるためにはどうしたらよいのかという観点から、教材研究が考えられなくてはならない。これが第三の視点である。そしてそれは結局、いま述べた教師の姿勢・背中の問題となる。このことを最後にシュタイナーの教材研究論を紹介する形でのべてみよう。

3　教材研究の基盤としての「知識」の意味理解

　だれかに、「知識とはなんですか」と問うと、その人はきっと本のどこか

を指さして「ここに書いてあることです」という。私たちは、「知識」とは教科書かなにかに書いてある文言のことだと思っている。より厳密にいえば、その文言が指し示す物事についての私の頭の中の理解・認識、それが「知識」だと思っている。したがって、私が正しい「知識」をもっていることを示すには、問われたらそれに正しく答える・反応する・やってみせる、ということをすればよいことになる。

ただしここで重要なのは、「問われたら」という条件がつくことである。問われもしないのに答えるということをしたのでは、精神に異常をきたしているとみられるかもしれないからである。たとえば、私が電車の中で、「日本の首都は東京です」と叫んだり、そこいら中に、「(水の沸点) 100℃」と書き始めたら、そこに居合わせた人々は、かかわらないようにするか、しかるべき人を呼びにいくか、可能ならば止めに入るだろう(もっとも、問うのはなにも全く他の誰かでなくてもよい。「ちょっと前の私」という「他人」であってもよい)。

つまり私が「知識」をもっていることを示すには、そのことを示すことがふわしい何らかの「問われる」状況が必要になる。そしてなにより、そこでの私の行為が意味ある適切なものであるためには、それを適切ならしめる場面・状況が必要となる。このことは、なにかの「知識」は**私の行為とそれを意味ある適切なものとする外的状況・場面とセットになっていなくてはならない**ことを示している。

水の沸点が100℃であることは誰でも知っている。しかしその「知識」は、多くの場合、人に聞かれたりテストで聞かれるという状況にふさわしくふるまう知識である。筆者はこれについて少しばかり苦い経験をもっている。アメリカを車で家族旅行していたときのことである。アメリカの食事は三日ともたないので、いつもお米と炊飯器をもって旅行していた。

ある日のこと、アメリカンロッキーのグランド・テトンという高原でいつものようにご飯を炊いた。できあがって、さあ食べようと箸をつけると、なんとこれが芯のある生煮えのメコメシだったのである。どうしたのだろう、女房が水加減を間違ったのかなあと考えた。そこで女房に文句をいうと、ちゃんと確かめたという。そこでようやく気づいた。そこは、標高が2000mもあったのである。ジャクソン湖の向こうにそびえる連山の最高峰Grand Tetonは、富士山を越える4197mもあるという。

私は、水の沸点が100℃なのは、1気圧のときだということを確かに知っていたはずである。気圧が下がれば、沸点が下がり、ご飯が生煮えになることも知っていた。しかしその知識は、学校という場に閉じられたものでしかなかったのである。
　このように「知識」というものを考えてみると、それは自分という人間も含めた状況に依存していて、そこから独立してそれ自体としてあるわけではないことに気づくことができる。このことは、知識内容とそれを学ぶ方法とが一体化していなくてはならないことを意味する。
　しばしば批判されるものの、○×テストが入試などのテストの中心をなす限り、それに対応した学び方が必要とされるのは当然である。問われている事項に対する、詳しい意味や、違った見方がたくさんあっても、それこそ教科書的な答えをしなくてはならない。鎌倉時代の始まりには、6通りもの考え方があり、中でももっとも有力でないのが、もっとも知られている1192年であることなどは、現行のテストにおいては不用な知識であるかも知れない。
　このように知識というものの性格を問い直すと、どういう状況下で学ぶかによって、知識が違ったものになる可能性を理解することができる。つまり、方法と内容を切り離してはならないことになる。簡単な例でいえば、運動的な知識のことがわかりやすい。自転車を用意しないで、自転車の乗り方を学ぶことも、プールに入らないで泳ぎ方を学ぶこともあり得ない。動植物の名前の知識は、その動植物の実物や標本あるいは図像に触れることなくしては満足に学べない。
　こうしたことは、あまりにもあたり前である。だがしかし、いざ文字化されたことを学ぶのが通常であるような知識、たとえば歴史的な事柄の場合となると、この「あたり前」が隠れてしまう。教科書に書かれた「～は、～である」といった文言が、そのまま独立してしまう。そうして、テストに答えるという状況とセットとなる。自転車－乗り方、プール－泳ぎ方、標本・図像－動植物名、といったセットと同様に、テスト－歴史事項のセットとなる。つまり歴史的認識は、穴埋めテストに正しく答えるという範囲に矮小化されてしまうことになる。
　こうした矮小化を避けるには、知識が状況とセットであるというこの知識観の転換とともに、もう一つ学習観の転換も必要になる。それは、まさにそ

の状況化にふさわしいものでなくてはならない。

4　個人内から共同体参加の学習観へ

　これまで「学習」は、主に個人内の行為とみられてきた。19世紀後半からの科学的心理学の発達、そして20世紀後半からの人間の認知活動に関するコンピュータアナロジーによる理解は、私たちに「学習」とは主に個人の、しかも脳内の作業であるとの観念を植えつけてきた。

　だがしかし近年これに疑問を示すいくつもの理論が注目されるようになってきている。その一つは、「学習」を特別なそれとわかるような一つの行為とはみなさずに、社会参加の過程ととらえなおす理論である。これは、レイブとウエンガー（Lave, J. & Wenger, E.）の「状況化された学習：周辺的正当参加」[2]という論である。

　この論は、アフリカなどの徒弟制の研究からだされてきた。徒弟制の中では、簡単な作業からより高度な技術を要する作業へと役割を換えていく過程で様々なことを学ぶ。だがそれは、特別の訓練過程を経るわけではない。確かに一部、兄弟子が新参の弟子に何かを教えるという場面はあるものの、特に計画的に学習を進めようというのではない。

　こうしたことは、徒弟制という特別なシステム特有のもののようにみられてしまうきらいがあるが、視点を変えると過去から現代まで、普通にみられる姿である。学校教育が浸透する以前、学習は特別にそれとわかる行為ではなかった。若者は、村落共同体の中で日常の農作業や祭りの時の役割の中で自然と様々な知恵を身につけていった。たとえ徒弟としてなにがしかの仕事の弟子になったとしても、とりたてて「学習」という行為が独立してあったわけではなかった。

　今日でも、会社に入れば、最初はそれこそガイダンス的な教育はおこなわれるものの、その後の学習は職場の中で一定の役割を与えられ、その中で徐々に学んでいく。こうした場合、「職場」という共同体の中で自分の立ち位置を自覚し、より深くかかわっていく過程そのものが、あえていえば「学習」というべきものである。どこからどこまでが学習で、その先のどこからかが実践であるかなどとは切り分けられないものである。むしろそうした共

同体に「参加」すること自体が学習であって、参加して学習するのではない。

　こうした視点から改めて通常の「学習」といわれる行為を見直してみると、学校学習であってもその事情は、同じであることがわかる。学校で物理を教えるとしても、それは物理学の世界への参加というよりは、学校システムへの参加であって、それ以上のものではないとすらいえるところがある。

　実際、学校の中での「学習」は、「基礎基本」と呼ばれる学校内に閉じられた知識体系でおこなわれる。国語で文学作品を扱うとしても、それ自体を鑑賞するというよりも、学校的な分析によって学校特有の理解が求められる。こうしたことが、その昔より批判的に語られてきた「文部省唱歌、校門をいず」というフレーズにつながってきた。つまり、学校での知識は、校門をでると忘れられる、外の世界では意味のないものだというわけである。

　近年のPISAテスト以降、「知識」から「活用」へという流れが強まっている。だが、「活用問題」を学校で問題集をつかって訓練するのでは、またしても「活用問題」という正答主義の「知識」の植えつけになるおそれがある。

　では、どうしたら「校門」をでるのか。これまでの議論で見えてきたのは、知識が状況を含んでいる、あるいは適切な状況とのセットで初めて「知識」となるということ、そして学習は、なにがしかの共同体の一員となって自分の役割を担うこと、それ自体をいうということであった。とするなら、こうしたことを踏まえた教材研究は、どのようにあるべきなのだろうか。次節で、少し具体的な方法論について考えたい。

5　教材研究の方法論

　これまで見てきたように、知識産業時代における学力のために教材研究を進めるには、具体的にどのような方法が必要になるだろうか。これを考えるキーワードは、これまで述べてきたことにたてば、「状況性」と「参加性」である。そこで、筆者はこれを得るために、以下の三つの方法を提起したい。

　　発生的方法：その知の成長してきた歴史や語源を調べる。
　　文化的方法：その知の私たちの生活とのかかわりを調べる。
　　構造的方法：その知と他の知との関係を調べる。

筆者は、この方法を「多角的教材研究方法論」と呼んでいる。これの目的は、教材研究を従来よりも内容研究の面で、より広い文脈でとらえ直すことにある。広い文脈でとらえ直すというのは、もちろん「状況性」と「参加性」を少しでも高めるためである。これをより具体的な事例で説明してみよう。

　「発生的方法」は、その取り扱う教材の中心的な概念が、どのような経過を経て生まれてきたのか、あるいはその語源は何なのかという問題である。それは、知の生まれる現場に立ち会わせることにつながる研究方法である。たとえば、「質量」という概念があるが、マックス・ヤンマーの『質量の概念』によれば、これはカソリック教会でミサの時に信者に与えるキリストの体を象徴するパン（メッザ）の意味であったという。これは、今でもローマで作り世界中の教会に送るもので、パン種のはいっていない、膨らまない・変化しないパンである。つまり「質量」は、変化しないもの、いつまでも変わらないもの、元々のものという意味をもっているのである。

　こうしたことは、ただのエピソードのように思われるかも知れない。しかしこうした発生的な研究は、しばしばその概念のより本質的なところを教えてくれる。たとえば「エネルギー」概念は、教科書に書いてあるような「仕事をする力」などという実体的な概念ではなく、産業革命以前の気候変動に端を発した関係的な関数概念であることを知れば、これまでとは全く違った視点で教えることができる。

　次の「文化的方法」は、私たちの生活のどういう場面に、その教材にかかわる問題が顔を出すのかという問題である。これは、「参加性」の問題にかかわる。学校学習は、隔離された世界での学習であるので、この研究はとりわけ重要である。たとえば、カエルの詩人として有名な草野心平の詩は、しばしば国語教科書に採りあげられてきたが、筆者はその詩を鑑賞するために、カエルそのものが私たちとどのように関係するのかを調べたことがある。

　カエルを研究すると、私たちの生活と非常に密接であることがわかる。特にその遺伝子工学に果たしている役割は大きい。その卵が大きく、容易に変異しやすいところから、昔から今日まで多くのカエルが実験に用いられてきた。それは、詩の解釈とあまり関係しないようにみえるが、カエルを身近なものとして、より親近感をもって接してもらうことは、「参加性」を高める

ことにつながる。他にも子どものレベルにおいても、カエルと私たちの生活との関係は少なくない。

さらに「構造的方法」は、従来の中心的研究方法である。カエルが初めて声を出した動物としても知られていることを研究していくと、自分自身が様々なカエルの声を聞き分けられるようになる。それは、草野心平の詩の中に登場するたくさんのカエルの声を鑑賞することにつながっていく。

あまりに簡単な説明であるが、大切なのは教材内容の研究だからといって、既存の学問に依存したその範囲だけの研究にとどめてはならないということである。学習者を狭い教室から少しでも広い「状況」の中にいざない、その疑問をくみ取って「参加性」を高めるためには、ともかくも教材研究において、教師自身の理解・解釈がより広く豊かになることが大切である。それは、どこまでいっても教育の問題は、教師の「背中」の問題となるからである。次節では最後にこの問題に迫るために、シュタイナーの教材論を紹介してみたい。（文責　小笠原喜康）

6　シュタイナー教育論における教材研究論の意義

優れた発問と適切な指示があれば授業がうまくいくのだろうか。確かに、発問と指示は授業の展開において重要な要素であるが、それだけでは子どもなりの発想や想像力を捉えたり、子どもたちのつまずきを理解したりすることができない。実習生や初任教師の中には様々な指導書や指導案を参照しながら教科書を事前に読んだり、少し詳しく調べてみたりして、授業に取り組んだにもかかわらず、うまくいかずに悩んでいる教員も多い。

その要因の一つとして、子どもなりの発想やその発言の意図を理解することができない点が挙げられる。それでは、子どもの発想を理解するための教材研究の方法とはどのようなものであろうか。ここでは、教科書を用いずに、教師自身が教材開発を行いながら授業することを提案したルドルフ・シュタイナーの教材研究を参照しながら、教材研究の方法を検討してみたい。

シュタイナーの教材研究論の特徴の一つは、子どもの発想や想像力を理解するために、教材を芸術的な視点から考察している点である。シュタイナーによると、「知識も芸術と結びつくときはじめて、本当に生活感覚と結びつ

く」とされ、実生活と離れ形骸化しがちな知識における芸術的視点の重要性を説いている（Steiner,1948）。つまり、芸術的な視点から教材を研究することは、子どもの実生活のかかわりを探求することにつながるのである。

　また、シュタイナーが教材研究における芸術的な視点を重視する理由として、教師による芸術的な研究方法に主体的な参加が含まれている点も挙げられる。シュタイナーはフランツ・ブレンターノの心理学を参照しながら、人間は常に何かを志向し、何かにかかわろうとしているとした[3]。ブレンターノはこれを「志向性」と呼んだが、この概念には意味に向かっての運動が含まれていることになる。この指摘から、あらゆる知識や意味には自らの参加や関与が含まれており、知識の寄せ集めでは物事を理解できないことを示している。

　例えば「石」という表象に他の表象をいくらつなぎ合わせて表象の複合体をつくっても、それだけで「石がある」という「判断」にはなりえず、感覚を動員することで判断へと至るとされる。つまり、傍観者意識では「表象」から「判断」へと至ることはない。教師自身が対象について感覚を動員しつつ、教材を深く洞察することによって、「表象」から「判断」へと至ることができる。植物などの自然を観察する場合には、傍観者的意識で客観的に観察するのではなく、教師自身が主体的に参加し、色彩や形態という自然の表情に触れて、その鮮やかな色彩や不思議なかたちを味わうことが求められる。私たちの知識は以前に他者から押付けられたものであったり、慣習的なイメージを踏襲したものであったりする場合がある。そのため、私たち自身が芸術的な研究視点を取り入れて、再検討してみる必要性がある。教師自身が参加することによって知るということを体験し、自分の教材に関するイメージを再検討していく活動を事前に行うことを通してはじめて、授業中の子どもの発想やつまずきを理解することができるようになるのである。

　また、シュタイナーは「全体から部分へ向かう姿勢が大切である」（Steiner,1923）と強調する。シュタイナーのいう全体とは、個別的な部分を寄せ集めて普遍的な全体を構築しようとするものでも、普遍的な概念を作り上げてその法則を個別的な部分に還元しようとするものでもない。それは、有機的な生きた全体であり、個別的な部分を支える包括的な世界観のことである。彼は、初歩・基本から応用・発展へという形式で捉えるのではなく、「全体と部分の関係」という視点から教材研究を行うことを提案した。

この視点は、教材における系統や構造、他の分野や教科との関連を理解すると同時に、教材を貫く全体像とは何かを探究するものである。その際に、彼が重視しているのは、断片的な知識を伝達することではなく、知識を通してどのような世界観・生命観・人間観・歴史観・宇宙観を育てるかである。要するに、私たちには、教材や知識の系統化・構造化するだけではなく、その全体を見通した包括的な教材観を持つことができるかが問われているのである。

さて、シュタイナー自身は、絵文字を通じて次第にアルファベットと出会い、アルファベットの書き方を学んでいく方法が大切であるとして、絵文字からアルファベットへという文字の発達の歴史を追体験させる指導方法を考案している[4]。ここで彼が重視しているのは、文字の歴史を詳細に研究することではなく、自分なりの教材解釈を作り出すことである。

シュタイナーによると、「動物や植物の形を文字へ変換していく自分で考えた方法は、教師に喜びを与えてくれる。教師自身の意志で行っているというこの喜びこそが、子どもにやって見せる行為の中に生きつづけていくのである」(Steiner,1919)とされる。つまりシュタイナーは、教師自身が「やってみせる」ことで、子どもたちが「やってみたくなる」という状況を作り出すことに力点を置いている。それゆえに、彼は教材研究の基本姿勢として、自分なりの例を生み出すという熱意が大切であると主張する。

上記のように、教師自身の発見による感動や新しい世界との出会いは、優れた教材になる可能性を含んでいる。またシュタイナーが、教材研究における芸術的視点の重要性を強調したように、教師はクラスの子どもたちをイメージしながら、授業の構想を練っていき、このような積み重ねを続けることで、教材に対する見方が深まり、自分なりの教材観が確立していくことになる。教材研究とは、教材を詳しく調べるという作業ではなく、教師の感性や発想などを動員し、自分なりの方法や教材観を生成していく創造的な活動なのである。

このように教材研究は、教師自身の探求の姿勢があってこそ初めて意味をなす行為である。この基本を忘れて、授業の具体的な方法を追求しても、結局それは、「背中」のみえない、子どもには響かない授業にならざるを得ないことを改めて再認識すべきではないだろうか。(文責　柴山英樹)

【注釈】

1) 「教材」を子どもの側からみて「学習材」と呼ぶべきだという主張もある。しかし本稿では、教師の「教材研究」の視点から論じるので、「教材」という用語を用いることにする。
2) 本章では、佐伯の訳書『状況に埋め込まれた学習－正統的周辺参加』の訳を使わずに、この『状況化された学習：周辺的正当参加』という訳を用いることにする。その理由については、小笠原（2007）を参照されたい。
3) シュタイナーの心理学と学習観については、柴山（2008）を参照されたい。
4) シュタイナーの文字教育については、柴山（2004）を参照されたい。

【参考文献】

Lave, J. & Wenger, E.（1991）. *Situated learning: Legitimate peripheral participation*, Cambridge: Cambridge Univ. Press.（佐伯胖訳『状況に埋め込まれた学習－正統的周辺参加』産業図書、1993）

小笠原喜康（1992）.「多角的教材研究」方法論の提案 －教材「カエル」を例にして－ 松島鈞教授御退官記念誌刊行会編『松島鈞教授御退官記念誌』. 黒船印刷. p. 190-204.

小笠原喜康（2007）. 学習観の転換－レイブとウエンガーの「状況化された学習：周辺的正当参加」論の意義－, 太田直子・黒崎勲共編著『学校をよりよく理解するための教育学6』, 第5章, 学事出版, p. 63-82.

小笠原喜康（2008）.『学力問題のウソ－なぜ日本の学力は低いのか』PHP研究所.

柴山英樹（2004）.『子ども』と『文字』との連関をめぐって―シュタイナーの言語教育をてがかりに―, 教育思想史学会紀要『近代教育フォーラム』第13号, p. 173-175.

柴山英樹（2008）. シュタイナーの人間観に関する考察－19世紀自然科学との対峙という視角から, 臨床教育人間学会編『生きること―臨床教育人間学3』東信堂、p. 117-136.

Steiner, R.（1919）. *Erziehungskunst.Methodisch-Didakisches*, Dornach.

Steiner, R.（1948）. *Die Erziehung des Kindes von Gesichtspunkte der Geisteswissenschaft*, Stuttgart.

Steiner, R.（1923）. *Gegenwertiges Geistesleben und Erziehung*, Dornach.

ヤンマー, M.（1977）.『質量の概念』（大槻 義彦他訳）, 講談社.

教材の種類・形態とその働き

古藤　泰弘

1　教材の捉え方について

　I章②に「教材とは」があり、そこで「教材」について述べられているので、ここで「教材とは何か」の論議は行わないが、その捉え方について多少言及しておきたい。
　「教材」については、その歴史的な経緯に関する研究文献にみられるように、その捉え方は大きく、①教科内容及びその際に使われる教科書などを含める捉え方（例、教材研究や教材解釈という場合）と、②教科内容とは区別して、教科内容のある概念（認識）を形成させるために選択された素材やメディア（例、教材構成、教材活用や教育メディアという場合）という捉え方がある。
　広辞苑は、第3版（1983年）では「教授及び学習の材料。教師及び児童・生徒の間を媒介して教育活動を成立させるもの」と定義し、後者（②）の捉え方をしていた。しかし第6版（2008年）では、「教授・学習の材料」に続いて「学習の内容となる文化的素材をいう場合と、それを伝える媒体を指す場合とがある」と述べ、2つの捉え方があると記述している。
　文部科学省（旧文部省時代を含めて）の学習指導要領の「総則」では後者（②）の立場をとっている。
　例えば1958年版学習指導要領（昭和33年10月1日告示）では「教科書その他の教材、教具などについてつねに研究し、その活用に努めること。また学校図書館の資料や視聴覚教材等について、これを精選し活用するようにすること」（総則、小学校、中学校ともに同文）と記している。
　また、最近の2008年版学習指導要領（平成20年3月28日告示）では、「各教科等の指導に当たっては、児童がコンピュータや情報通信ネットワークな

どの情報手段に慣れ親しみ、コンピュータで文字を入力するなどの基本操作や情報モラルを身に付け、適切に活用できるようにするための学習活動を充実するとともに、これらの情報手段に加え視聴覚教材や教育機器などの教材・教具の適切な活用を図ること」(小学校学習指導要領「総則」) と述べている。

2008年版では、コンピュータなどの情報手段や情報モラル教育を含めたため記述内容が膨らんでいるが、「教材・教具の適切な活用」の文言は引き継いでいる。

その変化をみると、1958年版における「教科書その他の教材、教具など～」の文言が、1968年版では「教科書その他の教材・教具～」に、1977年版では「視聴覚教材などの教材・教具～」と変化し、1989年版以降は「視聴覚教材や教育機器などの教材・教具～」という文言になっている。(小・中・高等学校共通)

なお、「視聴覚教材」については、1958年版以降の学習指導要領「総則」で、その活用が常に記載されている。特に1989年版以降は、前述のように「視聴覚教材」に「教育機器」を加えて「教材・教具の適切な活用」という文言を用いている

このように学習指導要領の「総則」では、「教材」を授業活動で使用する「教科書及びそれに関連した教材・教具」や「視聴覚教材」と捉えている。

本稿では、教材を「学習者が学習内容（概念や法則など）についてより深い認識を形成していくための手段として活用される素材（事実や事象、資料・作品など）やメディア」として捉え（②の立場）、その形態や働きを検討し分類することにした。

2 「教材・教具」ということばの使い方

学習指導要領は「教材」と呼ばないで「教材・教具」(1958年版は「教材、教具」という表現) と表記している。その意味について検討しておきたい。検討資料として文部省（当時）が1991年に設定した「標準教材品目」(注、現在は使われていない) の事例を取り上げる。1989年版学習指導要領の実施に伴って新たな教材への対応が必要になり、文部省がそれまでの「教材基

準」（1979年設定）を検討し直してその時期に即応した「標準教材品目」を設定したのである。

それによると小学校で36、中学校は35の品目数を選定している。その品目（種類）をみると機器・装置（ハードウェア）と教材（ソフトウェア）の両方を包含している。

例えば、小学校36品目の中には、「紙芝居舞台」、「OHP」、「ビデオディスクプレイヤー」（LD、VHD等）、「個別学習機器」や「放送設備一式」などの機器類（ハーウェア）が21種類。そして「紙芝居」「スライド」「トランスペアレンシー」「ビデオディスク」「録音テープ」「ビデオテープ」や「ワードプロセッサー」などのソフトウェア関連の品目が15種類ある。

よくみると、紙芝居舞台と紙芝居、OHPとトランスペアレンシー、ビデオディスクプレイヤーとビデオディスク、16ミリ映写機と16ミリフィルムというように、機器・装置とその教材をセットにして設定していることがわかる。

「教材」の実際の利用形態を考えると、印刷物等を除くほとんどの場合「機器（装置）」とセットでなければ活用できないわけで、そのことを前提にして「標準教材品目」を選定しているのである。学習指導要領（総則）のいう「視聴覚教材や教育機器などの教材・教具」は、このような背景をもって用いられている「用語」だと解してよかろう。

最近のコンピュータ教材の場合はさらに複雑で、いわゆるデジタル教材を稼働させるためには、コンピュータ（ハードウェア）に加えてアプリケーションウェア（例えばパワーポイントやネット利用の場合はブラウザ）が必要になる。この場合にはどこまでが「教材」（ソフト）でどこからが「教具」（ハード）か区別がつけにくい。「教材・教具」でくくればでそういう問題も解消できる。

ここでは「教材・教具」という考え方で「教材」の形態やその分類を行うことにする。

3 「教材・教具」と教授メディア

教授メディア（instructional media）は、視聴覚教育や教育工学の発達と

ともに広がった用語である。1963年にDAVI（全米教育協会視聴覚教育部、後にAECTに発展的に解消する）は、「教授メディアinstructional media」は「完全な情報群を提示する装置で多くの場合、教授・学習過程において補助的であるよりは自己完結的なもの」だとし、「断続的に補助的資料を提示」する「教授エイヅinstructional aids」と区別した。

その後、ガーラック,E.D.とイーリー，D.R.は、「教授メディアとは、授業に必要な視覚情報・聴覚情報・言語情報あるいは反応情報をとらえ、処理・記録し、再生・提示するために用いられる、絵図や写真をはじめとする各種の機械的・電気的または電子工学的な手段」（1971年、訳書『授業とメディア』町田隆哉訳、平凡社、1975年）と定義している。

また、『教育学講座第6巻・教育工学』（学習研究社、1979）では「授業という教授・学習過程において教授者と学習者の間、あるいは学習者と学習者との間で、相互に情報の伝達を行うための手段ないしは媒体」（大内茂男氏執筆）の意味だと述べている。

このように「教授メディア」（「教育メディア」とも呼ぶ）は、完全に教育内容とは区別して用いられている。コンピュータ利用のCAIやプログラム学習（ティーチングマシン）など媒体（メディア）にやや重点が置かれるが、実物・標本や映画・テレビ・ビデオなど伝達するメッセージを視野に入れた概念として捉えられている。

実際に授業で「教授メディア」（「教育メディア」）を活用する際には、学習指導要領（総則）にいう「教材・教具」とほぼ同義に捉えて使用していると考えてよい。

4　教材の働きと分類

授業は、教材・教具（教育メディア）を媒介として、学習者と文化を結びつけていく営為であるといってもよい。教材の選び方や授業への位置づけなど教材構成が授業の質を左右することになる。

このため、教材を選択するに際しては、その教材に授業活動でどんな働きを期待するかを十分に検討しておく必要がある。

ここでは教材構成に際して「教材・教具」選定の視点になると思われる

「教材の認知・知覚作用」、「教材媒体の特性」及び「学習目的」の3つを取り上げてそれぞれ分類しておくことにする。
　なお、以下で「教材」という場合は、学習指導要領（総則）でいう「教材・教具」と同義に捉えて用いていることを断っておく。
(1) まず、授業活動における教材の働きのうち、「認知・知覚作用」に視点をおいて分類してみると、次ぎのようになる。
　①言語教材（その中核は教科書で、副読本、図書、雑誌、新聞など）
　②視覚教材（写真、図絵・図表、掛け図、スライド、OHPシートなど）
　③聴覚教材（音声テープ、音声CD、LLなど）
　④視聴覚教材（映画、放送、VTR、映像CD、DVDなど）
　⑤触覚（実物）教材（標本、模型、地球儀など）
　パソコンを使用すると、テキスト（文章情報）だけでなく、写真や絵図、音声、映像などを単独又は複合して利用することができる。その場合は「デジタル教材」と呼んでいる。
(2) 教材の媒体は授業における教師や学習者の活動に大きく係わってくる。「媒体」の特性による教材の分類を認識しておくとも大切である。それは、次のように分類できる。
　①印刷教材（中心は教科書、副読本、図書、雑誌、新聞など）
　②スライド教材
　③ビデオ教材（VTR、DVD、映像CD、ビデオディスクなど）
　④放送教材（ラジオ、テレビなど）
　⑤新聞教材（NIEなど）
　⑥コンピュータ（デジタル）教材（PC、CDやDVD、ネット上の情報など）
(3) 次に、授業における「学習目的」を考えて教材選択する場合もある。その視点から分類すると次のようになる。
　①ドリル教材（練習による基礎的内容の習得）
　②プログラム教材（個人ペースによる学習）
　③シミュレーション教材（目に見えない現象の可視的学習など）
　④ネット教材（調べ学習など）

5　教育メディアの機能と分類

　教育メディア（教授メディア）についても「教材」と同様な分類ができるが、ここでは教育工学の立場から学習活動におけるメディアの機能に視点をおいた分類（ポーター，D., 1960年）を参考に、次のように3つの種類にわけた。（古藤泰弘『授業の方法と心理』学文社、2000、pp.149～154参照）

①刺激メディアstimulus media

　学習者に学習情報を提示し、刺激情報を与えるためのメディアで、学習者の視聴覚に訴える掛け図、スライド、放送、OHP、TV・VTR、映画、ＰＣ（例えば、パワーポイントで作成したスライドやネット情報）などをいう。

②反応メディアresponse media

　学習者が外部情報を取り入れて内面化し処理した成果を各種の反応具や発表メディアを用いて表出する。その典型は反応分析装置（アナライザー）だが、最近はPCを用いることが多くなった。

③刺激－反応メディアstimulus-response media

　学習者に情報が提示されると、それに対して学習者が反応する。すると、その反応についての良否情報（KR情報）が学習者にフィードバックされるようなメディアで、その典型はティーチングマシンやCAIシステム（e-learningなどのネットシステムを含む）である。

　以上のようなさまざまな分類を視野に入れながら、以下で、i 教科書教材、ii 図書教材、iii 映像教材、iv NIE教材、v デジタル教材、vi 放送教材の6種類について、その特性や機能、利用法などについて論ずることにした。

i 教科書教材

柴田　義松

1　教科書教材の特徴

(1) 教科書とは何か

　教科書は、その内容だけでなく形態においても、またその教育的意義においても歴史的に変化してきた。今日一般には、「学校だけでなく、任意の学習集団において一定の知識領域を習得する際に使用される教材として、教授―学習上便利な形に編集された図書」を教科書とよんでいる。

　我が国の教科書に関する法的規定としては、「教科書の発行に関する臨時措置法」の中の「この法律において『教科書』とは、小学校、中学校、高等学校、中等教育学校及びこれに準ずる学校において、教育課程の構成に応じて組織排列された教科の主たる教材として、教授の用に供せられる児童又は生徒用図書であって、文部科学大臣の検定を経たもの又は文部科学省が著作の名義を有するものをいう」がある。

　これは、戦後の教科書検定制度ができたばかりのときに臨時に制定された法律の中の規定である。この中に、教科書は「教科の主たる教材」という定義があるが、他に教材というものがあまりなかった当時としては妥当としても、現代教育学の見地からするとやや問題がある。今日の学校では、教科書以外にいろいろな教材・教具が開発され、利用できるようになっており、他の様々な教材を使う授業の方が教育的により価値があるという場合もあり得るからである。また、欧米など諸外国では、教科書の概念が広がり、英国では学校で使用される教科用図書あるいは児童用図書のすべてをテキスト・ブックと呼んでいる。

　なお、各教科で学習される内容、つまり教科内容と教材とは明確に区別する必要がある。教科内容というのは、各教科において教授―学習の目標ない

し内容とされ、生徒が習得すべき知識（概念、原理、法則等）や技能をさす。そのような教科内容の習得のために授業において使用され、教授―学習活動の直接の対象となるものが教材である。この二つを、同一視したり混同してはならない。

(2) 教科書教材の基本的機能

　教科書が現在果たしており、果たすことが期待されている基本的な機能は、次の三つの機能に大きく分けてみることができよう。
1) 学習者にとって価値ある真実の知識・情報を教科内容として選択し、伝達する情報機能（真実性・思想性が問われる）
2) 学習者が自分の知識を構造化し、体系化するのを助ける構造化機能（系統性が問われる）
3) 学習者に合理的な学び方を学ばせる学習指導機能（学習指導性が問われる）

　以下、それぞれの機能について説明するとともに、それらの観点から現在の教科書のあり方について批判的検討を加えてみることにしよう。

① 教科書教材の真実性・思想性

　現代社会は、情報化社会ともいわれるように、情報が満ち溢れ、子どもたちの周囲にも洪水のように押し寄せている。このような状況の中で、学校で子どもに何をこそ教えるかという教授内容の選択、精選の問題は重要な意義をもつ。

　今日の子どもにとって情報の源泉は、教科書以外に多数ある。その意味で教科書の役割は以前と比べ相対的に低下している。けれども、見方を変えると、多くの情報が氾濫しているために、何が価値ある真実の情報なのか、子どもには見分けがつけにくい。だからこそ、学校の教科書に何が価値ある情報として取り入れられているかが重要な意義を持つ。そのことをもっとも強く意識しているのは、政治家かもしれない。感受性に富み、影響を強く受け易い青少年のやわらかな心に教科書を通して全国民的規模で与えられる情報に政治家が大きな関心を寄せるのは当然のことであり、古今東西を通じて変わりないといえよう。

　さて、現在の教科書は、この真実性の基準に照らしたときどのように評価されるだろう。わが国の教科書は、教育基本法に定められた教育の目的に従

い、学問の研究の成果に基づいて叙述され、もっぱら真実の情報を提供する書物であるべきである。政治家が教科書に関心を持つ場合も、「真理と正義を希求」する人間の育成を期するという観点から、また「学問の自由を尊重」するといった教育基本法に明示された精神にのって教科書のあり方に注文をつけるのであれば問題はない。ところが、実際には、教科書検定を通してこれとは相反する政治的介入がこれまでにしばしば行われてきた。過去2回にわたり（1955年および1980年）政権政党が、いわゆる「うれうべき教科書の問題」として引き起こした教科書攻撃は、そのような不合理な政治的介入の典型的なものであった。事態を重視した日本学術会議の「学問・思想の自由委員会」が事実を詳細に調査したうえで行った報告においても「この……パンフレットこそ、うれうべきものであって、学問・思想の自由を侵すおそれがある」と指摘されている。

　検定の強化などを通して政治家たちが教科書の内容に介入する仕方はさまざまだが、一般的に多いのは、事実の取捨選択に一定の偏りをもたらす形の統制である。教科書に書かれていること自体に間違いはなくても、書かれていない真実がさらにあり、その書かれていない部分に重要な意義があるということである。社会科教科書が検定の過程で多くの重要な箇所について修正や削除を余儀なくされ、まさに思想検閲に等しい厳しい統制を受けていることについては、これまでに多くの告発が出ている（森川金寿『教科書と裁判』岩波新書、1990年）

　このようなことが実はわが国の場合に限らず、米国の社会科教科書においても学問的真実に反する偏向的記述が過去においてしばしば存在したことをフィッツジェラルド『改訂版アメリカ——書きかえられた教科書の歴史』（朝日新聞社、1981年）が伝えている。わが国のいわゆる密室の中の検定作業を通して教科書が書きかえられていく場合とは違って、アメリカの教科書の改訂作業は、市民の目により直接的にさらされている。しかし、そのようなより民主的な教科書制度をとっているアメリカでさえ、教科書の内容を学問上の成果や真実と固く結びつけることが必ずしも容易ではないことをこの事実は教えている。教科書を真に価値ある真実の情報でうめるためには、よほど綿密に考慮され、民主的に構成された制度による保障が求められるとともに、教師、学者、そして市民による普段の監視、教科書批判が必要であるということを私たちは銘記すべきであろう。

② 教科書教材の系統性

　教科書は、生徒が学んで所有するようになる知識を相互に関連のないバラバラの知識として頭の中に収めておくのでなく、因果関係とか「一般的なものと特殊的なもの」との関係など、さまざまのつながりや関連を持った構造的な知識として体系化するのを助ける構造化の機能を果たし、果たさなければならない。

　教科書における教科内容の精選と体系化とは不可分に結びついている。教科内容を諸科学の基礎的・基本的な概念や原理等の知識に精選すれば、科学的概念はもともと相互に密接に結びついた論理的構造を成し、体系性を備えているものなので、教科の系統的学習が可能となる。教科の系統的学習とは、子どもの学習する内容が前後に論理的なつながりを持ち、前に学んだことが後の学習の基礎として役立ち、後で学ぶことが前に学習した内容の発展として一段一段とより高い認識に子どもが高まっていくような学習のあり方をいう。教科学習の系統性が成り立つためには、内容の論理的な結びつきとともに、子どもの認識能力の発達に合わせた順次性を考慮することが必要である。すなわち、教材の具体性とか、実生活との関連性といった学習内容の分かり易さが考慮されねばならない。

　教科は本来このようにして系統的に指導されるべきであり、教科書もその観点に立った内容の精選、教材の適切な選択がなされているべきだが、わが国の現状からいうと、教科内容の研究が十分に行き届いていないこと、戦後の学習指導要領に一貫して見られる経験主義的な考え方の影響、さらには教科書の研究が検定制度に阻まれて自由活発に行われ得ないことなどによって実際には必ずしもそのようにはなっていない。

　たとえば、授業時間数のもっとも多い「国語」の教科書も内容の構成が体系的でなく、子どもの日本語の知識を構造づけるという点では極めて不十分である。

　外国では、文字、発音、文法、語彙などの言語事項を系統的に指導するための教科書と、文芸教材や説明的文章によって構成される読み方の教科書（読本）とが2本立てになっていることもあるのに、わが国では国語科のなかで日本語の文字・文法などの言語事項をとりたてて系統的に指導することになっていない。

　そのため国語教科書には、それらを指導するための教材がいくらか断片的

にのってはいるが、文芸作品や説明的文章の間に細切れの形で挿入されているにすぎない。

　子どもは小学校へ入学する頃には、日本語を日常会話で聞いたり話したりすることに不自由をおぼえることはほとんどなく、身の回りの事物について日常生活に必要なかぎりのことはたいてい知っている。しかし、これらの知識は経験上のつながりはもっていても、内面的・論理的なつながりや構造はもっていない。このような知識を、学問研究の成果に基づいて論理的に組織立て、構造化するものとして学校の教科教育は本来存在するのだが、実際には必ずしもそうなっていないのである。

　そのなかでも、もっとも基礎的かつ重要な教育として日本語についての系統的指導と、日本語を使って行う読み書きなどの言語活動の指導とがある。つまり

A　日本語教育＝系統的に教える日本語指導
　①文字（正書法）、②発音、③文法、④語彙論
B　言語活動の指導
　①読み方、②文学、③綴り方（作文）、④話し方

　このような知識の構造化と自分の持っている知識を意識的に自在に活用することとは深い関連がある。子どもは、日常会話ではどんな単語もほとんど無意識的に発音するし、動詞の変化とか格助詞（は、を、へ、等）の使い方をいちいち考えることはない。つまり、日本語の文法を経験的には身につけているのだが、それらを意識的に使用しているとはいえないために、文章を書くというときになるとしばしば混乱し、正しい日本語の文を書けないことがある。話しことばとは違って、書きことばでは、単語の音節構造や文章の文法構造を意識して、すべて意識的に行動しなければならないからである。（ヴィゴツキー『思考と言語』柴田義松訳、新訳書社、２００１年 Vygotsky,L.S.,Thought and Language.）

　子どもが読み書きの学習を通して身につける能力のなかでもっとも重要な能力ともいえるのは、このような自分の経験的知識を意識化し、それを自在に活用する能力なのである。それは、自分のもっている知識を相互に関連づけ、構造づけることにほかならない。それは、言いかえれば反省的・知的に行動し、考えるということでもある。いわゆる識字教育が、人間の基本的権利としての学習権のなかでも特別に重要なものとされるのは、読み書きの能

力にこのような深い意義があるからである。

現在のわが国の国語教科書は、このような観点から見るとき、日本語指導が断片的で、体系をなしていないだけでなく、読本としても文芸作品や説明的文章相互の間に関連があまりなく、子どもたちの知識を構造づけるという機能を十分にはたしているとはいえない。たとえば、欧米諸国では、義務教育段階から「文学」が科目として設定されていたりして、文学教育が重視されているのに、わが国の国語教育ではそもそも文学教育を行うという観点すら確立していないのである。

そこで、学習指導要領の拘束を受けない、検定教科書以外の教科書の中に、実は独創的で優れた教科書が存在することになる。たとえば、日本語の文字・発音・文法を現代日本語の文法論に従って系統的に指導するために教育科学研究会国語部会の人たちによって作られた『にっぽんご』1-7（むぎ書房）、あるいは大岡信・谷川俊太郎といった日本の代表的な詩人が中心となって作った1年生用教科書『にほんご』（福音館書店）がそうである。後者は、日本語の持つ特徴、その豊かさとか面白さをまず音声面からとらえさせようとして、日本の楽しい歌や詩、言葉遊びの教材などがたくさんのっており、検定教科書にはまったく見られない楽しいスタイルの教科書となっている。

国語を正確に理解し表現する能力を養うという仕事は、たんに国語を教えるだけでなく、知識を身につけ、思考力を養い、心情を豊かにし、社会生活を営む能力を育てるものであり、あらゆる学力の基礎を形成するものである。人間形成のうえで国語、そして国語教育がはたすこのように重要な役割を考えるとき、現在の国語教科書のあり方については根本的な見直しが必要であると思われる。その際、改善を要するもっとも重要な問題点は、上に述べたような教科書の系統性にあるといえよう。

③　学び方を教える教科書（学習指導性）

現在の教科書教材は、さまざまの情報を伝えたり、生徒の知識を構造化する機能を果たすほかに、種々の問題を提示することによって、生徒が自ら考え、問題を解くなかで自主的に知識を獲得したり、技能を身につけることができるような工夫がなされている。これは生徒に学び方を学ばせる教科書の学習指導機能と呼ぶことができよう。

現代の学校教育は、子どもに知識を授けるだけでなく、知識獲得の方法と

か学問の方法を教え、子どもが卒業後も自分で学習を続けていくことのできる人間に育つことを重要な課題としている。「21世紀を展望した我が国の教育の在り方について」審議した中央教育審議会の答申（1986年）も、「自ら学び、自ら考える力」を育てることを強調していた。

このような自主的に学ぶ子どもを育てるうえで、何よりも必要なことは、それぞれの教科指導において学習への興味を育て、子どもが「やる気」をなくすことのないようにすることである。それは教師の基本的任務であるが、教科書の作成においてもその課題に応えることが必要である。

わが国の朝鮮、中国等への「侵略」が歴史教科書にきちんと書かれていないことが、「教科書問題」として国内だけでなく国際的な非難をあびたことがある。

このような教科書問題が起きたときの世論調査（日本世論調査会、1981年）を見ても、世論が一番に関心を寄せているのは、教科書の偏向とか検定問題よりも、実は「内容が難しい」ということであった。この難しさは、社会科教科書についていうと、その記述が具体的説明もないままに、数多くの事実や抽象的用語を並べ立て、無味乾燥な内容になっているからであった。このことは国際比較をした研究者たちからも指摘されている。

「全体的に日本の教科書は難しすぎる。単純化された概念説明や概括的な説明が、かなりの密度で連続して提示され、子どもの平均的な理解力を越えていると思われる。もっと内容を軽減し、具体的な事実を多く提示し、時間をかけて理解させることが可能な程度に抑えることが望ましい」（財団法人教科書研究センター編『教科書からみた教育課程の国際比較3社会科編』ぎょうせい、1984年）

歴史や地理が暗記物と言われるのも、教科書の無味乾燥でつまらない内容と関連があるはずで、教科書の記述をもっと面白く、かつ論理的にも筋の通ったものにするならば、機械的暗記も自ずから減少することになろう。

論理と抽象性を特質とする数学でも、分かり易くする方法は教育現場でいろいろと考えられている。具体物から出発し、抽象的な数量関係を発生的に具体物と関連づけることで、その意味をしっかりとらえさせることが何よりも大切だとされている。ゲームとかクイズを利用して興味をわかせる方法も工夫されている。しかし、話しの面白さとかゲームなどで興味をひくだけでは足りない。学習への意欲とか興味は、学ぶことそのものの楽しさからくる

ものでなくては本物といえない。教科書でもそのための配慮として、生徒が自分で学習に取り組む方法、つまり何をどのように学んだらよいかが分かり、自分で自主的に学習を進めていくようにさせる工夫が必要である。

教科書でそのような学び方を教える手立てとしては、種々の設問がある。現在では、ほとんどどの教科書を見ても、本文のほかにさまざまの問題がのっていて、それらの問題を考え解くことを通して本文の理解を深めたり、学習の方法を身につけることができるようにしている。教科書にある設問は、およそつぎの5種類に分けることができよう。

① 既習の基礎的知識を思い出させる復習問題
② 各章・節で学習される主な内容（事実・概念・法則）を習得するための問題
③ 知識、技能を確実に習得するための練習問題
④ 学んだ知識を相互に関連づけたり、まとめたりする問題
⑤ 新しい事実とか法則の探究に向かわせる探究問題

学び方を教えるということは、問題解決の能力を身につけさせることとも言えるが、その場合、新しい問題の探究に取り組み、自力で解決する狭義の問題解決能力のほかに、あるいはそれ以前に、上記のような各種の問題を解くなかで基礎的能力を身につけさせることが必要である。ただし復習問題とか練習問題は、そのような基礎的能力をつけるために反復練習する問題と、新しい知識や能力を獲得するための問題とをまったく別個の問題として考える必要はない。新しい問題を解くなかに復習や練習の要素が含まれていたり、復習や練習のなかに新しい問題へと発展する要素が含まれているというような関連が相互にあることの方がむしろ望ましいのである。

(3) 教科書教材の構造と機能

教科書が子どもの教育において果たす基本的機能を、情報・構造化・学習指導の3機能に分けてのべてきたが、細かく分析すれば教科書の機能はもっと多様になる。たとえば、教科書は、子どもの興味を学習にひきつける動機づけの機能をはたすこともできる。多色刷りの図解やグラビアページは、そのことを意識して作られるはずだし、情報の選択や問題づくりにおいても、そのことは常に考慮されているはずである。教科書の機能としては、そのほかに科学的知識の体系を教育的体系に転換する機能、子どもの知識や技能の

定着を図る定着化の機能、さまざまの知識を総合する総合機能、イデオロギー・思想教育の手段としての訓育機能などがある。これらは、すでに述べた三つの基本的機能のなかに含まれているともいえるが、教科書の分析・評価の際には、それぞれ取り出して検討するに値する観点となろう。

教科書の構造のうえでは、本文のほかに図解（挿し絵、写真、地図、図表等）があって、情報の提供や構造化のうえでも重要な役割を果たしている。教科書教材の形態の構造と機能の関係をまとめてみればつぎのようになろう。

教科書本文（図解を含む）	情報機能（動機づけ、訓育機能）
章・節の構成	構造化機能（体系の転換・総合機能）
質問・問題	学習指導機能（定着化機能）

アメリカやフランスの歴史・地理教科書を見ると、多色刷りの図解がふんだんに使われており、見た目にも楽しい読み物となっている。教科書全体の紙面のなかで図解が占める割合が活字部分に匹敵するほどのこともある。

我が国の教科書は、これらの教科書と比べてみるとき、検定制度によっていかに統制され、画一化されているかがよく分かる。我が国の教科書（検定）制度は、記述内容を細部にわたって拘束するばかりか、図解・色刷り・活字などの体裁部分に関しても細かな規制を設け、多様な創意をこらした教科書の作成をはばんでいるのである。現在の教科書にはさまざまの面で改善の余地が多いことを述べてきたが、このような改善作業を進めるためには、教科書の発行・検定・採択の現行制度の全体を思い切って改革し、国民監視の下で教科書の自由な研究・批判・改善の作業がなされるようにすることが必要であろう。

ii 図書教材

清水厚実

1 子どもの教育権、学習権を保障する図書教材

(1) 憲法並びに教育基本法での保障

　図書教材の使用は、憲法第26条（教育を受ける権利、教育を受けさせる義務、義務教育の無償）「①．すべて国民は、法律の定めるところにより、その能力に応じて、ひとしく教育を受ける権利を有する。②．すべて国民は、法律の定めるところにより、その保護する子女に普通教育を受けさせる義務を負う。義務教育は、これを無償とする。」という規程に基づき、子どもたちの教育権、学習権を保障する立場から作られ、使われて高い教育成果を挙げているものである。

　また、新しい教育基本法では、第5条（義務教育）「①．国民は、その保護する子に、別に法律で定めるところにより、普通教育を受けさせる義務を負う。②．義務教育として行われる普通教育は、各個人の有する能力を伸ばしつつ社会において自立的に生きる基礎を培い、また、国家及び社会の形成者として必要とされる基本的な資質を養うことを目的として行われるものとする。③．国及び地方公共団体は、義務教育の機会を保障し、その水準を確保するため、適切な役割分担及び相互の協力の下、その実施に責任を負う。④．国又は地方公共団体の設置する学校における義務教育については、授業料を徴収しない。」として、普通教育の実施に関する国、地方公共団体の責任を明確にするとともに、保護者に対しても、子どもの教育に必要な教育費を負担し、子どもたちの教育権、学習権を保障してあげなければならないことを定めている。図書教材の使用に係る経費については、すべて国、地方公共団体の負担にすべきだという意見もあるが、法律上は公教育における授業料以外の経費は、保護者が負担することになっている。

なお、新しい教育基本法では、第3条において「生涯学習の理念」を、第10条において「家庭教育」を、第11条において「幼児期の教育」をそれぞれ新に加え、それぞれの教育が円滑強力に進められなければならないことも明確にしている。従来、図書教材は、学校において主として使われてきたが、新しい教育基本法の立場から見ると、生涯学習の実施をはじめ、家庭教育や幼児教育を進める立場からも、それぞれの教育を具体的に進めるため、必要な図書教材の開発、活用が強く求められている。

(2) 学校教育法における図書教材の扱い

憲法第26条（教育を受ける権利、教育を受けさせる義務、義務教育の無償）並びに、教育基本法第5条（義務教育）などを受け、学校教育法第34条（教科用図書その他の教材の使用）「①．小学校においては、文部科学大臣の検定を経た教科用図書又は文部科学省が著作の名義を有する教科用図書を使用しなければならない。②．前項の教科用図書以外の図書その他の教材で、有益適切なものは、これを使用することができる。」として、教科書については、その使用を義務づけているか、教科書以外の図書その他の教材については、「有益適切」であることを条件に、学校で、子どもたちの基礎学力を高めるため、自由に使用することが認められている。なお、この規定は、中高等学校においても準用されることになっている。

(3) 地教行法並びに学校管理規則における図書教材の扱い

改正された新しい「地方教育行政の組織及び運営に関する法律」では、第33条（学校等の管理）「①．教育委員会は、法令又は条例に違反しない限度において、その所管に属する学校その他の教育機関の施設、設備、組織編制、教育課程、教材の取扱その他学校その他の教育機関の管理運営の基本的事項について、必要な教育委員会規則を定めるものとする。この場合において、当該教育委員会規則で定めようとする事項のうち、その実施のためには新たに予算を伴うこととなるものについては、教育委員会は、あらかじめ当該地方公共団体の長に協議しなければならない。②．前項の場合において、教育委員会は、学校における教科書以外の教材の使用について、あらかじめ、教育委員会に届け出させ、又は教育委員会の承認を受けさせることとする定を設けるものとする。」として、教材の扱いについては、教育委員会毎の学校

管理規則に、その扱い規定を定めるよう求めている。

　学校管理規則の例を「東京都公立学校の管理運営に関する規則」によると、第17条（教材の使用）「学校は、有益適切と認められる教科書以外の図書その他の教材（以下「教材」という。）を使用し、教育内容の充実に努めるものとする。」、第18条（教材の選定）「①．学校は教材を使用する場合、第14条により編成する教育課程に準拠しかつ、次の要件を具えるものを選定するものとする。1．内容が正確中正であること。2．学習の進度に即応していること。3．表現が正確適切であること。②．前項に規定する教材の選定に当つては、保護者の経済的負担について、特に考慮しなければならない。」第19条（承認または届出を要する教材）「①．校長は、教科書の発行されていない各教科・科目の主たる教材として使用する教科用図書（以下「準教科書」という。）については、使用開始期日30日前までに、委員会の承認を求めなければならない。②．校長は、学年または学級全員若しくは特定の集団全員の教材として、次のものを継続使用する場合、使用開始期日14日前までに委員会に届け出なければならない。1．教科書または準教科書とあわせて使用する副読本、解説書その他の参考書、2．学習の過程または休業日中に使用する各種の学習帳、練習帳、日記帳の類」と詳しく規定している。

　学校管理規則によれば、子どもたちの学力を高めるため「有益適切な教材」であるとの条件が満たされていれば、自由に使って「教育内容の充実に努めること」を教師に奨励しているといえる。また、教材の選定については、「内容が正確中正でであること。表現が正確適切であること」の条件を満たしているものを選定し、使用することを認めているとともに、保護者の教育費負担についても充分配慮して選定するよう求めている。

　具体的な使用手続きについては、承認を求めるものと、届出だけでよいものとに分け、それぞれ必要な手続きを経て使用することにしている。

(4) 学習指導要領における図書教材の扱い

　平成20年3月に公布された新しい、小学校学習指導要領では、第1章総則の第4（指導計画の作成等にあたって配慮すべき基準）では、(9)、「各教科等の指導に当たっては、児童がコンピューターや情報通信ネットワークなどの情報手段に慣れ親しみ、コンピューターで文字を入力するなどの基本的な操作や情報モラルを身に付け適切に活用できるようにするための学習活動を

充実するとともに、これらの情報手段に加え視聴覚教材や教育機器などの教材・器具の適切な活用を図ること」として、新しいニューメディア教材に合わせ、必要な教材、教具を活用して、効果的な学習指導を進めるよう求めている。

また、その（6）においては、「各教科等の指導に当たっては、児童が学習内容を確実に身に付けることができるよう、学校や児童の実態に応じ、個別指導やグループ別指導等、繰り返し指導、学習内容の習熟の程度に応じた指導、児童の興味・関心等に応じた課題学習、補充的な学習や発展的な学習などの学習活動を取り入れた指導等、教師間の協力的な指導など指導方法や指導体制を工夫改善し、個に応じた指導の充実を図ること」も強く求めている。これらの学習指導を進めるにあたっては、教科書に合わせ、それぞれの指導を進めるための適切な教材が求められることになり、現行教材の改善充実にあわせ、新しい教育課題、指導に応えるための教材が強く求められている。

なお、新しい中学校学習指導要領においても、小学校同様の内容がほぼ盛り込まれている。

2. 図書教材はどのようにして作られているか

(1) 学習指導要領等についての研究（基礎学力についての研究）

図書教材作りの基本の第1は、学習指導要領並びに学習指導要領の指導書及び指導要録についての研究、第2は、教科書並びに教科書の指導書についての研究、第3は、図書教材作りについての理論と方法の研究、第4は学力調査等の研究である。

学習指導要領並びにその指導書の研究では、各教科並びに道徳、総合的な学習の時間、特別活動のそれぞれにつき徹底した研究を行い、その成果を図書教材作りに反映するようにしている。具体的には、各教科、道徳、総合的な学習の時間の場合、それぞれの目標、各教科の目標及び内容、指導計画の作成と内容の扱いについての研究を、特別活動の場合は、目標、各活動・学校行事の目標及び内容についての徹底した研究を行っている。また、新しい学習指導要領では、小学校の場合、5～6年生を対象とする「外国語活動」

も加わったので、その目標、内容、指導計画作成と内容の扱いについても研究し、新しい教材の開発を行うことにしている。

また、学習指導要領並びにその指導書の研究では、各教科毎の基礎学力の構造や内容がどうなっているかを徹底して研究することにしているが、例えばその例を国語に取ると、「話すこと・聞くこと」「書くこと」「読むこと」といった基礎学力の構造がどのようになっているか、また学年毎にその構造や内容がどう変わり、進化・発展していくかにつき、従来発行していた観点別評価教材などにおける調査結果なども踏まえ、それぞれの基礎学力を科学的に分析研究し、まとめてそれぞれの基礎学力を高めるための教材作りに具体的に反映することにしている。

基礎学力の構造や内容が正確に把握されていないと、学力を科学的につけさせるための教材作成ができないため、教材出版社は、最も力を入れてこの研究を進めている。

基礎学力研究については、1979年に、財団法人図書教材研究センターが「基礎学力に関する研究プロジェクト」(チーフ・東京学芸大学教授佐島群巳氏)を組織し、3年間にわたる研究成果をまとめ、1981年に「基礎学力に関する研究」－学習指導要領、教科書、図書教材の関係とその分析の上にたって－を発行した。

内容は、総論「基礎学力研究の意義と図書教材」として、まえがき－基礎学力研究プロジェクトの成立の意義－①基礎学力研究プロジェクトの研究経過とその意義、(ア．図書教材の骨格作りの必要性、イ．基礎学力の歴史的背景、ウ．基礎学力の研究対象と研究方法）を、②基礎学力研究の動向、(ア．基礎学力研究の諸問題、イ．基礎学力の本質と構造）を、③．基礎学力研究プロジェクトの成果とその意義、(ア．検討された各教科の「基礎学力」と研究の方向、イ．図書教材作りにどう生かすか）を、後書きとして、研究課題と方向を具体的にまとめている。

次に、各論では「各教科における基礎学力」として、「国語科における基礎学力」では（①．国語科における基礎・基本、②．到達基準と評価問題、③．言語事項の学習指導と基礎学力、④．読解単元における基礎学力の充実）を、「社会科における基礎学力」では（①．社会科学習の基礎学力とは、②．教科書教材における「水資源」の取り扱いと基礎・基本的要素の分析、③．ワーク教材における「水資源」の基礎・基本の内容分析）を、「算数・数学

科における基礎学力」では（①．基礎学力、②．基礎学力を身につけさせるための図書教材作りのあり方、③．基礎学力作りのための紙面構成）を、「理科における基礎学力」では（①．子どものつまずきから基礎学力を検討する、②．内容はより少なく、教材はより多様で豊かに、③．内容と方法はわかちがたく結びついている、④．到達目標と教科書教材の検討、⑤．理科学習ノートの検討）など主要教科についての基礎学力研究を行い、これをまとめて、教材作りに活用するよう求めている。

　さらに、そのまとめの中で基礎学力を育てるための「図書教材作りの原則」として、①．基本事項の理解・定着を計るためには、少なくとも三回以上のトレーニングが必要である。②．図書教材を作る前提として到達目標を明確にし、下位目標を学習過程に即して検討する。－授業の組み立てを予測した図書教材作りが必要である。－③．子どもの認識過程に即したシステムで図書教材が検討される必要がある。その過程で最も重要と思われる「用語」（ことば）「概念」が習得・獲得できるようにする。④．教科書は図書教材作りの原点であり、教科書の教材分析の方法を明らかにすることによって子どもに順次形成したい「概念」を明確にする。⑤．図書教材は、望ましい概念形成過程に比べると大変「穴ボコだらけ」である。教科書自体も「穴ボコだらけ」である。最適な図書教材作りに必要な科学的認識の系列を明確にしていかなければならない。それは、子どもの作る科学的な認識の系列を無視し、親学問に頼ればよいというものではない。⑥．子どもの認識過程に即して「目標分析」を行い、その目標達成に最も有効で豊かな「実験操作」「体験学習」を組織することが大切である。⑦．「問い」は、子どもに読んでわかるもので、問題解決活動のイメージがもてるものであることが大切である。と指摘し、そのまとめとして「良い教材」を作るためには、教科書を越えたところで、子どもにとって「わかる教材」で、かつ科学的認識が深められる最適教材を開発する努力が今後真剣に検討される必要がある。」と提言し、図書教材作りのための基本について多くの示唆を与えた。

(2) 教科書並びに教師用指導書の研究

　図書教材を作るにあたっては、学習指導要領等の研究の次に大切なのは、教科書並びに教師用指導書の研究である。教科書は学習指導要領並びに教科書の検定基準などに基づき、各教科書会社が作成し、文部科学省の検定を経

て、必要な改善などを行い、発行されているもので、学校教育法第34条（旧第21条）に基づき、学校での使用を義務づけているものである。

　この教科書につき、例えば国語の教科書小学校4年上・光村版の場合、教科書の全体構成、各単元の内容、各単元毎の解説や指導上の注意やヒント、漢字の広場、付録、言葉の森、この本で習う漢字等全頁に目を通し、その内容を正しく把握し、その内容を発展させたり、足りない部分を補充するため、教材としての立場から必要な学習事項を加えるなどの研究を徹底して行っている。次に教師用指導書の編集方針（教科書との対応、編集体制、新しい学力を目指して、学校・学級・地域に応じて、付録CDについて）につき徹底した研究を行う。さらにこの指導書の中で、「教授資料の全体」として、学習指導書総説編、ワークシート集、学習指導書別冊・朱書編、指導事例集、「話すこと・聞くこと」の指導、「読むこと」の指導、言語指導の方法、漢字指導の方法、読書指導の方法・語彙表現、語彙指導の方法・指導事例編、情報活用力を育てる実践事例集（いずれも別冊）となっている教授資料についても徹底した研究をするなど教科書全体の内容を正しく理解し、教材作りに反映するようにしている。

　図書教材には、教科書準拠の教材と教科書準拠でない標準的な教材とがあるが、教科書準拠の教材の場合はもち論、そうでない場合であっても、教科書の内容は図書教材作りの上で、決定的に重要であることから、教科書研究の第二の作業として、教科書毎の「単元到達目標一覧」を作成し、単元毎の方向目標や到達目標をきちんと明確に整理し、これを図書教材作りの具体的な資料として有効に活用するようにしている。

　「教科書単元到達目標一覧」について、国語を例にとると、教科書の単元毎に単元名、領域（学習指導要領の「話すこと・聞くこと」「書くこと」「読むこと」につき、その単元のどの部分がどの領域に該当するかを示す）、方向目標（指導要録の観点、「国語への関心・意欲・態度」など）、到達目標（「知識・理解・技能」など）、到達目標に到達させるための留意事項・資料、指導要領の指導事項のそれぞれにつき、当該単元を分析して、これをまとめ、図書教材作りに役立てるようにしている。

(3) 学力調査等についての研究

　図書教材作りの上で、多くの示唆を与えるものとして学力調査あるいは学

力に関する意識調査の結果がある。学力調査は、文部科学省（旧文部省）はじめ国立教育政策研究所（旧国立教育研究所）、都道府県・市区町村教育委員会、都道府県市・区教育研究センターや教育研究所、各教科の研究会、大学、学会、小・中学校長会、全国教育研究所連盟、民間教育研究機関、教科書会社や図書教材出版社の実施するもの、さらには国際機関のIEAやOECDの実施するものなど国内並びに国際的に多くの学力調査が行われている。

　学力調査の問題や調査結果については、図書教材を作る上で、きわめて重要な資料となるため、それぞれの機関が実施した学力調査や学力に関する意識調査についての設問や調査結果などを収集し、分析研究するとともに、調査を実施した機関の関係者を招き、教材出版社の企画担当者や編集者が、その内容や結果について研究し、その成果を図書教材作りに有効に活用するようにしている。

(4) 図書教材作りの理論と方法の研究
①. 修得、習熟、評価教材とは

　現在、わが国のすべての小・中学校とその子どもの家庭で使われ、高い教育成果を挙げている図書教材は、子どもの教育権や学習権を保障する立場から作られ使われているもので、学校教育法第34条「教科用図書その他の教材の使用」並びに地教行法に基づく学校管理規則の「教材の使用」などにより使用されている。教材と一口にいっても、教材には出版教材から、視覚的方法で再構成し、表現したものである図表、写真、絵、スライド、フィルム、ラジオ、テープ、シート、テレビ、ビデオ、トランスペアレンシー、コンピュータソフトなど科学技術の発達に伴って、多様な教材が開発され、使われている。また、自然の事物、現象などはじめ人間生活の上で使われているものや見ることのできるものすべてが教材となり得るわけで、その範囲は無限に近いといわれ、教材にしようとすれば、万物すべてが教材になるともいわれている。しかし、ここでは出版教材を中心に、その内容に触れることにする。

　現在、学校や家庭で使われている教材を大別すると修得教材、習熟教材、評価教材の三つとなるが、内容によっては、その2つあるいは3つの要素を兼ねたものもあるが、大きくはこのように分類し、それぞれの性格、機能などに触れることにする。

[修得教材]
　修得教材は、子どもたちが授業を通じて授業の目標、内容が修得していけるよう工夫された教材で、学習の最も初めの段階で基礎・基本を学習することのできるような構造と内容をもったものである。代表的なものとしては、準教科書、副読本、参考書、ワークブックなどがある。
[習熟教材]
　習熟教材は、それぞれの教科の教育において求めている内容について理解し、習熟していけるように工夫された教材で、反復練習することによって知識や技術をスパイラルに深められる構造と内容をもっているもので、代表的なものとしては、練習帳、学習帳、英語・国語単語帳、ドリルブック、スキルブックなどがある。
[評価教材]
　教科書の単元の終わった時点あるいは中間などで、その単元での学習がどこまで到達したか、どこにつまずきがあったか、また、教師の指導の良さ、まずさなどがどこにあったかなどを発見し、次の指導に役立てることを目的とした教材である。代表的なものとしては、テストブック、プリントなどがある。テストは本来、評価のための一つの手段で、ブルームの総括的評価、形成的評価という分類の提唱以来、わが国の学校でも、授業過程における評価の研究が著しく進んできたことにより、一層有効に活用されるようになった。
　評価教材といわれるものには、このほか標準学力検査、知能検査、性格検査などがある。

②．教材作りについての研究書「図書教材利用と理論と実際」の活用
　修得、習熟、評価教材作りの研究については、財団法人図書教材研究センターが1967年に東京教育大学名誉教授石井庄司氏、お茶の水大学教授尾鍋輝彦氏、東京外国語大学学長小川芳男氏、東京大学名誉教授本田正次氏、東京工業大学教授矢野健太郎氏、国立教育研究所大野連太郎氏はじめ、小・中学校の教師、指導主事28名の参加による「図書教材利用の理論と実際作成研究プロジェクト」を組織し、図書教材作りについての研究を進めた結果、1970年に、これをまとめ「図書教材利用の理論と実際」として発刊し、全国の小・中学校、教育委員会、教育研究機関、教員養成大学、マスコミなどに送り、教材研究についての成果を公表し、大きな反響を呼んだ。

この研究書の構成は、総論として、①．図書教材とは、②．教授・学習過程と教材・教具（教授・学習過程の構造、教授・学習過程のシステム化と教材・教具の開発）、③．図書教材の役割とその開発についてまとめている。

　各論では、①．ワークブック等に関する研究－ワークブック教材の性格と使用方法－（ア．ワークブック教材の性格と機能、イ．ワークブック教材の使用方法、、ウ．使用の効果－に合わせ、国語、英語、算数・数学、社会、理科の各ワークブックの使用実践例を紹介）、②ドリルブック等に関する研究－ドリルブック教材の性格と使用方法－（ア．ドリルブック教材の性格と機能、イ．ドリルブック教材の使用方法、ウ．使用の効果、エ．まとめ－に合わせ、漢字、作文、算数・数学、理科の各ドリルの使用実践例を紹介）、③．テストブック等に関する研究－テストブック教材の性格と使用方法－（ア．テストブック教材の性格と機能、イ．テストブック教材の使用方法、ウ．使用の効用－に合わせ、国語・事前調査に使用し、きめこまかな指導に利用する例（小学校）：生徒がその教材の困難性を知り、つぎの指導に生かす例（中学校）・期末テストの準備として利用する例（同）・基礎能力を知り、予備調査に使用する例（同）・その他の活用例（同）、社会・今までの学習を整理するための例（小学校高学年）・これからの学習をすすめることがらについて、児童なりの解釈や判断をたしかめる例（小学校高学年）・成績評定のための処理のくふうとその例（同）・指導計画や指導法の改善のための処理の例（同）、算数・指導内容の定着度をみる場合の例（小学校低学年）・自己評価をさせる場合の例（小学校高学年）・テスト宿題にわけて使った例（中学校3年）、理科・児童のつまずきを知り、指導法に生かす例（小学校低学年）・指導者の実験方法の検討に利用する例（小学校中学年）、④．家庭学習帳等に関する研究－家庭学習用教材の性格と使用方法－ア．家庭学習用教材の性格、イ．構成と機能、その使用方法、ウ．この教材の問題点－に合わせ、国語・実験的に使用してみた調査の結果とその考察（小学校中学年）・社会科教材の実践例・算数教材の使用実践・理科教材の使用実践例、⑤．プリント等に関する研究－プリント教材の性格と使用方法－ア．プリント教材の性格と機能、イ．プリント教材の使用方法－に合わせ、国語・読解学習のとき、プリント教材の設問を活用した例、算数・ひとり一人のペースで学習させるために使った例（小学校低学年）・自分で学力の評価をさせる例（小学校高学年）、理科・プリント教材を家庭での観察学習に活用し

て学習意欲を高めた例（小学校低学年）、⑥．学習参考書等に関する研究－学習参考書の性格と使用方法－ア．性格と機能、イ．使用方法－に合わせ、社会・研究活動での参考書の活用例（小学校高学年）・予習を効果的にさせた例（中学校2年）、算数・家庭学習に使用した例（小学校高学年）・学習のまとめとして授業の中で使用した例（同）、理科・中学校理科における学習資料の活用例（中学校2年）、英語・宿題の与え方と活用例（中学校1－3年）など実践例を詳しく紹介している。この教材作りについての研究書「図書教材作りの理論と実際」は、教材作りに多くの指針を与えるなど教材作りのバイブルとして活用されている。

③．教材作りについての研究書「教材論」の活用

「図書教材利用の理論と実際」の発刊が、教材作りや教材使用について多くの示唆を与えるとともに大きな反響を呼んだことから、その後さらに教材作りについての研究を進め、1980年に「教材論」－その研究と発展－を発刊し、全国の小・中学校、教育委員会、教育研究機関、教員養成大学、マスコミなどに送り、教材や教材作りについての知識と理解を深める活動を展開した。

「教材論」の作成については、修得教材、習熟教材、評価教材、視聴覚教材についての各研究プロジェクトを組織し、各教科の専門の学者、心理学者、教育学者、教師、指導主事、教育研究者、教材編集者など101名が執筆者、協力者として参加し、3年余に渡って研究し、まとめたものである。

内容は、はじめに、教育を科学的に進めるための「教材論」の発刊にあたって、次に、総論「図書教材の学習指導における役割」、①．図書教材の今日的意義として、ア．図書教材とは、イ．教材相互の補完性、ウ．図書教材の多様性（修得教材、習熟教材、評価教材、視聴覚教材、）エ．教材の体系

性、系統性、②．教授・学習過程の構造と教材・教具－として、ア～ウ、教授の学習・評価過程の第一、第二、第三、第四段階、③．単元レベルの授業構造と教材・教具－として、ア．一斉授業の場合、イ．個別化教育の場合（進度差に即した個別化教育、到達度差に応じた個別化教育、学習スタイルの差に応じた個別化教育、興味・関心の違いに応じた個別化教育）について説明している。

　各論では、修得教材について、として、修得教材の性格・機能は何か（修得教材とはどんな教材か、修得教材と習熟教材や評価教材との関係、本プロジェクトからとらえた修得教材）、教授・学習過程における修得教材の位置づけ（修得教材活用への期待、授業展開における修得教材）、修得教材として具備すべき基本的条件（基礎的基本的事項の精選、学習目標・学習事項の明確化、標準的学習過程の提示、診断・治療・強化学習の提示）－としている。また、効果的な活用例として、国語ではワークブック・国語の学習、文法ワーク、中学国文法の教材を、社会では作業帳、白地図、学習ノート、資料集を、算数・数学では、毎日の一人勉強、算数の学習、学習参考書を、理科では理科ノート、学習参考書を、英語では、学習参考書、ペンマンシップを紹介するとともに、それぞれの教材についての今後の課題を具体的に示し、一層の改善充実を求めている。各論では、以下習熟教材、評価教材、視聴覚教材についても、それぞれの性格・機能、教授・学習過程における教材の位置づけ、具備べき条件、効果的活用例、今後の課題に触れ、現行教材の改善充実並びに新しい教育課程に応える新教材の開発などに役立てるよう強く求めている。

3. 図書教材の種類

　図書教材は、教育の多様化などにも応じ、今やわが国のほとんどの小・中学校とその子どもの家庭で使われ高い教育成果を挙げている。図書教材の種類も年々増えているが、大きく修得教材、習熟教材、評価教材、一般教材に分けると次のようになっている。
〔**修得教材**〕
　準教科書、学習参考書、副読本、児童・生徒用図書・文庫、総まとめ教材

（国語、社会、理科、算数・数学、英語）、資料集（社会、理科、音楽）、歴史年表、図鑑、年鑑、辞書、事典、ワークブック（国語の学習、社会の学習、算数・数学の学習、理科の学習、英語の学習、音楽の学習、美術・図工の学習、技術・家庭の学習、保健体育の学習など）、学習ノート（ワーク形式のもの、国語、算数・数学、理科、社会、英語、音楽、美術、情報）、図解体育など

〔習熟教材〕

　学習帳（国語、社会、理科、算数・数学、英語）、練習帳（国語、算数・数学、英語）、ドリルブック（国語、算数・数学）、漢字ドリル、計算ドリル、漢字ノート、書写ノート、理科ノート、社会科作業帳、家庭科学習ノート、ローマ字練習、道徳・心のノート、スキルブック（算数・数学、国語）、漢字・語句の学習、生活ノート、保健資料ノートなど

〔評価教材〕

　テストブック（国語、社会、算数・数学、理科、英語、音楽、家庭科）、プリント（国語、社会、算数・数学、理科、英語）、標準学力検査、知能検査、性格検査など

〔**一般教材**〕（上記三教材に該当しない教材）

　歴史人物シール、総合学習用教材、カード、型紙（家庭科）、CD、ビデオ教材、教育用ソフトウェア、学習記録ファイル、教師用教育図書など

iii 映像教材

大河原　清

1　映像の意味

　映像の国語辞書での意味には二通りある。一つは、「光線によって映し出される物体の像。映画のスクリーンやテレビのブラウン管に映し出される画像」(旺文社国語辞典　1980 p.110)、「光線の屈折または反射によって、物体の形がうつし出されたもの」(岩波国語辞典第2版 1971 p.91)、「光の屈折・反射などによって映し出された物の形や姿。また、映画やテレビジョンなどに映し出された画像」(広辞苑第四版　1991, p.271)が、それである。これらの辞書にならえば、映像の意味は、光線によって映し出される物体の像や、映画のスクリーンやテレビのブラウン管に映し出された画像になる。さらに映像教材として、それらの像や画像の印刷されたものである写真・新聞写真や絵葉書なども、映像の静止した一つの状態を外在化したものとして、本稿では広く取り扱うことにする。

　以上は、私たちの外部にあって実在する映像と考えられ、波多野 (1980) はこれを外部にあるイメージとして「客観的映像」として提案している。この外部にある映像 (イメージ) によって、私たちの心の内部に生起するもの、つまり心の内部にできる映像 (イメージ) を「主観的映像」として波多野は提案している。心の内部にできる映像 (イメージ) は、映像の国語辞書のもう一つの意味である「頭の中に浮かんだ物の姿やありさま。イメージ」(旺文社国語辞典　1980 p.110)、「頭の中に浮かんだ、ものの姿」(広辞苑第四版　1991 p.271) に相当するものである。

　本稿では、心の内部にできる映像 (イメージ) を、波多野のいう主観的映像として認め、教育学や心理学で従来いわれてきた表象として取り扱うこととする[1]。つまり表象を、目の前には存在しないが、心の内部に思い浮かぶ

もの（主観的映像、場合によっては観念（考え）や概念や言語命題を含む）として扱う（畠山 1996）。

2 映像を教材として扱う観点

　映像を教材として扱う観点は、映像以外の教材としての利用の観点と同じであるといえる。映像も、教育理念や、より具体的段階では教育目的や目標との関連で、教材として選択がなされ、使用上の位置づけがなされるのである。映像教材は、教育目的や目標を最適に果たすものとして選択されるべき教材の一つとして位置づけられるというものである。そして映像教材の使用は、教師による教育意図によることになる。

　教授学的三角形に依拠するならば、教師が教育目的や目標を達成する上で、学習者が学習する場合に、教師が学習者をサポートとするために準備する教材の一つとして映像教材が存在することになる。図1は、長谷川（1991）の指摘する「教授で大事なことは、まず教材である。子どもが何から学習するかというと、教師からではなく、教材から学習するというのが本筋である」（p.36, 1982, p.252を参照した）ということを念頭に置いた、教授学的三角形を変形した、子ども（学習者）の「学習の本筋」を示している。

図1:学習の本筋「子どもは教師からではなく、教材から学習する」長谷川（1982・1991）
図は横須賀（1979）を参照した）

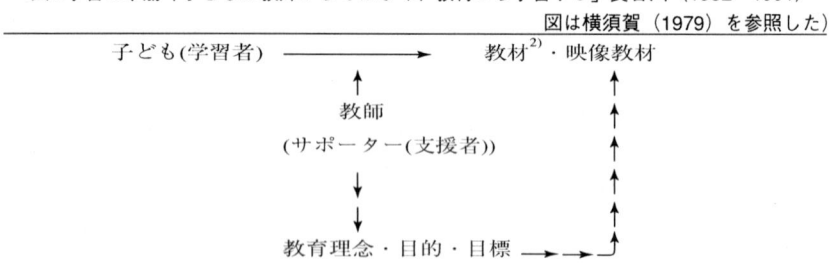

子ども(学習者) ───────→ 教材[2]・映像教材
　　　　　　　　↑
　　　　　　　教師
　　　　　(サポーター(支援者))
　　　　　　　　↓
　　　　　　教育理念・目的・目標 ──→

情報の増加に伴い、教師が知識を内在化させることが困難な時代においては、子どもが教師からではなく、教材から学習するという指摘は大変に重要である。学生や現役教師に子どもは何から学ぶかと聞くと、教師から学ぶと

いう回答が圧倒的に多く、子どもは教材から学ぶのが本筋であると話すと、非常に驚くのである。子どもが教材から学ぶということに気づくと、ここから教師の教材研究の意義が出てくるのである。またこの図1は、生涯学習社会においては、子どもは教師の支援が無くても自ら学ばなければならず、教師からの支えの矢印が少なくとも学校教育の終了とともに外されるのが望ましいことを示しているといえる。

3　学習者の映像的認識

　波多野（1980）は「従来、映像は、感覚のつぎに位置し、感覚または知覚と連続したものと考えられていた。しかし、ピアジェはこれをひっくりかえして、映像を『運動』に連続したものとし、子どもが世界をつかむ際に、通過する一つのプロセスとしたのである。子どもは、自己の運動でまず世界をつかみ（自己化し）、つぎに象徴的に映像としてつかむ。さいごに言語によって概念的に世界をつかむ、という三段階論がピアジェの革新的な考えである」（p.13）と述べ、続けて「認識の側面だけを考えてみても、運動的認識（実践的認識）、映像的認識、概念的認識というふうに、三つの問題が、それぞれ重要になってくる」（p.14）と述べている。これら三つの問題については、ピアジェの影響を強く受けたブルーナー（1966）は活動的表象の次に映像的表象へ、さらに象徴的表象に進むことを述べている[3]。

　ここでは、学習者の認識過程として、ピアジェやブルーナー運動的認識を経て映像的認識へ、そして概念的認識に至るピアジェのいう認識過程の順序に着目したい。乳幼児が物を舐める行為は、舐めるという行為を通して対象を認識しているのかもしれない。広岡（1972）の『ブルーナー研究』によれば、「子どもは、これらの三つの発達段階を経過して発達することは、ほとんど動かしえない順序性である。だが、それぞれの発達段階を、何歳から何歳までというように、一定の年齢に釘づけし、固定させることはできない。環境の触発作用がどうであるかによって、それぞれの発達段階の現出にかなり大幅な遅速が見られる。」（p.51）と述べている。このことを踏まえるならば、運動的認識に限っても、子どもの時期ばかりでなく大人に近づいても、学習者は最初に物に手で触れたり、実際に紙に文字を手で書くといった運動

を伴う活動が、学習として有効になるものと思われる。

一方、ペスタロッチーが感覚的印象を明瞭にする手段として、はじめに数や形に注目させ、最後に語をあげていることも、子どもの立場にたった学習者の認識過程に着目しているものと思われるのである。

ここでは、学習者の認識は言語のほかに物の形やその映像、物の数、さらには手で触れるといった活動的なものが含まれているということを強調して置きたい。学習者の認識の仕方は実際には極めて多様であり（ハワード・ガードナー（2001）の多重知能の理論を参照されたい）、教師が用いる言語はその一つにすぎないということである。言語でさえも、その意味は経験とともに変化するように、教師には学習者に伝えるのに、言語は明瞭にする手段と考えられているものの、学習者にとって教師の言葉についての正しい理解は困難なことを、教師は明記すべきものと思われる。とりわけ教師の言葉、つまり学習者にとっての言語的認識は発達段階の最終段階に位置づけられる通り、極めて象徴的で記号的把握にあるということには注意を向けることが肝心である。

教室内での教師と学習者とのコミュニケーションにおける相互作用の重要性が強調されるのは、実は、教師の学習者の認識過程についての、教師が言葉で喋れば、学習者には伝わるという誤った認識があるためと思われる。極めて困難な象徴的で記号的な言語習得を目指している者として、教師が学習者を見なさなければならないと考えることが必要に思われるのである。学習者から見れば、教師が身につけている知識は、質と量において、圧倒的に優っているのである。このことについては以下の5で再度述べる。その前に、教師の映像教材利用の立場からの学習者への影響過程について述べる。

4　学習者が映像教材を見て行動を起こす「知情意3段階行動モデル」

映像教材が用いられる場合、学習者にはさまざまな影響段階が予想される。たとえばテレビの解説番組を見て、知らない事柄を知る段階から、ドラマを見て感動して涙を流す段階、さらには映像番組の真似をして、自分でも努力して実際に行動を起こすようになる段階である。

図2は「学習者が映像教材を見て行動を起こす『知情意3段階行動モデル』」を示す。オリジナルはLavidge & Steiner（1961）の「広告の階段モデル」にある。

図2: 学習者が映像教材を見て行動を起こす「知情意3段階行動モデル」
(Lavidge & Steiner 1961 p.61 の「広告の階段モデル」の一部を改作)

行動の次元	行動
③意欲的次元〔意〕	実際に行動する
・動機づけの領域	↑
・映像教材は欲望を刺激または方向づける	確信する・決心する・行動を決める
	↑
②感情的次元〔情〕	深く感動する（優先的好みを持つ）
・情動領域	↑
・映像教材は態度や感情を変える	感じる（好みを持つ）
	↑
①認知的次元〔知〕	知る
・思考領域	↑
・映像教材は情報や事実を提供する	気づく

　人間の精神活動を知性（思惟）、感情、意志の3分野に分けたのは、本明（1982）によれば、18世紀のドイツの哲学者テーテンス（Tetens, J.N.1736-1807）である。それまでは、アリストテレス以来、知と意の2分法が用いられてきた。近年では、Norman（1981）は、情報処理システムの立場から、感情システムは認知システムと統御システムの間に存在して、人間行動において決定的役割を果たしているのではないかという仮説を提出している。

　図2における①認知的次元〔知〕において、学習者は映像教材の提供する情報や事実に気づいて、これを知るようになる。②感情的次元〔情〕において、好きや嫌い、楽しいやつまらないといった好みを持つ段階から優先的な好みを持つという段階への、いわゆる、喜びや悲しみといった感動を深く味わうようになる。続く③意欲的次元〔意〕へは、その感動を通して、それは自分でもできるのではないかと確信したり、自分もやってみたい、そして行動してみたいと決心することで、最終的には実際に行動をするようになる。ただし、③意欲的次元が②感情的次元の前に介在するのかについては、前述するNormanの仮説を考慮する必要性がでてくるかもしれない。これら3つの次元の関係については、未だ十分に研究されてはいないからである。

　ところで、子どもの認識過程（たとえばピアジェやブルーナーの活動的表

象から映像的表象へ、そして概念的表象に至るとする三段階論）の順序と、図2で述べている「知情意3段階行動モデル」の「知る→感じる→行動する」における、映像教材を学習者が見て「知る」ことから開始され、実際の行動に突き動かされる段階への順序とは、正反対の、いわば逆の過程であることに注意しなくてはならない。なぜなら、認識過程の最終段階における概念的表象に至って獲得された言葉が、知情意3段階行動モデル「知る→感じる→行動する」の最初の段階からも使用されることになるからである。

つまり、学習者がある概念を獲得する過程と、教師が映像教材を用いて、その概念を教える過程とは、いわば逆になっている面を含んでいるということである。授業が教師と学習者との相互作用であるというのは、学ぶ行為と教える行為は全く異なるので、そのギャップを埋めて、教師が望む学習状態に学習者が達するように、何度も何回も相互交渉をすることの必要性を示しているのである。学習者は教師と同じ言語的認識が可能な状態には達していない者として、学習者には対応することが肝心なのである。このことは、たとえば、教師が言葉で説明した事柄についての学習者の理解を教師が知るために、同じような言葉を用いて教師が尋ねる行為を考えてみると、理解できよう。そこで、実際の教室場面で取られている、「分かる」について、次に特に述べておきたい。

5 教師が取る「分かり」かたとは

ここでは、「分かる」とはどのようなことかについて述べよう。「分かる」については認知心理学の立場からも多くの著者によりさまざまな説明がなされているが、本稿では実際の授業場面で適用されている場合について述べる。それは、たとえば大学入試や教員採用試験の問題において、小論文の記述が求められることの根拠にもなるものと思われるのである。そこでいう「分かる」とは、解答者が自分の言葉で、出された問題内容について正確に記述しているかどうかが評価対象になっている理由であると思われる。また正確な言語表現が求められるのは、私たちの意思や考えを正確に相手に伝えるには、言葉というメッセージを使用せざるを得ないことにも対応しているといえるのである。

ここでは、少々長いが、岩手大学教育学部附属小学校昭和61年度学校公開研究会記念講演において遠藤（1981）が講演した「『わかる』とは何か」を以下に引用する。遠藤は高校生向けの受験参考書『漢文の基礎』や『漢字の知恵』の著者であり、漢文学を専門とする立場からの「分かる」についての考えを述べている。

　「『わかる』というのは、『理解』という言葉で言い換えてもよろしいわけですが、もし一字で言うならば、『知』ということです。『知る』ということです。『知る』というのは、どういうことかといいますと、漢字の構成から説明を借りますと、『知』という字は、『矢』という字に『口』を添えた字で、古い中国の説では、『知る』ということは『矢が正確に的に的中する』ように『口』すなわち言葉を用いて、『言葉で正確にものを言い当てる』ことだと説明しています。／私も、『わかる』ということは、一面、そういう意味を含んでいると考えています。『わかる』ということは、『理解した内容を言葉で表現する』ということであります。／先程の全体会での発表に自己評価というのがございましたが、この自己評価につながるのが、この『言葉で表現する』という分かり方だと考えてもよろしいと思います。／つまり、『次のうちどれが正しいか。正しいものには○をつけよ。』というのは、一見、『わかった』というその評価を引き出す手段だとお考えですが、これは違うのです。これは比較しただけなんです。AとBとを比較してどっちかを選ぶということだけなんです。『わかる』というのは、もっと主体的でなくてはならないので、人からの問いかけに頭を縦に振ったり横に振ったりするのが、『わかる』ことではありません。<u>自分で自分の言葉で分かった内容が表現できる時点で初めて『わかった』ということが言える</u>のだと思います。」（遠藤（1981）p.12,下線部分は引用者大河原による）と。

　以上のことが、論文の記述式において、内容が分かったかどうかを判断する場合には、その内容について自分の言葉で正確に表現されているかが求められることといえる。その場合には、論文内容についてのオーム返しの反復であってはならないことは、言うまでもないことである。
　前述した「知情意3段階行動モデル」にさらに付言するならば、テスト問題の多くが知識を問うのは、知識を基盤として、次に続く情意での理解が促

されると仮定するためである。実際、ある事象を知っているかいないかという認知的判断と、その事象について好き嫌いかという感情的判断とを反応時間に着目して調べてみると、認知的判断よりも感情的判断の時間が有意に多く時間がかかるのである（大河原　1992）。知識を基盤としていることが分かる。現在、その知識の確実な獲得が揺らいでいる、すなわち生活に結びつかない言語主義的暗記型に留まることへの教育の不備が指摘され、暗記が非難される傾向にあるが、意味の正しい理解を経ての暗記から入り、暗記した知識の生活体験との相互作用を行うという立場を配慮しての、基本的知識を覚えるという立場での暗記教育は、学校教育の基本の一つであると言えないだろうか。記憶力が強いというのは、この点に関して、学習を促進している面があると言えるだろう。

続く「感情的次元」における「情」の理解とは、映像教材を見て内容が分かり、その上で自身の感情的訴えが起こる場合を指す。あくまでも事柄やその内容の理解を前提として、情的訴えを感じるのである。映像教材を見て感動する。あるいは映像場面を見て涙を流す。喜びで笑顔になるが、それである。

さらに続く「意欲的次元」における「意」の理解とは、自身の将来の行動までも志向するようになる場合を指す。テレビ番組での運動選手の努力を見て、勇気をもらい、自分も実際に努力をするようになるのが、それである。

6　映像教材理解の視点

本稿では、学習者の映像理解を知るのに、学習者による映像表現をもってするという立場ではなく、言葉と同様に、学習者の言語的表現を通して理解するという立場を取る。言語表現による理解と、映像表現による理解は、おそらく脳内のある部分において近接箇所においてなされているであろうと予想するのだが、その証明については将来の脳科学の進展に期待するほかはなく、ここではもう一つの理由として、言葉を伴わない映像提示は授業場面では少ないことと、特にこれが最も重要な点であるが、言葉も映像的理解が可能であり、理解過程において、映像理解と言語理解はかなり互換性を保っているとみなすからである。

ここでは外山（1969）の修辞的残像の概念を援用して、言葉の理解も一種の映像的理解がなされるという立場を採用したい。外山は、「（言葉は）一つ一つの単位が静止していて、その間に空白があるのに、動きが加わって、連続感が出るのは、ちょうど映画のフィルムを映写するようなものであると考えられる。言葉の意味を解するのは、映画を見て、連続と運動を感ずるのにいくらか似ている。一つ一つは静止した、相互にすこしずつ違った映像を、一定の速度で映写すると、われわれは連続的運動を知覚する。これは残像と呼ばれる錯覚であって、映画がその錯覚を利用したものであることは、周知の通りである。言葉を読むとき、非連続の単語の並列から連続的運動を意識するのも、やはり一種の残像作用によると考えてよいであろう。映画において作用している錯覚が生理学上の残像であるのに対して、これは心的残像と言えよう。」（外山　1969、pp.318-319）と。
　映像を見て、その内容を自分の言葉で的確に表現できるようになることに、映像理解の視点を置くことは、あながち、的外れとは言えないだろう。映像を見て、良かったという程度に留めることなく、そこに何かを読み取り、感じたことをどのように表現できたかの水準こそが、視聴者の映像理解を知る手がかりや視点になるはずである。

7　映像教材の教育的利用〔知を基盤とする考え方による〕

　映像教材を利用する場合には、教師自身が作成した映像教材を用いる場合と、テレビ番組や映画などを利用する場合がある。多くの教師にとっては、教育利用可能なテレビ番組放送各社によって作成されたものを利用することが便利と思われる。そこで、ここでは、既に制作されたものの映像教材の利用を中心に述べることとする。

7-1　テレビ学校放送番組の利用

　映像教材の利用に当たって、最も典型的なものは、ＮＨＫ教育テレビに代表される、いわゆるテレビ学校放送番組の利用であろう。そこでは、番組そのものが教科内容を説明したり、あるいは外国語習得のために視聴者が会話に参加できる形式を採用したり、教師の役目を出演者が演ずるなど、内容を

視聴者にまさに学習してもらうために、さまざまな工夫がなされているのが特徴である。

こうしたテレビ学校放送番組の利用については、継続的利用や、生放送丸ごと全部の利用、さらに近年では、コンピュータへの映像の記録保存と検索利用が可能になったために、教師が必要と思う部分利用という形態が普及している。

先にも述べた通り、学習者を対象とした工夫により、利用する教師が特に番組内容についてコメントをする必要が無い程であり、実際、教師の解説をする必要がなくても、それなりの学習成果があがっている。教材制作に携わった寺脇（1980）によれば、昭和51年度の学校放送教育賞に入選した溝内玲子教諭の場合、徹底した継続利用が行われ、「溝内教諭の言によれば、放送学習では、放送で習ったこと、気づいたことを、ふだんの子ども自身の生活の中で、自分で確かめたり、考え合わせたりするようにと、教師は毎回ただ奨励するだけらしい。いわゆる放送の直前・直後の指導はやらないという。こうした学習習慣を『視聴の生活化』と称して、最も大切にしている。そして、週1回、放送学習作文発表会を開いて、子どもどうしで、情報を交換し合うようにさせているという」（p.199）のである。

また、斎藤道子教諭の場合には、四年生段階での視聴訓練を丁寧に行い、5年生の時に『テレビの旅』を継続利用した際に、「放送当日は、ただ番組を視聴するだけで、教師の指導は一切行われない。視聴中、メモは一切とらせないという。放送終了後は、十分間だけ、子どもたちにバズセッションをやらせる」（p.200）という。

どちらの場合にも、教育番組という特性を踏まえて、直接的な教師の介入はほとんど必要がなく、その代わり、子ども同士による番組内容についての話し合いが功を奏しているものと思われる。

教育目的に沿って、いわばプロ集団によって制作されているテレビ学校放送番組の場合には、こうした方法が取られるものと思われる。

7-2 一般のテレビ番組や映画の教育的利用

テレビ学校放送番組ではなく、一般のテレビ番組や、映画の教育的利用については、以下の立場からの利用方法を提案できる。

（1）説明解説型利用（知的伝達）（映像で事象・対象をわかりやすくできる

と仮定する立場）

（2）問題解決型利用（知的能力の開発）（映像を視聴して考える・能力開発に重点を置く立場）

たとえば、NHKスペシャル「ミラクルボデイー マイケル・フェルプス 世界最強のスイマー」というテレビ番組の場合、水中で手をかく時に泡の発生場面を見せて、視聴者にどうして泡の発生が少ないかを考えさせる場合である。手の入れ方の工夫などを視聴者自身に考えさせることで、速く泳げるにはどうしたらよいかを考えさせることができるだろう。

（3）鑑賞型利用（道徳・審美的影響）（映像を視聴して他国の文化・文明の高度なことに驚き感動する立場）鑑賞型利用の場合には、できるだけ美しい映像と音楽を体験させることが肝要になるものと思われる。

（4）行動喚起型利用　戦争の悲惨さを記録したドキュメンタリー番組の視聴を通して、戦争を止めさせよう、貧しい国の子どもたちを援助しようなどと、視聴者自身の将来の行動を突き動かす場合である。スポーツ番組なども、選手の真剣な努力を視聴者に見せつけることで、視聴者が勇気をもらい、仕事に打ち込むようになる場合である。

以下では、映像教材として、極めて特殊な場合として位置づけ可能な1枚のプリントされた写真やスライドにしてスクリーン上に投影された写真を例として、映像理解についての機能の示唆するものと、問題解決学習の例について述べよう。

8　映像理解についての機能の示唆するもの

ここでは、映像の見方が示唆する、学校教育における知識教授の有効性についての一考察なるものについて述べることになる。映像の見方は、適性処遇交互作用の研究でも明らかな通り、個人によって異なる[4]。しかもこの見方は、見る人の持っている表象の在り方（主観的映像）によって規定されて

岩手山の山頂に、くっきりとしたワシの姿を見せる雪＝11日午後、盛岡市材木町の夕顔瀬橋から

写真1： 岩手日報2005年4月12日(火)「山頂うるわし」

くることを述べておきたい。本稿では映像の範囲を広げて、それをプリントした一枚の写真を映像の静止的状態の対象として扱うものとする。たとえば、写真1は、筆者の住む盛岡市から見える岩手山である。読者であるみなさまには、岩手山の黒く見える山肌は、どのような形に見えるであろうか。

　新聞の下の解説にある通り、「ワシの姿」が、その回答である。このため、岩手山は別名、「岩鷲山」【ガンジュサン】とも呼ばれ、このワシの姿が見られるようになると、春が来たと感じられるのである。

　問題はここからである。ところで、なぜ私たちは雪解けの岩手山に見える黒い地肌の形を、ワシの姿と判別できるのであろうか。それはワシという鳥を本や写真で見て知っていたという、なんらかの経験で知っていた、あるいは雪解けの山を見て、父親から鷲が見えると教わったなど、学習してきた成果があるからである。つまり、学習した結果、そのような見方ができるようになったと言えるのである。

　このことを敷衍して考えると、学校においてさまざまな内容を学習して、これを知識として獲得するということは、その獲得した知識で対象を見るということを意味するということになるだろう。ただし、そのような知識の身につけ方には個人によって程度の差はあるだろうが。

　「畳の上の水練」（あるいは「畑水練」）というのがある。畳の上でいくら練習をしても、実際には水泳ができるようにならない通り、方法や理屈を知っていても、実地に練習しなければ身につかないことを非難して述べる表現である。多くの識者は畳の水練を笑うけれど、学校教育において新しい知識

を教えるというのは、謂わば、畳の水練であると言っても言い過ぎではないだろう。

似たようなものに、「読めばテニスがうまくなる」（ブラッド・ギルバート／スティーブ・ジェイミソン 1997）という本がある。本を読んだだけでは、テニスという実技は上達するなど考えられないのだが、実際には、ある程度のテニス体験があれば、この本から得られる新しい知識は、その後のテニス技術の目ざましい上達に繋がるのである。

体験との十分な交互作用を経ることで知識を授けることが困難な場合には、確実な理解、確実な意味の獲得は困難であろう。しかし、学校教育において知識を教えるとは、学習者のものの見方を規定する知識を授ける面を有していることは確かである[5)][6)]。学習者はその後の体験の中での知識と現象との相互作用を通して、それまでに獲得した知識を、本物の生きた知識とする可能性を有しているのである。こうした観点で、学校教育における知識の伝達は功を奏している面があると言えないだろうか。

知識の獲得が物の見方を変更する例を、ここでは、もう一つ挙げておこう。植物の観察の場合である。サクラの花の観察についてである。花は植物の生殖機関であり、真ん中にあるめしべを囲んで周りにおしべがある。花を採取してめしべの断面が見えるように花柱を縦に割く。その状態で断面のスケッチをさせるのが、観察方法としては相応しい。

この時、あらかじめ花の断面についての図（図3）とめしべやおしべの各部位の名称を知らせてから観察させることは、正しい観察とは言えないだろう。その理由は、観察によって学習者自身が新たに発見するという機会とそ

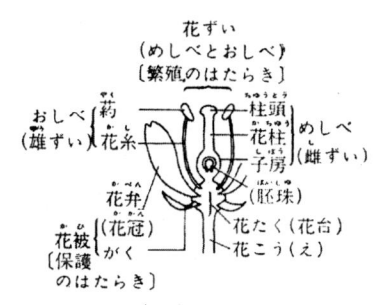

図3：サクラの花の断面(諸橋・清水・森　1964, p.129図4.2から)

の喜びとを奪ってしまう危険性があるからである。図3の通り、めしべの部位には、柱頭、花柱、子房と命名されているが、どこが柱頭や子房で、どこからどこまでが花柱かというように、実物のサクラの部位には色付けがなされてはいないからである。要するに、花の観察は時間がかかっても、実際の花を見て、手に取ってスケッチするという作業を通して、先人が命名してきた部位に思いをはせることが、次の新たなる発見をする機会を提供し、学習を促進するということにあろう。

関連する例は、医学教育におけるレントゲン写真の読み方についてである。陰影の見方ができて初めて、どこに病巣があるかの判断ができるようになる。この読み方は、ベテラン医師の指導のもとに、多数の症例のレントゲン写真を見て訓練を受けることを通して可能になると言われている。つまり学習の成果としての物の見方である。

また注意深い内科医なら、患者の顔の吹き出物によって、体のどの部分が異常かを発見するかもしれない。医者はからだのどの部位に注目して観察するかを訓練されることで、観察眼が鍛えられるといえる。ここでも、物の見方は訓練のたまものといえよう。私たちのものの見方の多くが教育や訓練に依存していることが分かる。教育実習生に授業の見方を、教室で示す理由もそこにあるといえる。自然に物の見方が正しく形成されると考えるのは、ある面では正しくなく、そこには教育における観察方法の訓練意義があるといえるのである。

9 一枚の写真を手がかりとする課題解決学習の例

一枚の写真を課題解決学習に用いた工藤信司教諭（1996）の授業実践例を取り上げる。本稿に引用する写真は不鮮明で、映像の判別が難しいことをあらかじめお断りしておく。北海道白老町立萩野小学校の4年生社会科「あたたかい地方のくらし」の授業において、写真2を資料として、沖縄の位置、地形、気候の概要を捉えさせ、沖縄の人々の生活の様子に関心を持たせる学習課題を作ったものである。

課題は、沖縄県那覇市であることを子どもたちに告げずに、県庁所在地であることは教えて、「この写真の都市はどこか」である。写真はスライドに

写真2： スライドにしてスクリーン上に投影された課題用写真

してワイドスクリーンに投影され、その画像を子どもたちは食い入るように見つめ、次の手がかりを見つけ出した。「①海沿いの街、②島が2つ見える、③ヤシの木がある、④布団を干している（お昼である）、⑤三角屋根が一つしかない（雪があまり振らない所である）、⑥ビルばかりである」。

手がかり①を地図帳の北海道から沖縄まで調べて、47ある県庁所在地から、海に面していない都市が18箇所あるので、残る候補を29に絞った。

手がかり③と⑤から、地図帳の降雨量の資料を調べて、雪が少ないところの都市を23都市に絞った。また手がかり②から島が見えそうな都市が7都市であることが分かった。

手がかりの①②③⑤のどれにもあてはまる都市として、子どもたちは、和歌山市、大阪市、高松市、長崎市、那覇市の6都市に辿り着いた。次に島の数から、和歌山と大阪が除外された。次いで、「お昼に撮影したので、影の向きから島のある方角はどちらか」という問いを発した。スライドは太陽の光が左側から当たっているので、左側が南、右側が北、手前が東、向こう側が西となる。そこで新しい手がかりとして、「島はこの都市の西側にある。島の先端は、この都市よりも北に突き出ていない」ことがわかり、この条件を満たしているのは、那覇市だけとなり、全員が那覇市であると結論づけた。

続く発問は、「屋根の上のタンクには何が入っているか」であった。すぐに水という意見はでたが、地図帳の降水量のグラフを調べて、那覇市は札幌の2倍近くの降水量があること、また札幌には灯油タンクはあっても水タンクは無いことから、灯油という意見がでたが、これも気温のグラフを根拠に

消えてしまった。一人の子どもが那覇市役所に電話をして、水のタンクであることが分かった。

続く発問は「札幌の2倍も雨が降るのに、わざわざ水をためておく必要があるのだろうか」である。結論は「札幌の2倍近くの降水量があっても、川が短く少ないために、雨の大部分は海に流れ込んでしまう。降雨はほとんどが梅雨期と台風期に集中していることで、水不足が生じて、各家庭でタンクを設置しなければならない」ためである。

この実践では、1枚の写真を手がかりにして、子どもたちはゲームを楽しむかのように、課題解決学習にのめり込んでいったのである。静止画としての写真、正しくはスライドにして投影したスクリーン上の映像教材の教育的利用を、この例に見ることができる。

10 映像教材の教育的利用を高めるための方法

ここでは、映像教材の教育的利用を高めるための方法として、以下の提案をしたい。

10-1 スライド制作からデジタル編集に進む

映像制作の基本を学ぶために、スライド・サイズにカットした、くもりガラスに墨や絵の具を塗るスライド制作を提案する。幻灯機など今日ではほとんど使用されない状態では難しいが、可能であれば、使用したい。学習は原始的段階からという立場から、手書きで作成したスライドを幻灯機で投影することで、映像提示の原理を学習するのに役立つのである。しかるのち、パソコン画面上でのデジタル編集に進むのが相応しいと思われる。デジタル編集は今後の主流になるが、作り手の立場を理解する作業として提案する。

10-2 視聴前の視聴目的の明示

映像教材の教育的利用において、教師は映像教材を提示する目的を、最初に視聴者に明示する必要がある。視聴目的を明確にしていないと、プロモーション提示になってしまう危険性があるからである。ただし、プロモーションにはプロモーションの目的があるので、それを非難するのではないが。

10-3 視聴後の反省的思考記録の作成

視聴後に必ず視聴記録を書く。内容の記述と自分はそれについてどのように考えたかを視聴目的との対応において述べる。

10-4 視聴後に学生同士による話し合いの必要性

視聴後に、視聴内容について、学習者同士で話し合うことは、学習者による内容受容の仕方が違うことを確認し、学習者同士のものの見方や感じ方を知る上でかかせない。

10-5 映像教材の教育的利用のためのカリキュラム開発・提示

過去のライブラリーや公立の視聴覚センターのライブラリーを参考にして、教師が教室で利用可能な映像教材リストを収集しておくことは役立つ。

注

1) 多田（1980 p.136）は「すべてのイメージ現象はつぎの四つに分類できる。(1) 残像、(2) 直観像、(3) 記憶心像、(4) 想像心像」と述べている。

2) 教材の重要性については、フリードマン（1990）が良い授業のための56法則の第一に挙げているのが「良い教科書を選べ。だが、講義では教科書に追随するな」（H.C.Friedman, Journal of Chemical Education, Vol.9, No.5）からも、理解されよう。（村上祐・駒林邦男訳・編 1993 良い授業のための法則 岩手大学教育学部附属教育実践研究指導センター研究紀要, 3, 257-263）

3) 芳賀（1976）によれば、「形式としてのある概念や構造というものは、子どもの活動にとり入れられると、動作や、心像や、記号の働きに変化するのである (3)」（(3):Bruner, J.S. et al., "A Study of Thinking", John Wiley, 1956.）と述べている。（佐藤三郎編 1976 ブルーナー入門 明治図書 p.94より）

4) 映像表現と学習者の交互作用の最近のレビューについては、佐賀（2007）の「教育におけるこれまでの映像研究」の末尾に一部分要約されている。「たとえばサロモン（1979）は『全体から部分に着目する技能の弱い生徒は、ズームインの映像によってより効果的に学び、その技能が強い生徒は静止画によってより多く学ぶことを明らかにした。また、佐賀（2005）は、芸術的表現のビデオからは絵画をより好む学生がよく学び、そうでない学生は教科書的表現のビデオからよく学ぶことを見いだした。」と。

5) 鈴木（1988）は「道徳の行も知が基礎に」の見出しのもとに、「道徳の根底には倫理があり、この理が人間の理性によって理解され支持されるが故に、実践への力となる。まず、知識としてしっかり教えることが先決である。先人の叡智（えいち）ともいうべき磨きぬかれた古典の知識などが有効な教材となろう。」と述べている。
6) Emil Brunnerは、自由と正義とが近代におけるイデー・フォルス（idée force力としての観念）であり、平和という観念がこれからの第三のイデー・フォルスになると述べている。私たち人間の行動を左右する観念として作用する力になるというのである。（講述者　エミル・ブルンナー／訳者　斉藤勇一　1955　社会に於ける自由と正義　国際基督教大学教育研究所代表者　日高第四郎）

引用・参考文献

ブラッド・ギルバート＆スティーブ・ジェイミソン／宮城淳訳　1997（1993）Winning UGLY 読めばテニスが強くなる　日本文化出版

ブルーナーJ.S./田浦武雄・水越敏行共訳　1966　教授理論の建設　黎明書房

遠藤哲夫　1981　「わかる」とは何か　学習意欲と能力の開発　岩手大学教育学部附属小学校昭和61年度学校公開研究会記念講演 pp.12-13.

「映像と教育」研究集団代表波多野完治編著　1980　放送教育叢書3映像と教育　映像の教育的効果とその利用　日本放送教育協会

多田俊文　1980　映像の教授科学　前掲書, Pp.131-154.

寺脇信夫　1980　テレビ映像教材の特性と授業における効果　前掲書, Pp.195-226.

波多野完治　1955　認識過程と教育過程〜視聴覚的方法の心理学的基礎　お茶の水女子大学人文科学紀要, 6, pp.21-52.

長谷川榮　1982　授業の構造　筑波大学教育学研究会編　現代教育学の基礎　ぎょうせい　Pp.252-253.

長谷川榮　1991　現代の教授理論　教師養成研究会多田俊文編　教育の方法と技術（教職課程講座5）学芸図書　Pp.36-55.

ハワード・ガードナー・村松暢隆訳　2001　MI:個性を生かす多重知能の理論　新曜社

畠山孝男　1996　表象　丸山欣哉編　基礎心理学通論　福村出版　p.97.

広岡亮蔵　1972　ブルーナー研究　明治図書

加古里子　1979　映像文化と日本の学力　中内敏夫著者代表　講座日本の学力17巻　学力の思想　日本標準　Pp.237-268.

工藤信司　1996　一枚の写真を追求する課題解決学習（4年社会科）東芝教育技法研究会AV

SCIENCE, No.230, pp.20-23.

Lavidge, Robert J. & Gary A. Steiner 1961 A model for predictive measurements of advertising effectiveness. Journal of Marketing, 25, 6, Pp.59-62.

諸橋英祐・清水伴徳・森浩志 1964 技法シリーズてがかりから完成まで中学の理科 研数書院

守随憲治・今泉忠義・松村明編 1980 旺文社国語辞典 旺文社

本明寛 1982 心の研究 一粒社

西尾実・岩淵悦太郎・水谷静夫編 1971 岩波国語辞典第2版 岩波書店

Norman, D.A. 1981 Twelve-Issues for Cognitive Science. Norman, D.A.（Ed.）Perspectives on Cognitive Science. Norwood, New Jersey: Ablex Publishing. Pp.265-295.（ドナルド A.ノーマン 戸田正直・宮田義郎訳 1984 認知科学のための12の主題 佐伯胖（監訳）認知科学の展望 産業図書 Pp.295-342.）

大河原清 1992 反応時間を用いた認知的判断と感情的判断との関係の研究 視聴覚教育研究, 22, pp.1-26.

大内茂男・高桑康雄・中野照海編 1979 視聴覚教育の理論と研究 日本放送教育協会

佐賀啓男 2007 教育におけるこれまでの映像研究 第14回日本教育メディア学会年次大会発表論文集 pp.144-147.

阪本越郎著・有光成徳増補 1972 視聴覚教育入門 内田老鶴圃新社

Salomon, G. 1979 Interaction of media, cognition, and learning, Jossey-Bass.

新村出編 1991 広辞苑第四版 岩波書店

鈴木勲 1988年1月11日読売新聞朝刊「教育」 詰め込みでなく知識を身につける喜び～教師は「知育」に徹しよう/道徳の行も知が基礎に

Tetens, J.N.（テーテンス）1971 下中邦彦（編）哲学辞典 平凡社 p.979.

外山滋比古 1969 修辞的残像の問題 近代読者論 みすず書房 Pp.318-355.

横須賀薫 1979 授業展開とその技法 授業（講座日本の学力12巻）日本標準, pp.101-218.

iv NIE教材

植田 恭子

1　NIE教材の特徴

(1) NIE教材とは何か

　NIEとは、Newspaper in Educationの頭文字をとったもので、エヌ・アイ・イーと呼ばれ、「教育に新聞を」と訳されている。日本新聞教育文化財団のホームページ[1]によると1930年代のアメリカ合衆国、当時ニューヨークタイムズがハイスクールでの新聞活用を進めたのがその始まりといわれている。日本では、1985年、静岡で開かれた新聞大会で提唱され、その後教育界と新聞界が協力し、全国で展開されている。

　新聞を教材として活用することは目新しいことではない。高須正郎によると、日本の新聞は戦前から教育との関わりをもっている。[2]「新聞の社会的機能や役割を科学的に教える『新聞教育』」「新聞記事を教材として活用し、社会問題の理解を進めたり、教科の授業を行なう『新聞学習』」「児童生徒に新聞を編集・発行させる『学校新聞』」の三つを高須は新聞と教育との関わりとして挙げている。戦前の取り組みが、どの程度教育現場に受け入れられたかは不明であるが、高須の言うように「戦前の日本の教育状況から推して、折角芽生えた日本のNIEも、そのまま立ち枯れてしまったと考えてよいように思う。」ととらえるのが妥当ではなかろうか。

　戦後間もない昭和22年、大村はまが深川二中に着任し、窓ガラスや黒板はおろか、机も教科書もない中から、疎開してあった荷物を包んでいた新聞紙を切り分けて教材化し、「学習のてびき」を用意、新聞記事を使った授業を始めたことはよく知られている。大村はまが購読していた新聞四紙は、優劣を意識させず学びひたらせるために教材として工夫された。また昭和22年版『学習指導要領国語科編［試案］』や昭和26年版『学習指導要領一般編

[試案]』においても新聞を活用した単元例が詳しく記述されている。

では従来の新聞活用とNIEはどこがどう違うのか。メディアリテラシーを育成すること、よりよい社会をつくる市民を育てることを目指しているNIEと一般的になされてきた新聞活用との違いとして、3点あげることができる。

第1に新聞の切抜きを補完的に活用するだけでなく、新聞に関わるすべてのものを活用対象としている。新聞というメディアそのものも教材とする。

第2に同じ出来事に関する記事、あるいは同じ日の紙面について複数の新聞の取り扱いの違いを比較し、読み比べるという活動を通して情報そのもの、情報との関わり方について考える。

3点目として教育界と新聞界がタイアップして展開している。教育活動を新聞界が支援する形で進められていることがあげられる。

一覧性、記録性という新聞の特性、安価であり、手軽に扱うことができ教材化しやすい点、活字中心のメディアであることなどからさまざまなNIEの取り組みが重ねられてきている。

(2) NIE教材の形態

新聞記事を教材化し学習を展開することは、すべての教科・領域で可能である。平成12年の国立教育研究所による各メディアの利用状況の調査[3]をみても、新聞は読むことの教材として調べ学習の資料としてなどさまざまに活用されているメディアであることは間違いないだろう。

新聞は情報の宝庫、情報のデパートなどと形容されるように、コラム、社説をはじめ多様な情報を整理された形で得ることが可能である。情報の多様さだけでなく朝刊が新書本一冊に匹敵するという情報量がある。テレビ、インターネットにはかなわないとしても情報の新鮮さや、新聞が説明、評論、随筆、広告などのあらゆる表現形態を紙面の中に有していること、新聞に特徴的な逆ピラミッド、頭括型などの文章表現について学ぶことができるなど教材としての可能性をもっている。

新聞を教材とした展開を『NIE実践報告書』など[4]をもとにまとめると以下のようになる。「新聞に親しむ」段階から「新聞で学ぶ」「新聞を学ぶ」「新聞を作る」など新聞の多様な紙面を活用し、教材化がなされている。一覧性、詳報性、記録性などの活字メディアである新聞のもつ特性、値段が手頃であり、手軽に扱えるという使い勝手のよさ、あわせてメディアへの信頼

性の高さがさまざまな実践を生み出したといえる。
○新聞に親しむ…見出しを使って考える。四コママンガを考える。5W1Hを読み取る。写真から情報を読む。広告を読む。
○新聞で情報をキャッチする…見出し、イラスト、興味をもった記事を切り抜く。キーワードで記事を探す。コラム欄のスクラップをし、視写をする。
○新聞でテーマ探求をする…自分が選んだニュースについて意見や感想を書く。記事を読んで要約をする、コメントを書く。テーマを設定して情報を収集し、発表会をひらく、プレゼンテーションをする。投書欄の意見を使って討論会をひらく。
○新聞で視野をひろげる…比較して読み、いろいろな視点を知る。記事を中心に友達と交流をする。記事を通して家族と対話する。学校と家庭、社会をつなぐ。社会に対する目をひらく。ひとから学ぶ。
○情報について学ぶ…メディアとしての新聞の特性を知る。比較読みにより、情報を読み解く。情報とは何かを考える。情報との関わり方を考える。新聞づくりなど自らも情報の発信者になる。情報の送り手の意識を知る。

(3) NIE教材の位置付け

　NIE教材の特質はどこにあるのだろうか。新聞という活字メディアの特質から考えてみたい。

　新聞は「社会を映す鏡」ともいわれるが、あふれる情報のなかで、身近にあり、入手しやすい情報源である。また記録性、保存性という特性を有しており、教材化しやすいことが利点ではないだろうか。

　速報性ではテレビやインターネットにはかなわないが、最新の情報やデータが掲載され、現実の社会について学ばせることができる。リアルワールドと向き合い、実生活にいかすことができることから、学習への意欲が高くない児童生徒の興味・関心を喚起し、意欲的に学習を展開できる。また、課題を設定し、解決の方法を模索し、解決のための技能、スキルを身につける課題解決型の学習においても、新聞のデータや情報は有効なものである。

　NIE活動と教材としての新聞については、「NIEと国語」において小田迪夫の次のような指摘がある。[5]

　「国語能力は、日常の言語生活、言語活動のなかでおのずから育っていく面が大きい。したがって、NIEの学習活動でさまざまな新聞記事に興味・関

心を持ち、その情報理解を基に自己の情報をつくり、表現していくことが意欲的に行われれば、言葉の理解・表現能力はおのずから高まっていくはずである。その情報の理解・表現活動は何であっても、NIE活動は教科「国語」の学力形成に資する学習になるといってよい。新聞は、いわば無意識の国語教育の教材となっているのである。」

　教育活動における教材としての新聞について、その働きを整理しておく必要があるといえるだろう。

2　NIE教材の働き
(1)　新聞記事の教材化

　倉澤栄吉によって「脱教科書」、教科書学習の後の学習のあり方、ポストテクストの教材開発が提唱された。[6] 倉澤理論を踏まえ、単元学習を大村はまが展開した。大村はまの単元学習では、新聞が教材として活用されたいくつかの単元があるが、そのどれをとってみても明確なねらいのもと、単元展開にとって必要不可欠な選りすぐりの教材である新聞が用意され、単元が構成されている。換言すれば明確なねらいのもとに教材があるといえる。

　高田喜久司は、新聞は「やみくもに」「無理やりに」使えばよいという性質のものではなく、「①単元の内容や授業の目標を明確に理解すること②新聞の機能や特性をよく把握すること、③そして、そのうえで学習活動のなかに新聞教材を「適時・適所に」位置づけて活用する姿勢をとること」が重要なポイントになるだろう」と述べている。[7]

　NIE実践を例にとって考えたい。教材について長谷川榮は「教材とは、教内容を具体化した素材であり、子どもにとっては学習する対象であり、教具に担われた意味内容である。」と定義している。[8] NIEにおいては、教材である新聞の情報を何のためにどのように活用するのかという、学習対象がどのような意味内容をもっているのかという目標の設定が出発点となる。1997年の単元「かけがえのない地球」という国語科での単元学習[9]では、「環境に関する［わたしの本］をつくる」という課題を設定し、まず目的意識をもたせた。ねらいは①自然への関心を高め、自然と人間についての思考を深める。②ひらく→たくわえる→いかすという情報活用の流れに自己学習

行為としての視点をいれ、情報を読む力を育成する。③「情報」を「身をもって実感した知識」として「認識」させ、「情報」に主体的に関わっていく力を育成する。全29時間の帯単元であるが、「ひらく」段階では、環境についての課題意識をもつ。環境に関する「わたしの本」をつくることを確認し、学習の見通しをもった。「学校でごみ焼かない」という校内のごみ焼却炉に関する身近な問題と家庭ゴミの始末をトピックにした新聞の四コマ漫画「サンワリ君」を取り上げ、導入とした。「たくわえる」段階では、新聞記事をはじめとして環境に関するさまざまな情報を重ねて読んだ。一方、それぞれに環境に関する情報を収集し、ストックしておいた。「いかす1」段階になり、情報を活用、再構成し、自らの情報を発信した。「いかす2」の段階では、情報を自分のものとし、他者意識をもって情報発信をした。今までの学習を振り返り、自己の意識の深まりを評価した。一年間のまとめとして「わたしの新聞づくり」をし、学年文集の形で製本、教材として活用、相互評価した。単元「かけがえのない地球」では、教科書教材も新聞記事とともに教材のひとつとして活用し、新聞記事だけでなく、広告や写真などさまざまな情報も教材化して、「わたしの本」の情報として読み進めていった。「わたしの本」に情報を蓄積し、課題追求の活動を展開したことで、興味・関心を喚起し、意欲的に学習に向かわせることができたといえる。

　教科書の一教材毎の学習で言語活動の目標の設定は難しいが、新聞記事を教材化したことにより意欲的な学習が成り立ったのではないだろうか。新聞の教材化には明確な「ねらい」が何よりも重要である。

(2) 新聞の教材化により育てられる力

　NIE実践者としての視座で、自身のNIEの取り組みの評価、分析を試みたところ自己学習力、コミュニケーション能力、メディアリテラシー、PISA型「読解力」として、その関連性が明らかになった。新聞の教材化により育てることができる力である。

① 自己学習力…継続して読むことで、自ら学び考える力を育む。問い、課題意識を生み、主体的な学びにつながる。
② コミュニケーション能力…自分だけが知り得た価値ある情報を伝え合う。新聞が教室に入ることで、風景が変わる。個を生かす場が生まれる。
③ メディアリテラシー… NIEによるメディアリテラシーの開発として情

報の活用・比較読み・情報の発信・メディアとしての新聞の4つの視点を考えている。[10]
- 情報の活用…スクラップを目的化するのではなく、情報活用の基盤とする。情報モラルについて知的財産教育と関連づけ、導入段階に位置付ける。「問い」「課題意識」を核に単元を展開する。
- 比較読み…情報は記者のフィルターを通ったものであることを押さえておく。新聞により情報伝達の違いがあることを学ばせる。一面トップ記事の違いや取り扱い方の違いから情報の価値判断についても意識させる。
- 情報の発信…情報の発信を通して、情報の送り手の意識を知る。新聞記事の版だての違いなどから情報創出のプロセスを知る。
- メディアとしての新聞…新聞の特性を検証することで、その特性をより深く認識し、実生活に役立てようとする意識をもたせる。他のメディアにはない新聞の機能を知る。

④ PISA型読解力…新聞は「連続型テキスト」「非連続型テキスト」の宝庫であり、「読解力向上に関する指導資料」にある「テキストを利用して自分の考えを表現する能力の育成」「多様なテキストに対応した読む能力の育成」をはじめとして示された改善策は、NIEにおいて実践されてきたものである。

(3) NIE教材による「比較読み」

　小学校では2011年、中学校では2012年に全面実施される学習指導要領では、「言語活動の充実」が掲げられているが、新聞や情報、メディアに関連し、各学年、各教科において多くの指導内容が盛り込まれている。小学校3・4年の国語は「疑問に思ったことを調べて、報告する文章を書いたり、学級新聞などに表したりすること」5・6年の国語は「編集の仕方や書き方に注意して新聞を読むこと」となっている。

　なかでも中学校2年の国語に「新聞やインターネット、学校図書館の施設などを活用して得た情報を比較すること」の内容が入り、同3年では「論説や報道などに盛り込まれた情報を比較して読むこと」としている。従前の国語科教育では積極的に取り組まれてこなかった「比較読み」は、NIEではごく日常的に行われてきたことである。今後「比較読み」は言語活動の充実を図るうえからも意味をもつ新聞の教材化であるといえるだろう。

「比較」という方法について下田好行は鳥瞰的な思考のために、全体と部分との関係が明確になる必要があり、そのためには一つのテキストを用いるだけでなく、別のテキストと「比較」することで、「問題にしている事柄の奥行き・深さ・広がりが立体的に浮かび上がって」くる、また「いろいろな考え方や価値観が存在することもわかって」くると述べている。[11)] 下田はこの「比較」がPISA型読解力「熟考・評価」を高める方法のひとつであるとしている。NIEにおける「比較読み」には、一面のトップ記事を比較する。同じ事象を扱った記事を比較する。写真を比較するなどさまざまな方法がある。入手も容易にでき扱いやすく新聞のもつ特性のひとつである「俯瞰性」活かして、「比較読み」の教材化も難しいことではない。
　「比較読み」の具体例を以下に紹介する。
　2008年5月5日のこどもの日の朝刊各紙（朝日・読売・毎日・日経・産経）を比較して読む。まず一面トップの記事を比べて読む。第一面のトップ記事は、各紙ともニュース価値が高いと判断した出来事であるので、どのような記事をどのように伝えているかを比べることで、伝え方の違い、情報は同じでないことを学ぶ教材となる。
　こどもの日には必ず子どもに関連した記事が掲載される。子どもの数の推移は総務省が、こどもの日の前日に発表している。リークされた情報を各紙がどのように再構成し、紙面化しているかを比べることは、メディアリテラシーの育成につながっていく。教材化の方法として、各紙の記事を増刷する。ワークシートには各紙の見出しを視写、他紙にはない情報を書き出す。グラフを比較してコメントを書く。子どもの立場から順位をつけるなどの項目について各自で考え、それぞれの考えを伝え合う。
　また「天声人語」などのコラムを教材化もできる。子どもに関する話題が取り上げられることが多いので、各紙のコラムを重ねて読む。子どもに関連した記事と同様にコラムを増刷し、ワークシートに各紙のコラムの話題、コラムには見出しがついていないので見出しをつける。筆者の思いを想像する。読んで思ったこと・感じたこと・考えたことを書く。それぞれのコラムの構造を分析する。ペアでの意見交換、グループでの意見交換、クラスでの交流など伝え合う学習をするなどタイムリーな話題も教材化が容易である。必然性のある学びの場が新聞を教材化したことにより生まれる。

(4) NIE教材による構造化
　NIEではメディアリテラシー、シティズンシップの育成を目指して多様な紙面を活用した学習が開発されてきた。これまでにどのようなカリキュラムや単元が開発されてきたかを通して到達点と課題を明らかにしておきたい。
　メディアリテラシーを育成する基礎といえる情報活用に関しては単元の導入段階に位置付けることが多い。情報活用をするうえで課題意識をもち、スクラップをはじめ情報を蓄積していくことはNIEの基盤となることである。NIEの基盤となる展開を整理すると次のようになる。[12]
①新聞に親しむ
・新聞に触れる。・こどもの日の新聞を読む。・新聞情報の交流をする。
②新聞の読み方を知る
・見出しについて考える。・見出しを比較する。・記事を比較読みする。
・新聞記事の表現について考える。・多様な新聞を読む。・情報について考える。
③新聞情報の活用をする。
・新聞のデータベースをつくる。・新聞を読むことを日常化する。・新聞の特性を知る。・事実と意見について考える。・誤報について考える。・新聞記者の仕事について考える。
④情報の送り手体験をする。
・取材の方法について知る。・取材をする。・「ひと欄」を書く。・新聞づくりをする。・投書をする。
　比較読みの方法については前述とおりであるが、単元展開のなかで比較読みは、核になる学習活動となる。新聞というメディアそのものについての理解を深める単元も展開している。単独の情報だけでなく重ねて読むことで情報の理解も深まり、多様で多角的な視点をもつことが可能となる。新聞による教材編成の構造化を試みた単元例である。
〇単元「新聞エクスプレス　NIEのたび」
「新聞の特性」についてグループに分かれ検証する。明らかになった「新聞の特性」についてアピールする広告を作る。身近な情報源である新聞とどうつきあえばいいか、向きあえばいいのかを考える。
〇単元「文化の背景にあるもの」
2001年9月11日のアメリカ同時多発テロを報じる朝刊5紙の比較読みから、

各紙のコラム、社説、関連する新聞情報、ネット情報、文献情報などを読み重ね、情報交流、意見交換などをし、これからの国際社会で自分たちに何ができるかを考え「21世紀に生きる私たちの提言」を発信する。
○単元「情報社会を生きる」
　イチローの大リーグシーズン最多安打記録達成の報道（テレビ、ラジオ、新聞、インターネット）を分析し、「情報」とは何かを考える。[13]
○単元「情報の送り手体験」4段階の情報の送り手体験（俳写・フォトエッセイを書く。新聞記事のリライトをする。ひと欄を書く。記者体験をする。）を重ねる。新聞というメディアを理解し、第一次情報にふれることで、多角的な視点をもつことの重要性を知る。

3　NIE教材の課題と可能性

　NIE教材は①興味や関心を高め、学習意欲を喚起する。②教科書教材にはない情報を補完し最新の情報を得ることができる。③多様な教材のひとつとして、比較読みや重ね読みができる。④あるテーマについて継続した情報収集が可能であり、収集した情報を教材として活用することができる。⑤新聞づくりや取材などの送り手の体験ができるなど、新聞というメディアの特性を生かした展開が可能である。
　しかしながら、情報そのものは生きたものであり、それを教材化していくには課題も多い。ニュースは速報性が重視され限られた時間で書かれているので練りあげられたものといえない点もある。信頼性の高いメディアではあるが誤報の問題もある。カリキュラム上の位置付け、教科書教材とのリンク、教育現場において一般化をどう図っていくかという課題も有している。
　「活用型」の学力が注目されているなか、「自らの目標を達成し、自らの知識と可能性を発達させ、効果的に社会に参加するために、書かれたテキストを理解し、利用する能力」というPISA型読解力は、NIEが目指してきたことと重なり合うものである。ここでいうテキストとは文章のような「連続型テキスト」だけでなく、図表・グラフなどの「非連続型テキスト」であるが、新聞紙面は「連続型テキスト」「非連続型テキスト」の宝庫である。紙面には写真、図表、グラフ、広告など多様な形態の情報が満載されている。NIE

では、情報社会における読むことが多様化していることから、さまざまな紙面を活用し、教材化してきた。「読解力向上に関する指導資料」にある「テキストを利用して自分の考えを表現する能力の育成」「多様なテキストに対応した読む能力の育成」をはじめとして示された改善策は、NIEにおいては日常的に実践されてきたことである。

　新聞を教材として活用し、①課題意識をもつ。②情報の取り出し、収集をする。③情報の解釈・分析をする。④情報の熟考・評価をする。⑤自らの情報を発信、表現するという「読解のプロセス」を重ねることは、PISA型読解力の育成につながっていくと考える。

　「教科等の枠を超えた共通理解と取り組みの推進が重要」とされているなかで、教科横断的要素の強いNIEはPISA型読解力育成の鍵を握っており、「活用型」授業においてその真価が問われようとしている。

参考・引用文献

1) 日本新聞教育文化財団HP　http://www.nie.jp/
2) 高須正郎「教育に新聞を－NIE推進の日本的課題」(『総合ジャーナリズム研究』総合ジャーナリズム研究所　NO・123　1988年)
3) 「生涯学習社会におけるメディアリテラシーに関する総合的研究　学校教育・中間報告書」(平成12年3月　国立教育研究所)
4) 小田迪夫・枝元一三編著『国語教育とNIE』大修館書店1998年6月
5) 日本新聞教育文化財団『NIEガイドブック中学校［国語］編』2000年3月
6) 『倉澤栄吉国語教育全集12』角川書店
7) 高田喜久司「NIEで育てたい力－学習指導論の立場から」『日本NIE学会誌』2006　創刊号
8) 長谷川榮『教育方法学』協同出版　平成20年5月
9) 拙稿「環境に関する『わたしの本』をつくろう」『国語教育別冊』明治図書出版　NO580　1999年
10) 拙稿「メディアリテラシーを育成するNIEの開発」『日本NIE学会誌』2007年　第2号　http://www.osaka-kyoiku.ac.jp/~care/NIE/index.html　日本NIE学会HP。実践の様子は、朝日新聞NIE委員会製作NIEビデオDVD「ようこそNIEへ・多メディア時代の新聞」に収められている。朝日新聞NIE事務局（nie-asahi@asahi.com）
11) 下田好行「国語科の授業で「活用型の教育を」」『活用力を育てる国語授業　中学校編』下田好行・長谷川榮・有馬朗人監修　日本標準　2008年4月

12）拙稿「NIEガイドブック基礎編」『NIEガイドブック中学校［国語］編』2000年3月　日本新聞教育文化財団
13）拙稿「情報社会を生きる」『子どもが輝くNIEの授業』晩成書房　2008年7月

v デジタル教材とその特性

古藤　泰弘

1　「デジタル教材」の意味とその媒体

(1)「デジタル教材」の捉え方

　コンピュータなどを利用した授業で使用される教材を特に「デジタル教材」と呼んでいるが、明確な定義があるわけではない。一般には、従来の図書教材や視聴覚・放送教材等（いわゆるアナログ教材）に対して、コンピュータなどの電子機器（デジタル機器）を用いて利用する「ソフトウェア」を指して用いている。

　コンピュータの「ソフトウェア」について、文部省編『情報教育の手引き』（1990年）では【図表1】のように分類している。[1)]この分類表には「デジタル教材」という呼称はない。しかし、この表をもとに検討してみると、「教育用ソフトウェア」の中の「学習指導用ソフトウェア」がデジタル教材に相当することにはまず異論がない。問題は「基本的なソフトウェア」の中の「基本的応用ソフトウェア」がデジタル教材と言えるかどうかである。

　同書の説明をみると、「学習指導用ソフトウェア」とは、「学校におけるコンピュータの利用形態の一つ」で、「教師が学習指導のために教具として利用する場合と、生徒の学習活動を助けるための道具として利用する場合がある」と述べている。

　つまり「学習指導用ソフトウェア」はコンピュータを利用して、教師が学習指導するために利用する教具（教材・教具の意か、筆者注）や学習者が自分の学習活動に生かしていくために利用する教材だというわけである。

　他方の「基本的応用ソフトウェア」については次のように述べている。「コンピュータの機能を生かし教育用として広く活用するため」のものであり、「利用目的に応じ」て日本語ワードプロセッサソフトウェア、表計算ソ

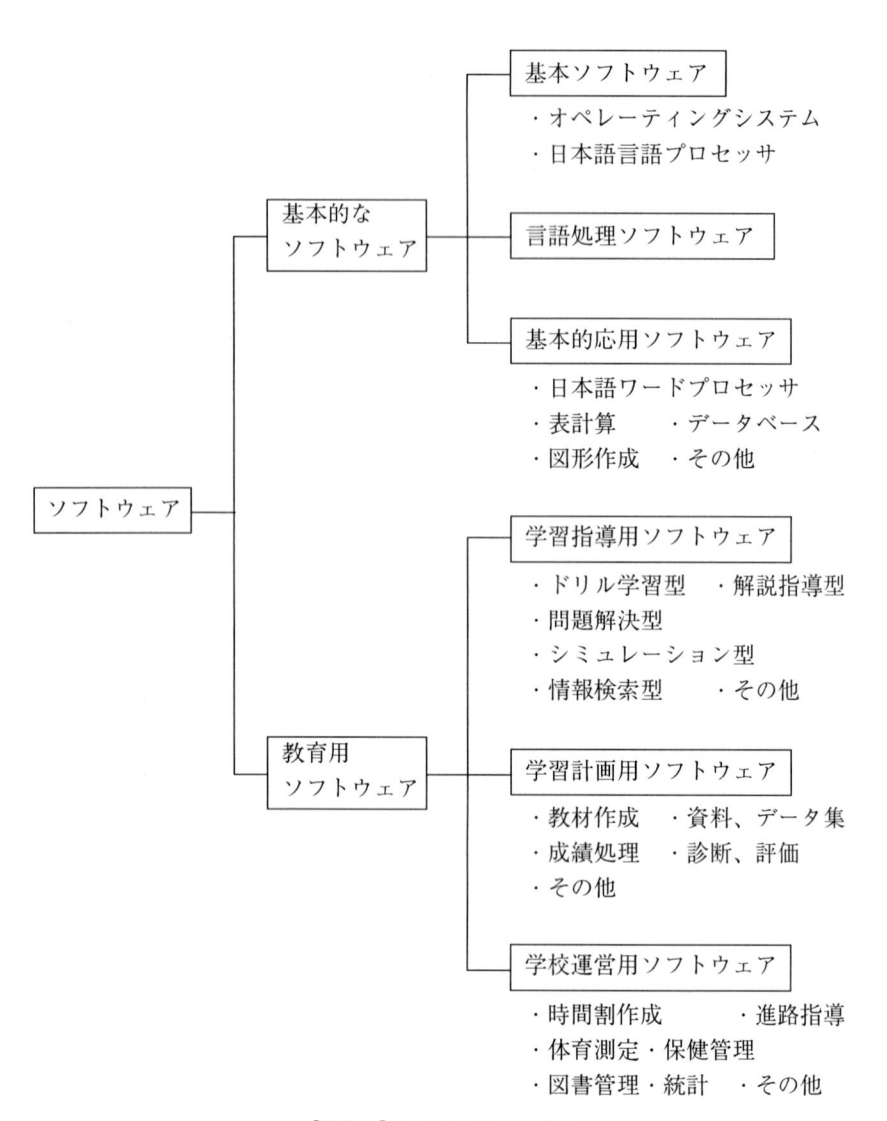

```
                                    ┌─ 基本ソフトウェア
                                    │   ・オペレーティングシステム
                                    │   ・日本語言語プロセッサ
                    ┌─ 基本的な      │
                    │   ソフトウェア ─┼─ 言語処理ソフトウェア
                    │               │
                    │               └─ 基本的応用ソフトウェア
                    │                   ・日本語ワードプロセッサ
                    │                   ・表計算    ・データベース
                    │                   ・図形作成  ・その他
        ソフトウェア ─┤
                    │               ┌─ 学習指導用ソフトウェア
                    │               │   ・ドリル学習型  ・解説指導型
                    │               │   ・問題解決型
                    │               │   ・シミュレーション型
                    │               │   ・情報検索型    ・その他
                    │               │
                    └─ 教育用       ─┼─ 学習計画用ソフトウェア
                        ソフトウェア │   ・教材作成   ・資料、データ集
                                    │   ・成績処理   ・診断、評価
                                    │   ・その他
                                    │
                                    └─ 学校運営用ソフトウェア
                                        ・時間割作成      ・進路指導
                                        ・体育測定・保健管理
                                        ・図書管理・統計  ・その他
```

【図表1】ソフトウェアの分類

フトウェア、データベースソフトウェア、図形作成ソフトウェアやその他（ネットワーク用のソフトウェアなど）があると説明している。

　つまりコンピュータを教育用として活用するための道具（つまり「教具」）として捉えている。直接に学習活動の対象となる「教材」ではないが、教材を活用するためには必要な「教具」に相当する。

　従って「デジタル教材」を狭義に捉えれば「学習指導用ソフトウェア」として作成された個々のソフトウェアを指すが、広義に「教材・教具」と捉えれば「基本的応用ソフトウェア」として作成された個々のソフトウェアも含めることができる。

　実際の授業活動では「基本的応用ソフトウェア」を操作して各種のデジタル教材を活用しているので、本稿では広義に「デジタル教材・教具」として捉え「学習指導用ソフトウェア」と「基本的応用ソフトウェア」の両方を取り上げて検討していくことにする。以下で「デジタル教材」という場合、特に断らない限り両方を含めて用いている。

　デジタル教材は、具体的には【図表1】で「学習指導用ソフトウェア」の教材の型として紹介されている各種の例示や、「基本的応用ソフトウェア」として列挙されている種々の「ソフトウェア」（いわゆるアプリケーションソフト）である。ただ、情報技術は日進月歩の変革を遂げ続けている。ここに掲示されている例示のほかに多種多様なソフトウェアが開発されている。次の2.では「学習指導用ソフトウェア」と「基本的応用ソフトウェア」に大別し、どのような新しい教材が開発され、どのような新しいソフトウェアが流通しているかも明らかにしていきたい。

(2)「デジタル教材」と媒体

　ところで、「デジタル」とは、「情報を2値データ（0、1）で符号化し記録したもの」に対する呼称である。情報の記録特性に着目して「デジタル教材」を捉えてみると、「デジタル教材とは、教材用に構成した内容（情報）を2値データ（0、1）で符号化し記録したもの」ということになる。

　注目したいのは情報を記録した「もの（「媒体」）」である。これまでのほとんどは印刷物などのペーパー類やフィルム、スライド、磁気テープや放送などを媒体とした教材（「アナログanalog教材」）であった。これらのアナログ教材を利用するためには、それぞれ媒体の種類に対応した映写機やテープ

レコーダ、VTRやTV受像器、あるいはOHPなど、個別の機器・機材（アナログ用の機器）を必要とした。

「デジタルdigital教材」の媒体もフロッピーディスク（現在は減少している）、CDディスク、DVDディスクやフラッシュメモリーであったり、光ファイバーなどの通信やインターネット上のサイト（「ネット教材」）であったりする。これらの媒体を利用する際には、ほとんどの場合コンピュータとその周辺機器（デジタル機器）で対応できる。それぞれ媒体ごとに個別の機器を準備しなくてよい。

文部科学省が「教材・教具」と呼んできたように[2)]、「教材（コンテンツ）の媒体」と「機器・機材」は不離不即の関係にある。それはアナログ教材の場合には、媒体ごとにそれに対応した個別の機器・機材を必要としたからである。これに対してデジタル教材の場合は、「基本的なソフトウェア」をコンピュータに搭載しておく必要はあるが、媒体の種類に対応した個別の機器をそれぞれ揃える必要はない。すべて「コンピュータ（パソコン）」（及び関連の周辺機器）で利用できるという利点がある。

今後は、学習上でアナログ教材が特別に必要な場合は除いて、これまでのアナログ教材を「デジタル教材」に変換して、コンピュータで活用するような傾向が強まってくると思われる。放送も2011年07月24日には完全に地上デジタル放送に移行の予定である。

2. コンピュータ利用の変遷とデジタル教材

「デジタル教材」はコンピュータの利用とともに始まった。米国ではすでに1960年代に大型コンピュータに多くの端末を接続して多数の学習者が同時に利用できる学習システムが開発されている。これをCAI（Computer Assisted Instruction）と呼んだ。

これに近いCAIシステムが1970年代になると日本でも開発された。当時は「デジタル教材」という呼称はなかったが、このＣＡＩ教材が「デジタル教材」の元祖であるといってよかろう。

日本の学校教育にコンピュータの導入が本格的に始まったのは1985年である。その時もCAIから始まった。その後、コンピュータの性能の向上・拡

充や様々なソフトウェアの開発、加えて文部科学省を始め各省庁の強力な推進策もあってコンピュータの教育利用は幾多の変遷を遂げながら進展してきた。「デジタル教材」の種類が増加しその形態も大きく変化してきた。

その概要は【図表2】に整理しておいたが、コンピュータの教育利用の変遷に伴ってデジタル教材がどのような経緯を辿って今日に至っているか概観しておきたい。[3]

(1) 1985年は「学校教育におけるコンピュータ元年」

文部省が約20億円を予算化して、全国の小・中・高等学校にコンピュータの計画的な年次導入を図った最初の年が1985年である。

当初は、「コンピュータ」を「新教育機器」[4]と呼んで、従来の視聴覚機器や教育機器と区別した。新教育機器の教材はスライド、フィルムやＶＴＲではない。CAIで用いる教材であった。それを「CAI学習ソフトウェア」と呼んだ。これがコンピュータ導入当初の代表的な「デジタル教材」である。

CAI学習ソフトウェア作成への力の入れようは大変なもので、文部省社会教育審議会・教育メディア分科会が報告書『教育用ソフトウェアの開発指針』（1985年12月）を公表したり、国立教育研究所（現在の国立教育政策研究所）と全国教育研究所連盟が「CAIプロジェクト」（共同研究）を設置（1985年～1988年）したりして、CAI学習ソフトウェア（コースウェアとも呼んだ）の開発とCAIの普及に懸命であった。[5]

しかし、当時は教師の手による自作ソフト（ある程度のプログラム言語の習得が必要）に頼らざるを得なかった事情もあり、十分な普及をみるには至らなかったが、この「CAI学習ソフトウェア」が日本における「デジタル教材」の草分けになった。

(2) 1990年頃から「知的道具」としてのコンピュータ利用が始まった

やがて、日本語ワードプロセッサ（ワープロ）、表計算ソフト、図形作成ソフトやデータベースソフトなど、いわゆる「アプリケーションソフトウェア」が開発され流通し始めた。

CAI学習ソフトウェアは自作しなければならなかったが、市販のアプリケーションソフトウェアは、工夫と努力をすれば、数値計算（理科実験など）に利用したり、グラフを描いたり、図形を作成したり、あるいは資料検索に

時　期	主なデジタル教材の種類	
	学習指導用ソフトウェア	基本的応用ソフトウェア
1985年当時	＊「教育におけるコンピュータ元年」（文部省が計画的に全国の小・中・高等学校にコンピュータの導入を開始）	
	・CAI学習ソフト（自作） ・ドリル様式が主流	
1990年頃から	＊「知的道具」としてのコンピュータ利用が始まる	
	・市販のCAI教材が出回る	・ワープロプロセッサ ・表計算ソフトウェア ・データベースソフトウェアなど
1994年頃から	＊「自己表現の道具」としてのコンピュータ利用が始まる	
	・市販のマルチメディアCAIやマルチメディア教材が出回る （問題解決型、シミュレーション型や情報検索型CAIも出現）	・統合ソフトソフトウェア ・図形作成ソフトウェア ・お絵かきソフトソフトウェア など
1996年頃から	＊「教育におけるインターネット元年」‥「受発信道具」としてのネット活用が始まる（「100校プロジェクト」が先導試行）	
	・ネット上のサイト（ネット教材）	・ブラウザ（インターネット接続・閲覧ソフト） ・テレビ会議室システム
2000年頃から	＊「IT教育元年」‥文部科学省はIT活用を促進。ミレニアムプロジェクトが始動し、NICERが開設される。	
	・官公庁や企業のサイトが急増 ・学習教材サイトも増加 ・e-learning教材	・ブラウザのバージョンアップ ・校内LANソフト ・プレゼンテーションソフトウェア
2004年頃から	＊「ユビキタス社会」に向けて発進。「IT新改革戦略」が策定される。ICTという呼称が多用され始める。	
	・Web子ども美術館や天体写真館など、Web上で配信される「デジタルコンテンツ」（ネット教材）の種類が増加 ・デジタル教科書 ・情報モラル教材	・ブラウザのバージョンアップ ・テレビ会議システム（e-交流） ・グループウェア（SNSなど）

【図表２】コンピュータ利用の変遷と主なデジタル教材の開発・流通

活用したりできた。

　それはコンピュータを学習活動の「知的道具」としての活用であり、しかも児童・生徒の主体的な学習活動が可能になるという主張もあって、「知的道具」としての使い方こそがコンピュータの特性を生かした活用法であると推奨されたのである。

　そのような事情もあって、当時の文部省は【図表1】で紹介したように、「図形作成ソフトウェア」、「表計算ソフトウェア」や「データベースソフトウェア」などのアプリケーションソフトウェアを「基本的応用ソフトウェア」と位置づけたのである。これまでの「CAI学習ソフトウェア」とは異なる新しい形態の「デジタル教材」が登場することになった。

　なお、1990年頃になると市販の「CAI教材」の種類や点数が急速に増加したが、学校の趨勢は「知的道具」（基本的応用ソフトウェアの利用）に移行し、CAI教材への熱意は急速に低下していった。

(3) 1994年頃には「自己表現の道具」としてのコンピュータ活用が叫ばれ始めた

　米国の「情報スーパーハイウエー計画（NII計画）」（1993年発表）の影響を受けて、にわかに我が国でも「マルチメディア」ブームが産業界を席巻した。「マルチメディア」はコンピュータと情報通信によるメディアの「デジタルな統合」を意味していた。

　メディアのデジタルな統合とは、「文字・図形・音声・映像など異種メディアを融合的に統合」することで、それらを通信で結んでインタラクティブな情報システムを構築しようとしたのである。その影響を受けて教育界も「マルチメディア」への関心が急速に高まった。[6]

　ワープロや図形作成ソフトさらに描画ソフト（例えばお絵かきソフト）など複数のソフトを統合した新しい形態の「統合ソフトウェア」が流通し始めた。「統合ソフトウェア」を使って「発表資料」を作成したり、「デジタル絵日記」を作成したりするなど、コンピュータを「自己表現の道具」として利用する学習活動への期待が急速に高まった。

　ここで使用される市販の「統合ソフトウェア」は「基本的応用ソフトウェア」の一種であり、新しいデジタル教材として脚光を浴びることになった。また、図形や文字、それに映像などを統合した「マルチメディアデータベー

ス教材」[7]）や「マルチメディア教材」（パッケージ型の教科別学習教材）などが流通し始め、CAIも文字だけでなく絵図・図形や映像あるいは音声を統合した「マルチメディアCAI」として新しい装いで登場した。

(4) 1996年は「教育におけるインターネット元年」、インターネットを利用した「受発信の道具」として活用する方向へと展開し始めた

　1995年に発売された「ウインドウズ95」（インターネットに接続できる閲覧ソフトを搭載）は爆発的に普及していった。産業界だけでなく学校教育の在り方にも大きな影響を与えた。

　インターネット教育利用の先導役になったのは「100校プロジェクト」（1994年〜1996年、通称SEC：（財）コンピュータ教育開発センターが運営）である。全国各地の気候や地形の違いを、植物（カボチャやサクラなど）の発芽・開花情報の相互交換を通じて学習したり、全国の環境汚染状況を酸性雨調査結果の情報交換によって学習したりするなど、「ヒア・ナウ」な「ネット教材」を活用する学習が始まったのである。

　それを可能にしたのは「ブラウザ」と呼ばれるソフトウェア（例、インターネット エクスプローラやネットスケープなど）の開発・流通である。この「ブラウザ」（「基本的応用ソフトウェア」の一種）をコンピュータに搭載することによって、全国のさまざまな「サイト」（ホームページのある場所＝URL）に接続して、そこに掲載されている内容（ネット教材）が閲覧できるようになったのである。しかも、それを自分のパソコンに取り込むこと（ダウンロード）もでき、プリントして利用することができるなど、「ネット教材」はこれまでの教材の概念に新しい息吹を吹き込むことになった。[8]

(5) 2000年は「IT教育元年」、ITを活用したネット教材の活用に一層の拍車がかかった

　政府は、IT基本法（「高度情報通信ネットワーク社会形成基本法」の通称）に基づいて電子政府政策（e-Japan）の推進を図った。文部科学省は「教育の情報化・ミレニアムプロジェクト」施策（2000年〜2005年）を策定し、すべての学校のすべての教室からインターネットに接続できるような情報環境の整備を目標に掲げた。

そのためには学習活動に利用できるネット教材の充実を図る必要があり、国立教育政策研究所で教育情報ナショナルセンター（通称「ナイサー（NICER）」）機能の整備を行うことにした。そのWebサイトは2001年8月に開設され、教室からアクセスして利用できるネット教材のデータベース化が図られたのである。
　このほかにも民間企業あるいは個人で教育に利用できる様々な学習向けのサイト（例えば「数学の部屋」）が立ち上げられ、インターネットを活用したe-learningの導入も始まった。またグラフ表示ソフト「ＧＲＡＰＥＳ」を数学の学習に活用したり、プレゼンテーションソフト（例、パワーポイントなど）を用いて教材作成を行ったり、「テレビ会議室システム」を使って遠隔地の学校の児童・生徒同士が情報交換するなど、様々な形態のデジタル教材が流通し始めた。
　とはいえ、文部科学省の調査によると、当時（2003年3月）はコンピュータを授業で使用して「指導できる教員」がようやく半数（52.8％）に達した程度で、デジタル教材の増加が必ずしもその活用に結びついていたとはいえない状況にあった。[9]

(6) 2004年「ユビキタス社会」に向けて発進、ネット教材としての「デジタルコンテンツ配信」のサイトが増加してきている

　総務省は2010年を目途にユビキタス社会を目指した「u-Japan」政策を策定した。文部科学省は「IT新改革戦略」（2006年1月策定）に基づく新しい「教育の情報化」段階（2010年まで）に入った。高速インターネットや校内ＬＡＮ設備の整備に一層の拍車がかかった。
　この頃から「IT」に代わって「ICT」（Information and Communication and Technology）という呼称が多用され始めるとともに、「デジタルコンテンツ」ということばも多く目に付くようになった。その背景には、NICER（教育情報ナショナルセンター）を始め、Webマップ〇〇市、日本地図センターの三次元閲覧地図ソフト、Webこども美術館、アイディア天体写真館やNHKデジタルクリップなど、Web上に配信される「デジタルコンテンツ」（ネット教材）の著しい増加がある。
　このほかにも教科書準拠の「デジタル教科書（国語、英語）」の活用が広がり始めているし、プレゼンテーションソフトを用いて作成する様々なデジ

タル教材が急速に増加している。また「テレビ会議システム（e-交流）」による遠隔交流学習も広まり始めている。

こうしてデジタル教材の種類が増加しその使用形態も多様化してきた。（社）日本教育工学振興会の調査によると、「教材提示」としての利用、「ツール」活用、「調べ学習」利用が中心で、これら「3大ソフトの使用形態は健在」であると述べ、その中でも「教材提示」が伸張する傾向にあると報告している。[10] デジタル教材の活用を教科別にみると、算数・数学、理科が中心で、ついで国語、社会及び総合的な学習（やや減少傾向）の順である。その他の教科はきわめて低調なのが実状である。なお、最近、注目したい1つに「情報モラル教材」を使った実践が目立ち始めたことがある。

以上、情報技術の急激な革新がコンピュータの利用法をめまぐるしく変化させ、それに伴ってデジタル教材が開発されてきた経緯や背景をみてきた。特徴的なのは、技術革新という名のもとに、コンピュータ中心の「テクニカル・プッシュ」（技術が教育を押し込む）の連続で「デマンド・プル」（教育上の需要が技術や教材を生み出す）に乏しかったことである。[11]

教育上の需要や教育技術の開発がコンピュータの利用法を創出し、それに見合ったデジタル教材を生み出していく「デマンド・プル」に転換していくためには、どんな工夫と検討が必要か、今後の課題である。

3. 学習活動からみたデジタル教材の特性

「デジタル教材」の種類や形態は実に多種多様である。ここでは全体的に見てデジタル教材には共通してどのような特色がみられるか、それを「学習活動」の側面から整理しておくことにする。

(1) 双方向の情報交換ができる教材（双方向性、受発信性）

第1は、学習者がコンピュータと対面して情報を交換しながら学習を深めたり（例、CAI学習）、空間的に離れた場所（地点）から情報（例、WEbページ）を受信したり、作成した教材を送信したりできることである。

CAI学習では、コンピュータの提示する情報（学習教材）に対して学習者が応答すると、その回答の良否情報が学習者にフィードバックされる。それ

を繰り返しながら個人のペースで自学できる。遠隔地にあっても教材を入手（受信）して質問に対して回答を送信すると、それに対するフィードバック情報が返信される。そのシステムを活用したのがe-learningである。

また、遠隔地の学校同士がテレビ会議室システムを使って、両校の児童・生徒たちがリアルタイムで学習上の情報を交換（受発信）しあって情報（教材）を共有し、学習を深めていくことができる。

(2) 収集した情報に追加・修正・合成など加工のできる教材（構成性）

第2には、自分でネットなどから収集した情報に他の情報を追加や修正したり、合成したりして新たな情報に構成し直して教材化できる。

学習者（又は教師）は収集した（入手した）教材に自ら手を加えて再構成しながら学習（指導）を深めていくことが可能になる。例えば、学習者がインターネット等の情報手段を駆使し、学習に必要な情報を検索・選択して、自分で収集し加工するなど能動的な学習活動を展開することができる。

このことに関して、平成20年版（2008年3月28日告示）の学習指導要領の総則（中学校、総則第4-2-（10））では次のように記している。

「各教科等の指導に当たっては、生徒が情報モラルを身に付け、コンピュータや情報通信ネットワークなどの情報手段を適切かつ主体的、積極的に活用できるようにするための学習活動を充実するとともに、これらの情報手段に加え視聴覚教材や教育機器などの教材・教具の適切な活用を図ること。」

(3) 異種の情報を複合した教材（マルチメディア性）

第3は、1994年頃から可能になった特性であるが、異種の情報（文字＝テキスト、絵図、図表、映像、音声など）を統合的に複合して、単一の媒体に記憶・保存することができることである。

学習者が「統合ソフト」を使って「絵日記」を作成したり、プレゼンテーションソフトを利用して解説（文字）や写真・絵図等をレイアウトし提示資料を作成したりして、自己表現力を育てる学習活動に活用できる。また、教師は、提示する教材の作成に際して、文字だけでなく写真や図表などの視覚資料を駆使し「わかる授業」づくりに活用できる。

(4) 現実を超克した内容に構成できる教材（バーチャル性）

　第4には、シミュレーション機能を使って実際には目に見えない事事や現象を可視化したり、実際（現実）には体験できない実験や演習について、それと同じような空間・時間状況を「情報」を用いてシミュレーションしたりするなど仮想の世界が演出できる。そういう特性がある。

　3次元閲覧地図ソフトを使って「手賀沼をフライトしよう」[12]という授業実践では、あたかも上空から地上を眺めているように立体地形図上を操作しながら移動する（飛んでいく）。VTRなどの映像とは異なった臨場感をもって主体的な学習活動が展開できる。

　与えられた教材を受け身的に「視聴」するのではなくて、学習者が主体的かつ積極的に「教材」に参加しながら学習を深めていくのである。

(5)「ヒア・ナウ」のナマ情報を収集して教材化できる（リアルタイム性）

　最後はネット教材に特有な特性であるが、情報通信ネットワークを駆使して、どこからでも、いつでも、時間と空間を超えて、教師も学習者も学習に関連した「ナマ」の直接情報をその場で即時に収集できることである。

　このリアルタイム性はこれまでの教材には期待できなかった。最新の統計や資料、ニュースなどを教科書や図書教材などと比較しながら活用すると学習が深まり活動を活性化できる。

　ただ、配信されているサイトの情報はほとんどが「素材」である。また事実であるという保証はない。正確な情報であるとは限らない。「おいしい情報」には落とし穴がある。それを見極められる鑑識力が必要である。危険性が同居していることを自覚して教材化することが肝要である。

　デジタル教材には以上のような様々な特性があるが、授業で使用すれば直ちにその特性が発揮されるわけではない。これまでの教材と同様に周到な授業の準備が必要である。また、デジタル教材を扱うに当たって、陥りがちな著作権の侵害やプライバシー問題への配慮などを忘れてはならない。

【引用・参考文献】

1) 文部省『情報教育に関する手引』ぎょうせい、1990年7月、69頁
2) 1989年版以降の学習指導要領（総則）では、「視聴覚教材や教育機器などの教材・教具‥」という文脈で用いている。

3) 参照：古藤泰弘『情報社会を読み解く』学文社、2004、pp.169～179
4) 昭和60年6月24日付け文部次官裁定による「昭和60年度新教育機器教育方法開発委託要項」では、「新教育機器」とは「近年における電子技術の著しい発達等に伴い教育用に活用されつつある機器をいう」と記している。委託を受けた（社）日本教育工学振興会では「新教育機器」を「パーソナルコンピュータ、ワードプロセッサならびにビデオディスク」と捉えて調査している。
5) 参照：古藤泰弘『CAI学習ソフトウェア作成の理論と実際』（財）才能開発教育研究財団、1988年
6) 参照：古藤泰弘「教育課題からみたマルチメディアの有効活用」（全国教育研究所連盟、全国研究大会、特別研究発表、1994.11.1）
7) 参考：①『テキスト　マルチメディア教育利用－マルチメディア素材データベース－』（財）学習ソフトウェア情報研究センター、1993年、②『日本教育工学会 研究報告集、特集・マルチメディアと教育』日本教育工学会、1993年
8) 参考：古藤泰弘＆淵野辺小学校共著『インターネットで総合的な学習を立ち上げる』明治図書、1999年
9) 文部科学省の「情報教育の実態に関する調査」（毎年実施）の調査項目に「コンピュータを使って指導できる教員」がある。2003年3月31日現在で、小学校教員66.3％、中学校教員46.1％、高等学校教員38.1％、全体で52.8％であった。なお、2007年3月現在、全体では76.8％に上昇している。
10) 『ＩＣＴの利活用！実践事例アイディア集 2008』（Vol.16）（社）日本教育工学振興会、2008年3月、p.3。この実践事例アイディア集は1992年より毎年発刊されている。
11) 古藤泰弘『情報社会を読み解く』学文社、2004年、p.180。
    参照：古藤泰弘「ITによる学習法―その革新性と問題点の検討」『学習指導の現代的課題』（財）学校教育研究所、2003年、pp.58～61
12) 小菅由之先生の実践「手賀沼上空を自由にフライトしよう」『コンピュータ実践事例アイディア集2005』（Vol.13）、（社）日本教育工学振興会、2005月3月、pp.26～27

vi 放送教材の教育機能

菊 地 紀 子
(きく ち のり こ)

1. はじめに

　放送教材は、NHKの学校放送番組、OHP、スライド、教材映画、ビデオ教材、レーザーディスク教材、コンピュータ用学習ソフト、マルチメディア教材等の視聴覚教材の一つである[1]。放送教材というと、放送大学の放送教材、NHKの学校放送番組が考えられる。適宜必要に応じて録画して使われることもあるが、基本的には決められた時間帯に公共の電波によって配信されるものである。放送大学の放送教材は、対面授業の代わりの教材であるのに対して、NHKの学校放送番組は、学習指導要領に基づいて制作される教材である。したがって、本論ではNHKの学校放送番組を放送教材として論ずることとする。

　小学4年生〜高校2年生対象に民間機関が行ったテレビ・ビデオ（DVD）を見る時間の調査[2]では「3時間くらい＋3時間以上」の子どもの割合は、小学生が33.5％、中学生が40.5％、高校生が27.6％で、中学生の4割が3時間以上テレビに向かっている、という報告がある。また、小学2・4・6年生、中学2年生、高校2年生対象に行われた文部科学省の調査報告書[3]のデータから、子どもの生活の中で「TV・ビデオ・TV（コンピュータ）ゲーム」の時間は、どの学年でも一番長く、「勉強」「塾や習い事」「学童クラブ・部活動」「友だちとの遊び」の五つの項目を合わせた時間の4〜5割になっている。最近の子どもは、勉強や塾、部活動など、さまざまなことで忙しいとはいえ、子どもが自由に使える時間の中で、テレビやビデオ、ゲームの占める割合が高いことにかわりはない、としている。

　これらのテレビ視聴は、教育的意図のない視聴であり、ほとんどの場合、子どもが見たい番組を子どもが選んでいることが考えられる。これに対して

放送教材は、教育的意図をもって制作された一般的に学校放送で用いる教材である。したがって、放送教材の視聴形態は、教師によって選定された番組をクラス全員が一斉に視聴することとなる。

　先に述べたように、自由な時間の子どもの視聴傾向は、長時間、視聴浪費現象となっており、それを転換させ、真の放送教材の教育機能の回復が必要であると考える。そのためには、放送教材の制作過程からその教材の活用状況、活用効果、論題の放送教材の教育機能、教育実践現場の放送教材活用による、子どもの視聴能力の分析から考察するものである。

　本論のねらいは、放送教材が教育的にどのように利用され、その効果があるか、いわば放送教材の教育機能を明らかにすることである。

2. 放送教材の制作過程

　NHK学校放送利用ガイドによると、「全国学校放送利用状況調査（NHK放送文化研究所）、ホームページ等に寄せられた要望、NHK学校放送研究委嘱校での番組利用研究調査、放送教育研究会での発表や意見等を考慮しながら、次年度の方向性を模索し、「教育放送企画検討会議（ブロック）」で、意見交換を行う。その意見や意向を踏まえて、具体的な学校放送の番組計画を立案し、「教育放送企画検討全体会議」で審議される。こうして作られた原案を、各教科別シリーズごとに置かれている学校放送番組委員会にかけて意見を求め、具体的な放送内容やテキストの内容について諮問し、それに基づいて番組制作が行われる[4]。」とある。

(1) 放送教材の種類

　表1に番組時刻表の一部を抜粋した[4]。

　小学校における放送教材は、教科で用いるものと総合的学習で用いるものとがある。国語、算数、理科、社会、道徳、音楽、養護、特別支援教育、総合的な学習の時間があり、教科別に制作されている。中学・高校では、学習指導要領に準拠した内容で構成されたものやさらに発展させた内容のものがある。10min.ボックス、ティーンズTV、ミクロワールド、仕事ガイダンスという番組がある。

小学校では、表1でわかるように、いずれも15分の番組で、授業中に視聴できるように、平日の日中に放送されている。学校の年間指導計画に合わせられるように、学期単位の放送計画で、番組によっては、その週に再放送するなど、時間割に合わせやすいように配慮されている。

表1　平成20年度学校放送番組時刻表　[教育テレビ]

		月	火
9	00	ざわざわ森のがんこちゃん[1年道徳]	おはなしのくに[2・3年国語]
	15	つくってあそぼ[再]幼稚園・保育所	ピタゴラスイッチ[再]幼稚園・保育所
	30	理科3年ふしぎだいすき[3年理科]	しらべてゴー！[3・4年社会]
	45	みてハッスルきいてハッスル[特別支援教育]	ストレッチマン2[養護・障害]
10	00	理科4年ふしぎ大調査[4年理科]	伝える極意[5・6年総合・国語]
	15	理科5年ふしぎワールド[5年理科]	日本とことん見聞録[5年社会]
	30	こどもにんぎょう劇場[1年国語]	つくってあそぼ[幼稚園・保育所]
	45	理科6年ふしぎ情報局[6年理科]	見える歴史[6年社会]

(2) 放送教材の開発

　放送教材は、学習指導要領に準拠しながらも、NHK学校放送部プロデューサーの教材観に基づいて編集されるものである。内容としては、映像でしか表現できない内容であり、内容によってはドキュメンタリーであったりすることから、臨場感があり、放送教材の特性としての人間ドラマ性や迫真性、人間性、資料性のある内容となっている。また、主人公が、共感的認識を深めるための観察実験モデルとなることもある。

3. 放送教材の活用

　放送教材は、制作者の作成意図と、見せる教師の学習指導上のねらいと、見る子どもの受け止め方と、三者の思いや願いが一体となってはじめて、活用効果が期待できるものであると考える。

(1) 利用形態

　放送教材の利用の仕方は、学校・学級の指導計画に基づいて、教師の学習指導上のねらいに合わせて番組を選び、生丸ごと（パーフェクト視聴）利用したり、必要な部分だけを利用したりすることがある。放送時間帯に合わせて授業が組めない時は、録画して利用されることになる。録画しておくと繰り返し視聴することが可能となり、学級で起こった様々な事象に対して、トピック的な利用をすることも可能となる。いずれにしても、制作者の設計した番組構成（NHK教育放送計画）と、学校の教科等の指導計画とを融合させた「放送教材活用指導計画」を作成することが望ましいと考える。NHK放送文化研究所による「学校放送利用状況調査」は、隔年で行われている。各教科の利用率を番組ごとに表2に示した[5]。利用率が高い教科は、理科、社会、道徳である。利用率等から番組の再編が行われている。

(2) 視聴形態

　放送教材の視聴形態は、各教科やテーマによって制作されている番組であるが、内容によっては教科横断的に視聴計画を立てることで、連続視聴や継続視聴が可能となる[6]。教師は、事前にホームページやガイドブックなどで内容を把握し、視聴させる時には、教師の学習指導上のねらいに合わせて、テーマを与えてイメージ化させることで、効果を期待する視聴形態がある。すなわち番組タイトルを紹介したり、番組内容に関連する質問をしたりすることにより、子どもの既習経験を想起させることで、子どもの中に視聴する心の準備ができることとなり、効果を期待するものである。

　反対に何の前触れもなく、すなわち、テーマを与えずいきなり視聴させることで、より深い感動を期待する視聴形態もある。

　いずれの場合も視聴するだけで終わることなく、学級全員で意見交換を行い、他者の意見を聞くことによって、同じ番組を見ても受け止め方や感じ方は、それぞれ違うことを理解し、さらに、自己を見つめる機会とすることができる。授業時間の制約によって意見交換の時間が持てない場合には、視聴ノートを書かせることによって、番組内容を振り返り、自己対象化させることに役立たせることができるのである。

　放送教材の活用で最も重要なことは、現実の雛形である映像、音声、言語情報を動機づけとし、実際の体験にどう結びつけさせることができるかとい

表2　2006年度教科別個別番組利用率（小学校）

教科	番組名	利用率（%）
国語	こどもにんぎょう劇場[1年国語]	16.6
	はじめてのこくごことばあ！[1・2年国語]	7.2
	おはなしのくに[2・3年国語]	14.1
	わかる国語読み書きのツボ3・4年[3・4年国語]	5.6
	わかる国語読み書きのツボ5・6年[5・6年国語]	3.9
算数	かんじるさんすう1、2、3！[1〜3年]	6.4
	わかる算数4年生[4年]	4.9
	わかる算数5年生[5年]	4.1
	わかる算数6年生[6年]	3.3
理科	理科3年ふしぎだいすき[3年理科]	30.7
	理科4年ふしぎ大調査[4年理科]	30.3
	理科5年ふしぎワールド[5年理科]	33.9
	理科6年ふしぎ情報局[6年理科]	26.0
社会	しらべてゴー！[3・4年社会]	13.3
	日本とことん見聞録[5年社会]	18.0
	にんげん日本史[6年社会]	28.8
道徳	ざわざわ森のがんこちゃん[1年道徳]	42.3
	バケルノ小学校ビューードロ組[2年道徳]	34.0
	さわやか3組[3・4年道徳]	28.1
	道徳ドキュメント[5・6年道徳]	24.8
総合的な学習の時間	えいごリアン3[3年総合・英語]	10.0
	えいごリアン4[4年総合・英語]	6.7
	スーパーえいごリアン[5・6年総合・英語]	7.7
	みんな生きている[3・4・5・6年総合]	6.4
	おこめ[3〜6年総合]	12.2
	南極[3〜6年総合]	1.3
	たったひとつの地球[3〜6年総合]	6.9
	川[3〜6年総合]	3.6

うところであると考える。実際には体験することのできないことを、映像を通して疑似体験することで、子どもたちの日常が変わり、交友関係が変わることを目の当たりにすることによって、活用効果を実感することができるものと考える。

4. 放送教材の有用性

　放送教材の有用性について、総合的な学習の時間の利用を想定して制作されている、小学校3～6年生対象の「みんな生きている」という番組を例として検討する。

(1)「みんな生きている」番組の構成

　「みんな生きている」の番組コンセプトについて、NHKのガイドブックでは、次のように述べている。

　「この番組では、子どもからお年寄りまで、さまざまな人間の姿を追ったドキュメンタリーを通して、人はひとりで生きているのではないこと、一人ひとり違った感じ方・考え方があることに気づき、「いのち」の重さ、尊さを感じ取ってほしいと願っている[4]。」

　「みんな生きている」番組は、1話完結の15分番組を年間20本放送している。平成20年度のタイトルと主な内容は、表3のとおりである[7]。タイトルと主な内容を見るだけでも、制作者の思いや願いが伝わってくる番組構成となっている。

　また、表3から番組構成を次のように分類することができる。一つは、「生命9番組」、二つは、「人間関係5番組」、三つは、「環境・文化2番組」、四つは、「人間の生き方・在り方4番組」である。この関係性を示したものが図1である。

(2)「みんな生きている」番組の利用

　番組コンセプトにあるように、生命教育としての利用が見込まれ、総合的な学習の時間に利用されることが多いと考えられるが、年間20本の番組を継続して利用するには、その他の教科の指導内容に合わせて、利用計画を立

表3　平成20年度「みんな生きている」年間放送計画

学期	タイトル	主な内容
1	ひとつのいのち	（生命の誕生） 自分が誕生したとき、周りの人たちはどんな気持ちで迎えてくれたのか考える。
	捨てられる命	（自然・生命） 人間と動物との共生や関係性、動物の命について考える。
	夢中になれること	（自分の好きなこと） 好きなことをいきいきと楽しむ子どもの姿を通して、自分が夢中になれることについて考える。
	わたしの住む世界	（障害・難病） 障害のある人や難病の人の生活を通して、理解を深める。
	外国から来た友だち	（国際理解） 外国から来た子どもたちへの理解を深め、共に生きることについて考える。
	友だちがいてくれるから	（友情） ライバル関係、親友関係など友だちとの関係、友だちの存在について考える。
	力を合わせて	（友情・チームワーク） みんなで何かを成し遂げる感動や喜びを通じて、協力することやチームのきずなについて考える。
2	大自然の中で	（自然） 自然とかかわり、楽しむ遊びや子どもの様子を通して自然への親しみを深める。
	おじいちゃん・おばあちゃんってすごい	（高齢者・家族） 祖父母と自分との関係や祖父母が自分について思っていることなどについて考える。
	戦争ってなんだろう？	（平和・生命） さまざまな戦争体験を通して、戦争の悲惨さ、平和の大切さについて学ぶ。
	最後まであきらめない	（努力・苦手克服） 苦手なことに挑戦する姿を通して、あきらめないこと、努力することの大切さについて考える。
	たった一人のきみ	（自信・自尊心） 自分の良いところ、悪いところなど、自分自身への理解を深め、自信を持つ。
	ふるさとを知りたい	（地域・伝統） 自分の住む地域や生まれ故郷の伝統、新しい発見などを通して親しみを深める。
	いのちの重さ	（生命・人間愛） 命は誰のものも尊いものであること、人間関係の大切さ、支え合いの大切さについて考える。
	わたしの家族	（家族） 父母との関係、兄弟との関係、家族の中の自分の存在など、家族のあり方について考える。
3	食べものの恵み	（自然・生命） 動物や植物など自然の恩恵について考える。
	わたしの宝物	（自分理解・肯定） 自分が持っているこだわり、ユニークな趣味、遊びなどを通して、自分が大切にしている事について考える。
	いのちを救いたい	（生命） 日々「命」と向き合い、救うことに努めている人々の現場を通して、命の尊さ、重さを考える。
	わたしの生き方	（生命） 病気を克服して生きている人、日々「死」と向き合いながらも生き生きと過ごしている人の生活ぶりを通して生きることの意味を考える。
	新たな旅立ち	（成長） 新しいクラス、卒業など新たな一歩を踏み出す自分と向き合う。

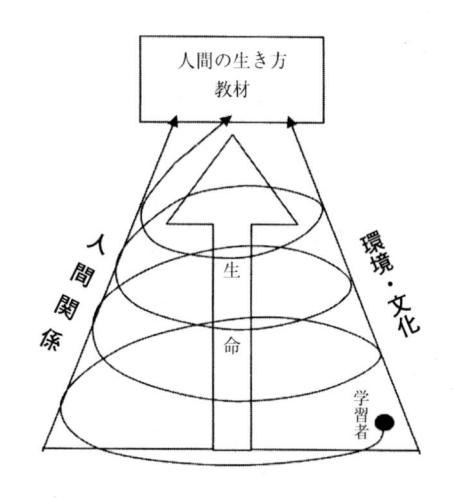

図1　学びの構造

てる必要がある[6]。

　表3の番組構成を手がかりに、筆者なりの「学習構造」を示すと図1となる。この図1の学習者は、「みんな生きている」番組を継続視聴する過程で、生命の大切さ、その尊厳性を軸として、スパイラルに「自分の生き方、在り方」へと深化・向上することが可能となる。その際、学習者にとっての生きる基盤として両側には、「人間関係によって構成される社会的側面」と、「生きることに必要不可欠な所与の条件としての環境・文化的側面」とがある。この両側の学びによって、「みんな生きている」ことの実感的認識ができるのである。

(3)「みんな生きている」活用効果の分析
①小学生の場合

　金子ら[6]の報告によると、番組内容と似た経験のある子どもとない子どもでは、その感じ方や考え方が違い、また、視聴経験によっても捉え方が違うことを明らかにしている。さらに、1年間継続視聴したことによって、子どもたちの日常が変化したことを報告している。すなわち、子どもたちは継

続視聴において、生命や人間関係、環境・文化の持つ意味の理解を踏まえた「自己理解」「自己対象化」し、自ら生きることへの意識方向性を構築していることが示されているのである。

② **短期大学生の場合**

　菊地ら[8]は、「みんな生きている『友だちってなに？』」という小学校3〜6年生対象の番組に、教育的価値があるとするならば、学齢を越えて映像の語る思想が、視聴する者に対して反映的に訴えるはずであるとの考えから、養護教諭養成課程の学生に視聴させ、実践的指導力の形成に役立たせようとしたものである。すなわち、養護教諭という職務についたときに「子どもにどう関わっていくか」「どのような心配り、心構えで子どもたちと接していったらよいか」等について、共感的理解を深める目的で視聴させたものである。

　番組内容を表4に示した。視聴後の学生の反応傾向は、表5のとおりである。

　「みんな生きている『友だちってなに？』」の番組内容は、表4のように、「普通学級に通う全盲の女の子。彼女は元気な性格で、友達と一緒に遊ぶのが大好き。でも、周りと同じペースで動けないので、一人で過ごして寂しく感じることもある。彼女には仲のいい友達がいる。性格が正反対でおとなしい性格だが、困った時にはいつも手を差し伸べてくれる。そんな二人を見て、クラスのみんなもだんだん変わってきた。」である。

　全盲の育実ちゃんの生きようとする姿に、友だちと文通するために「音声コンピュータ」で手紙文を作り交流している努力の姿に「A客観的事実を列挙」する者は81％、育実ちゃんやその周りの人への「B共感的理解」を示す者は54％であった。特に学生の視聴後のノートから分析的に考察したことは、教師になったならば障害を持っている者への優しさ、思いやりで子どもたちに関わっていきたいという「D人間存在的把握から自己対象化」（44％）した者がいたことと、将来養護教諭としての障害者への関わり方、接し方について「E養護教諭としての『生き方探求』」（29％）をした者がいたことである。放送教材は、映像に対する学生一人一人の感性と認識の違いによって、A〜Eのように多様な捉え方をするものである。学生の反応の中に「テレビ教育は『思いやり』や『優しさ』を学ぶのに最適な教材だと思った。」ということを述べた者がおり、放送教材はいかに学生の感性と認識を揺さぶり、

表4 「みんな生きている『友だちってなに？』」番組内容

Time	映像	音声(話し合い)
40(秒)	1．花に触る。触れ合う。 友達と花と育実ちゃんが触れ合う。 (小学校3年生) ●理科の時間。 花の匂いを嗅いで観察する。	●音楽。前奏(イルカ)
25(秒)	2．ドッヂボール。手をつないで逃げる。 ●体育の時間。育実ちゃんが親友の星野友希ちゃんと手をつないで逃げる。	
40(秒)	3．黒板を拭く。 (石田理久ちゃん) ●石田理久ちゃんは、友達を作りたい。でも、まだいつも友達に囲まれている育実ちゃんに声をかけられないでいる。	
20(秒)	4．友達と触れ合う。1年前から有希ちゃんと育実ちゃんは交換日記をしている。	●交換日記をつけている。
50(秒)	5．廊下をつたい歩く。 (手さぐりながら)	●特殊学校ではない。 ●沢山の友達を作りたくて今の小学校に入学した。
25(秒)	6．下校。あいさつ。母親と手をつなぐ。家路につく。 ●学校の行き帰りは母親と一緒。	●母親と一緒。
75(秒)	7．家で自習。点字で読む。(算数) ●教科書はお母さんが点字に打ち直したもの。 ●指先でなぞりながら文字を書く。	●点字で打ち直す。 ●繰り返し学ぶ。 ●書いた文字をたどって読む。
155(秒)	8．交換日記―じっと聞いている。読んでくれた話で微笑む。 ●友希ちゃんが書いてくれた交換日記を母親が読む。 ●学校に行くと色々な人に出会えるし、みんなと遊べるから楽しい。学校が好き。	●日記を読んでくれた。「育実ちゃん、前、親友って言ってくれて有難う。ラッキー」 ●学校から帰ってからわからない。 ●学校は好きー「？」なんか学校へ行くと、なんかみんなと遊んでくれる。
50(秒)	9．パソコン(音声)を打つ。 文 ●友希ちゃんに返事を打つ。(パソコンの音声を頼りにして)	●育実ちゃんの気持ちをパソコンを頼り。コミュニケーション。
47(秒)	10．先生に見せる。(算数の時間) 先生、評価する。 ○つけ。	●算数が嫌いだが、毎日練習。クラスのみんなは、すごいなーと言っている。
23(秒)	11．鉄棒が出来るようになった。	●得意な鉄棒の練習。 ●放課後や休み時間に何度も練習をした。育実ちゃんの姿を見て、鉄棒の苦手な友希ちゃんも頑張って練習しよう

		という勇気が出てくる。
27(秒)	12. 友達(星野友希ちゃん)育実ちゃんについて話す。	●もし、「出来なくても」育実ちゃんが教えてくれて「育実ちゃんがいるとほっとするんだよ」友希ちゃんの言葉。
30(秒)	13. 理久ちゃん 育実ちゃんの教科書を拾ってあげる。	●育実ちゃんの教科書を拾ってあげる。
65(秒)	14. なわとびに誘い。「なわとびをする」(校庭) 育実ちゃんは皆と一緒になわとびをするのが大好き。理久ちゃんも一緒に遊ぶ。	●育ちゃんに跳ぶ方向を教えている。 ●友達が「育ちゃん、育ちゃん」と声を掛け、誘導する。
125(秒)	15. 理久ちゃん。 教室に早く着く。 「声を掛ける」机へ案内する。(机)目線を合わせる。理久ちゃん。	●目の見えないお友達と触れ合うのは初めて。 ●理久ちゃんは「勉強にも遊びにも頑張る育実ちゃんはかっこいいな」と思う。だから、もっと、もっと仲良くなって育実ちゃんの事を知りたい。
30(秒)	16. 友達。点字の勉強を始めた。	「友達って？一人、ひとり性格は違うけれど、とても仲の良い友達。そんな友達が増えると自分の世界が広がっていくんだね。」
30(秒)	17. 友人3人	音(イルカ)

　高めているかがわかる。このように放送教材は、年齢を超えてテレビに登場する人間との出会いによって、素直な反応傾向を示し得る教育的価値を有しているといえる。放送教材は、人間への共感的理解を深めるとともに、自分を見つめ将来、自分が養護教諭になったならばかく在りたいという願いや問題意識を高めるのに有用であったと考える。

　以上のことから、「優れた教材」であれば、学年、年齢を超えて視聴者への強烈にして冷静な刺激を与え、教材の意図する「人間理解」「自己理解」を深めることができる、ということを、先に述べた小学生に対する実践と、短期大学生に対する実践が如実に物語っているのである。すなわち「放送教材」は、視聴する子どもの視聴能力育成への期待に裏打ちされた、教師の教材観に基づき、開発・活用されることが緊要であるという結論に導くことができよう。

表5　「みんな生きている『友だちってなに？』」番組視聴後の学生の反応傾向（75名中）

分析視点	反応傾向	頻度数
A 客観的事実の列挙	・障害児が健常児に支えられていた。みんな同じ。 ・いろいろなことに挑戦している育実ちゃん（なわとび、点字）努力家、がんばっている。 ・目が見えないというハンディに負けない生活をしているのに感心した。	61 (81%)
B 共感的理解	・支える母親、環境であり、親友、周りの友達の振る舞いに感動した。 ・母親は労力を惜しまず、全力で支え、愛情を注いでいて、素晴らしい。 ・育実ちゃんという子が本当に力強い子だなーと思った。目が不自由で勉強も運動もハンディに負けないで生活している。	41 (54%)
C 社会的行動意識	・クラスの一員として受け入れ、他のみんなと同じように接していた。 ・自らの考え方のスタンスを広げ、柔軟性を持ち、円滑に人間関係が進むよう、社会と人が過剰な関わりがない。ごく自然。 ・1人の子どもを中心に周りにいる子どもたちが向上していく。そしてその子ども自身も向上していく。とても素晴らしい人間関係を築いていたと思う。また、とても良い形での障害者と健常者の関わりでもあり、健常者同士の関わり合いであったと思う。	39 (52%)
D 人間存在的把握から自己対象化	・私も小学校時代に心臓病の子と毎日一緒に居たことを思い出し、自分が教師になったら、優しいクラスにしたい。 ・障害などという枠を越え、「人間」という領域で、強い絆で結ばれていると思った。考え方の幅が広がった。 ・私は体に何の障害もないのに、こんないい加減な生活をしていて良いのだろうか。もっと自分の人生を一生懸命生きていかなければならないだろうと思った。	33 (44%)
E 養護教諭としての「生き方探求」	・障害者という先入観を持って見ないで、様々な子供に、適切な指導を目指す。 ・中学校時代同じクラスに知的障害の子が二人いたが仲良くなかった。今思うと仲良くなりたかったと思う。 ・私が目指す養護教諭は様々な子どもたちと接することになる。その中には障害を持った子もいるかもしれない。私はどんな子どもに対してもいつも平等に優しく接していくことを誓いたい。	22 (29%)

5. おわりに

　放送教材として、NHKの学校放送番組を中心に検討した。その中でも本論が検討対象とした「みんな生きている」は、総合的な学習の時間が始まる前から放送され、平成20年度で放送開始15年目を迎えた[7]。総合的な学習の時間は、平成14年度より本格実施となった。それ以前は、特別活動や道徳などで利用されていたと考えられる。その他の教科においても番組内容によっては、有効に活用できるものであると考えられる。また、小学生向けの番組であっても、ドキュメンタリーであることから、臨場感があり、放送教材の特性としての人間ドラマ性や迫真性、人間性、資料性のある内容となっているため、幅広い年齢層に対して有効に活用できるものであると考えられる。また、主人公が、共感的認識を深めるための観察実験モデルとなることも考えられる。

　先にも述べたように、わずか15分の番組の中で、まるで自分が主人公になったかのように涙を流し、共感的理解を示す姿には、年齢を問わず視聴者に訴えるものがあり、「放送教材」の人間ドラマ性によるものと考える。これらのことから、放送教材は、個々の視聴者の感性を磨く有効な教材となりえると考える。また、クラス全員で一斉に視聴することによって、認識の共有を図ることができ、視聴後からの行動への動機づけとなることが考えられる。そして何よりも自己変容を促す最適な教材であると考えられる。

　昨今、社会的基盤である家庭が核家族となり、さらに兄弟姉妹のいない一人っ子が増える傾向にある。多くの子どもたちは、生命の誕生や死による別離、自分より弱い者へのいたわりを、身近に直接実感する機会が少なくなる傾向にあると考えられる。また、都市開発等により、自然環境も身近なものではなくなってきている。このように、身近で実際に体験できなくなってきていることに対して、放送教材は、疑似体験ができる教育機能も有していると考える。

　学校放送の歴史は長く、50年余り前に遡る。その間、番組制作者、利用する教師、活用する子どもの視聴様態を反芻しながら、「優れた放送教材の開発、利用」の検討をして今日に至っているのである。その活動の中心が全国放送教育研究会である。本論はそうした歴史の上にあることを付け加えておきたい。

参考文献

1) 日本教育年鑑、ぎょうせい、1992、P159
2) 第1回子ども生活実態基本調査報告書、Benesse教育研究開発センター、2005
3) 児童生徒の心の健康と生活習慣に関する調査報告書、文部科学省、2002
4) NHK学校放送利用ガイド2008
5) 渡辺誓司、小平さち子：デジタル時代の教育とメディア①学校教育現場のデジタル化とメディア利用の展開－2006年度NHK学校放送利用状況調査から－、放送研究と調査MAY2007、日本放送出版協会、2007、P28
6) 金子実、高野健一、後藤大二郎、中村俊哉、鶴田裕子、寺村勉、森田和枝、上野真理恵、阿部節子、佐島群巳：放送教材活用による視聴能力の形成－NHK学校放送「みんな生きている」を活用した心の育成－、教材学研究18、2007、pp.209～218
7) NHKテレビ・ラジオ学校放送小学校3年平成20年度1学期、日本放送出版協会、2008、pp.94～95
8) 菊地紀子、佐島群巳：養護教諭養成における実践的指導力形成に関する研究－「実践事例」「視聴教材」の活用を中心に－、教材学研究14、2003、pp.217－222

地域社会と教材

新井　郁男
（あらい　いくお）

はじめに

　アメリカでは、1930年代における社会的、経済的変動の中でコミュニティ・スクールの運動が登場し、それは青少年の発達にみられる病理という新たな社会的要因も加えた現代の変動社会の中であらためて見直されているが、わが国においてコミュニティ・スクールが注目されたのは第2次大戦後のことであった。わが国では大正期に進歩主義の理念による教育実践がみられたが、それは一部の私立学校や師範学校の付属学校においてで、オルセンが1945年に刊行した *School and Community* でアカデミックな学校、進歩主義学校に続く第3段階の学校に位置づけたコミュニティ・スクールがわが国の教育界において注目されるようになったのは第2次大戦直後のことであった。

　これはアメリカ使節団報告書の影響によると思われる。アメリカ占領軍は、昭和20年10月22日の「日本教育制度ニ対スル管理政策ニ関スル件」において、極端な国家主義と軍国主義を排除し、これにかえて新しい教育方式を導入し、教養のある、平和を愛し、かつ責任を重んずる国民を育成するという根本方針を打ち出した。そしてこの方針を実施するための教育改革が進められることとなった。特にカリキュラムの改革はその基軸をなすものであった。昭和21年3月31日に連合軍最高司令官に提出された第1次米国教育使節団報告書は、第1章において「日本の教育の目的及び内容」という項を置き、カリキュラムの改革を特に重視した。

　使節団報告書は、カリキュラムに関して、知識のために知識を伝えるようなものでなく、「先ず生徒の興味から出発して、生徒にその意味がわかる内容によって、その興味を拡大充実するものでなければならない」こと、また、

「特定の環境にある生徒が出発点でなければならない」ことというカリキュラム編成の基本原理を提起している。ここでいう「特定の環境」というのは、まさにコミュニティを想定したものといってよいであろう。

こうした使節団報告書を踏まえた教育改革を行なうべく、昭和22年5月23日に学校教育法施行規則が制定され、そこで「教科課程、教科内容及びその内容については、学習指導要領の基準による」と定められ、教材の開発・作成もこの学習指導要領に照らして行なわれることとなった。そういう意味で、以下においては、「地域社会と教材」にかかわることが学習指導要領においてどのように提示されていたかを昭和22年の学習指導要領（試案）から平成20年3月末に告示された学習指導要領までたどり、今後の課題について考えてみることにする。

1 学習指導要領にみる「地域社会と教材」を考える視点

(1) 昭和22年度学習指導要領一般編（試案）

戦後初めて文部省の著作として出された昭和22年の学習指導要領（試案）は、序論において次のように述べている。

「これまでの教育では、その内容を中央で決めると、それをどんなところでも、どんな児童にも一様にあてはめて行こうとした。だからどうしてもいわゆる画一的になって、教育の場での創意や工夫がなされる余地がなかった。‥‥‥たとえば、四月のはじめには、どこでも櫻の花のことをおしえるようにきめられたために、あるところでは花はとっくに散ってしまったのに、それをおしえなくてはならないし、あるところではまだつぼみのかたい櫻の木をながめながら花のことをおしえなくてはならない、といったようなことさえあった。また都会の児童も、山の中の児童も、そのまわりの状態のちがいなどにおかまいなく同じことを教えられるといった不合理なこともあった。」

以上のように、戦前の教育の画一性の不合理を指摘した上で、この問題を解決するための第一の研究課題（要領は「問題」と表現している。）として、「わが国の一般社会、ならびにその学校のある地域の社会の特性を知り、その要求に耳を傾けなければならない。」ことを指摘している。教材はこのよ

うな地域の特性を踏まえて開発・作成されなくてはならないという視点が示されているのである。

　さらに研究のありかたについて、「それが単なる思いつきや主観的なものであってはならないことはもちろんである。その研究がいつも確実な基礎を持った科学的な考え方でなされなくてはならない。それには特に指導の結果を正確にしらべて、そこから教材なり指導法なりを吟味することがたいせつである。」と述べている。

(2) 昭和26年度学習指導要領一般編（試案）

　昭和26年に改訂された学習指導要領一般編（試案）では、序論で「教師は、学習指導要領を手びきとしながら、地域社会のいろいろな事情、その地域の児童や生徒の生活、あるいは学校の設備の状況などに照らして、それらに応じてどうしたら最も適切な教育を進めていくことができるかについて、創意を生かし、くふうを重ねることがたいせつである。」と述べ、「学習指導要領の使い方」の項において、地域社会の観点が次のように提示されている。

　「文部省で編修された学習指導要領に示された学習内容は、全国の学校が、その地域の差に応じて選択することを予想して書かれてあるから、都市・農村・山村・漁村の学校、あるいは、工業地帯・商業地帯・住宅地帯などにある学校は、それぞれの地域の事情に応ずるように学習内容の選択がなされることが望ましい。」

　また、教材に関して、「いろいろな視覚・聴覚の材料をも補充して教科書の学習をいっそう豊富なものにする必要がある。」と指摘されているが、これは地域の教材化にあたっての重要な視点でもあろう。

(3) 昭和33年度以降の学習指導要領

　昭和22年度と26年度の学習指導要領は試案として文部省の著作物として出されたものであったが、昭和33年度から（小・中学校の場合）、学習指導要領は文部省告示として示されるところとなり今日にいたっている。このような学習指導要領の性格は昭和33年度から基本的に変わったが、「地域社会と教材」という点からみたとき、どのような変化があったのであろうか。

　小学校の昭和33年度改訂学習指導要領をみると、第1章総則第1教育課程

の編成1一般方針において、「各学校においては、・・・・・地域や学校の実態を考慮し、児童の発達段階や経験に即応して、適切な教育課程を編成するものとする。」と述べ、第2指導計画作成および指導の一般方針においても、「地域や学校の実態を考慮し、児童の経験に即応して、具体的な指導の目標を明確にし、実際に指導する事項を選定し、配列して、効果的な指導を行なうようにすることと」というように、地域の実態に応じるべきことを強調している。教材という文言はみられないが、地域の実態に応じるという原理は、当然、授業などで使う教材にも適用すべきことであるといってよいであろう。この原理は、中学校の学習指導要領においても、「児童」が「生徒」に変わっているだけで、全く同様である。

学習指導要領は昭和33年度以降、ほぼ10年ごとに大改訂が行なわれてきているが、「地域や学校の実態」に応じるという原理は一貫して踏襲されてきている。しかし、教材自体に関しては明示的な言及はなされてはいない。そこで以下においては、「地域の実態に応じる」という原理を教材についてはどうのようにとらえればよいのかについて若干の考察を行なうことにする。

2　「地域の実態に応じる」ということをどうとらえるか

まず、「実態に応じる」とはいかなる意味かを考えてみる。一般に、「〇〇に応じる」という場合、その応じ方には二つの方向が考えられる。ひとつの方向は、〇〇を肯定し維持発展させようとする方向であり、もうひとつの方向は、〇〇を否定する方向である。たとえば、地域の伝統とか慣習といったことを考えてみるとよい。これには受け継いでいきたいものと否定したいものもあるであろう。ここで重要なことは、肯定するか否定するかは客観的なことではなく、個人や世代などによって異なるであろうことである。旧住民と新住民との間でも異なるであろう。したがって、地域社会を教材という観点から考える際には、こうした実態を応じる必要がある。

3　地域社会をどうとらえるか

　ここで重要なことは、即すべき地域社会とか地域をどうとらえるかということである。地域社会は英語のcommunity（コミュニティ）に対応する言葉であるが、これには共同体、共同社会、地域共同体という訳もある。コミュニティにはこの訳からも推察されるように地域性と共同性という二つの側面があるが、共同性が高度経済成長過程で失われてきた。近年は、失われた共同性の回復が社会的課題となっており、そのための運動が多くの地域において展開されている。このような動向も教材開発において踏まえることが重要であろう。

　また、地域社会といったときの地域の範域をどう考えるかも重要である。学習指導要領に示されている地域は学校の置かれている地域、子どもの生活範域としての地域、すなわち近隣地域であるが、教材という観点からは、地域は空間的にも時間的にももっと広くとらえるべきであろう。社会科のカリキュラム編成の原理に、教材は子どもが発達段階に応じて経験する社会生活の拡大に応じて考慮すべきだとする「同心円拡大方式」と呼ばれる原理があり、学習指導要領でもこの原理が想定されているように思われる。このような系統性原理には、どれだけの合理的根拠があるかについて種々の疑問が提起されているが、特に高度情報化が進展するなかで、子どもたちの直接、間接の経験・体験が拡大している状況を考えるとき、地域を近隣社会から順次拡大して教材化する方式は再考を要するであろう。

　関連して重要と思われることは、地域を環境としてとらえる視点である。地域社会の教材化は、従来、社会科中心に考慮されてきたが、地域を環境ととらえることによって、自然や文化にも目が向けられるようになるであろう。地域の素材を教科横断的—クロス・カリキュラー的—に取り上げることが可能になるであろう。

4　地域社会を教材化する10の原理

　オルセンは、成功している地域社会を踏まえた教育実践を考察し、それが10の原理に従って運営されていると指摘している。あらためてそれに注目

することは「地域社会と教材」の問題を考える上で意義があるであろう。10の原理とは以下のようである。
（1）学校と地域社会との間の関係に関して、次のような三つの総括的目標を設定している。
　（a）社会的理解（social comprehension）－変化する文化の理解を深める。
　（b）社会的動機（social motivation）－民主的社会改造に対するインセンティブをつくる。
　（c）社会的技能（social skills）－地域社会への参加やリーダーシップの能力向上を図る。
（2）地域社会を学校の「サービス・エリア」（service area）と定義づけているが、それを直接的かつ恒常的に、州・国・世界というより広いエリアと関連づけている。
（3）あらゆるコミュニティー近隣であるか遠隔か、現代か昔かにかかわらず－について、次のような三つのレベルの文化を学習すべきだとしている。
　（a）物質文化（material culture）－人々がつくり使用した物や地理的な要因
　（b）制度的文化（institutional culture）－人々の大衆的な習慣や慣習
　（c）心理的文化（psychological culture）－人々を動機づけている信念
（4）物的な環境（physical setting）、社会過程（social process）、社会構造（social structure）、社会問題を重要視し、これらの諸要因間に密接な相互関係があることを強調する。
（5）年間を通ずる全教育活動の中で生徒の経験を段階的に計画する。
（6）経験の第一段階としては、地区社会における物質文化を特に地理と人口の側面と関係させながら考えることを中心とする。
（7）以上の学習を、（a）空間、（b）時間、（c）視点という相互に関係しあう三つの次元において拡大する。
（8）学校をコミュニティと効果的に結びつけるために、適切な方法をすべて活用する。
（9）さまざまのコミュニティの基礎的な過程に参加した青少年の地位、問題、社会的貢献に焦点を当てる。
（10）個人の第一次的な忠誠心を、地理的な領域、政治的構造、物質的ある

いは制度的な文化に対してではなく、人々の最も優れた伝統、倫理的理念、社会的価値に向けるようにする。

以上が、オルセンが提起したコミュニティ・スクールの10の原理であるが、この原理の背景には、教育をもって本質的には一つの社会過程であるとする教育観がある。すなわち、教育は学習者がその物的、生物的、社会的環境の重要な側面と直接的に接触できるようにカリキュラムがつくられていなければ、真に現実的（realistic）ではあり得ないというのがコミュニティ・スクールの根底にある基本的な考え方である。

コミュニティ・スクールというのは、このような基本的な哲学を現実のものとするため、あらゆる可能な方法を導入することを特色とする学校類型である。オルセンは、文書資料、視聴覚補助具、校外専門家の来校指導、面接、現場見学、調査、長期調査旅行、学校キャンプ、奉仕協力活動、勤労体験という10の方法をあげている。地域社会を教材化するにあたっては、このような多様な方法を視野に入れることが重要であろう。

5　地域教育計画運動の展開とその限界

アメリカで発達したコミュニティ・スクールの理念は、わが国では第2次大戦後、中央教育研究所と川口市社会科委員会の共同で昭和22年に川口市の実態調査の結果づく「川口プラン」という形で行なわれた。この例に倣って、コミュニティ分析を行なって、その結果をベースにしてカリキュラム編成を行なうという考え方は、その後地域教育計画等の名の下に各地で試みられるようになった。その中でも、広島市本郷町のいわゆる本郷プランや明石プランは文献も残っており特に有名である。これらはわが国における初期のコミュニティ・スクールの実践化として重要な歴史的意義を有しているといってよいが、これらの実践はカリキュラム編成の域にとどまるものであった。それは地域社会の人々の生活過程を教育課程に編成するものにすぎなかったのである。コミュニティ・スクールは、教育活動の全体を再編成し、そのことを通じて地域社会そのものを生きた教育の場にすることをその理念としていたが、大方の地域教育計画はカリキュラム編成にとどまっていたのである。コミュニティ・スクールの理念にせまろうとした実践もあった。石山

脩平の指導の下に、神奈川県足柄上郡福澤村で行なわれた「農村地域社会学校」の試みは、地域社会の人々の生活と問題を教育課程に編成することに多大の労力をさきながら、コミュニティ・スクールの理念にしたがって、地域社会を教育の生きた場にしようとする努力を続けたものとして注目される。

　しかし、上述のように、全体の流れは、地域教育計画という名でありながら、その基本的内容は教育課程編成の域を出るものではなかった。このことから、さまざまな批判が生まれた。豊沢登は昭和20年代末に生まれた地域教育計画運動批判を次のような3点にまとめている。(「コミュニティ・スクール」『地域社会と教育』講座教育社会学Ⅳ、東洋館出版社、昭和29年)

① コミュニティそのものの意味が明らかでなく、コミュニティの現実とは何をいうにかはっきりしない。
② 地域社会は、特に我が国における場合は、現実には民衆の生活の一部をささえるにすぎず、その生活の全面を理解する背景としては狭きに失する。したがって、地域社会の現実に立っただけでは、民衆と児童生徒がそのなかで生活している現在の日本の社会的現実も問題もほんとうには明らかにされ得ない。したがって、コミュニティ・スクールは我が国の教育をゆがめたり、あやまった道に導いたりする。
③ 学校を地域社会にもちこみ、地域社会を学校に導き入れるというが、現在のやり方では学校も地域社会もその目的を達成していない。

　第一の批判は、概念の曖昧さと同時に、コミュニティ分析の技術や知識の不足にかかわる批判であり、第二の批判は、社会科学的立場からの批判であるといえるであろう。また、第三の批判は、実践の不完全さに対するものである。

　こうした批判については、論議の余地はあるであろうし、ましてや、当時とはことなる時代、社会状況などの中で、アメリカで発達し、第2次大戦後の我が国で導入が試行されたコミュニティ・スクールの理念をそのまま実践することでよいのか、あるいはそれだけでよいのかといったことを考えていく必要があるであろう。特に、近年、コミュニティ・スクールは、新たな観点で構想されており（金子郁容等『コミュニティ・スクール構想－学校を変革するために』岩波書店、など）、また、実際にそうした構想が一部の地域で地域運営学校の名で現実のものとなっている。それらも視野に入れながら、地域社会と教材の問題についても検討していかなくてはならないであろ

う。

6　内容と教材

　地域社会と教材の関連について、第二次大戦後の学習指導要領や地域教育計画運動などを取り上げて考察してきたが、さいごに、内容と教材の違い、関連について述べておきたい。教材には、主たる教材と性格づけされ、各学校や教師にとっては選択の余地がない教科書（正確には教科用図書）と各学校・教師によって作成される教材があり、いずれも学習指導要領を土台としている点では共通しているが、取り上げられる地域社会の意味は同じではない。学習指導要領で示されているのは教育指導の内容であり教材そのものではない。教科書にも具体的な地域が取り上げられていることはあるが、これは当該の地域自体を教えるというより、内容を理解させる材料という意味合いが強い。それに対して、各学校・教師が作成する地域教材は、内容を理解させる材料であると同時に、学校を取り巻いている地域や児童生徒の性格環境としての地域社会それ自体を理解させるという意味合いも有している。

　いずれにしても地域社会と教材という問題を考えていくには、概念として内容と教材を峻別しながら両者の関係を明確にしていくことが求められるであろう。

キーワード　学習指導要領、コミュニティ・スクール、地域教育計画

教材の作成・開発の視点と方法
－ホーリズムの視点に立った教材開発を中心として－

下田 好行

はじめに

　日本の学力低下の問題が危惧されている。この問題を解決するためには、学校の授業が日々楽しいものである必要がある。学校の授業が楽しくなければ児童生徒の学習意欲もわかず、結果的に学力も向上していかないからである。そこで教師は児童生徒の学習意欲を喚起させるような教材開発を行うことが必要になってくる。しかし、現在多くの教師は学校のさまざまな仕事や会議等に追われ、教材研究をする暇もないと言われている。その結果、書籍に書かれている学習内容を伝達するだけの授業になってしまいがちである。これでは授業に迫力が出ないし、授業をしている教師自身も楽しくないであろう。教師が自分の授業を楽しめないで、それを受けている児童生徒が楽しいはずがない。教師は教材開発のプロであるべきである。そこで本稿では、そうした教師の教材開発を支援するひとつの視点を提案することにする。

1　教材開発の視点

(1) 教材開発と児童生徒との心理的距離
1) 教材開発と児童生徒との心理的距離

　児童生徒の学習意欲がわかないのは、教材と児童生徒の内面とが離れているからである。社会科教育では、古くから教材を「近くから遠くへ」という原則に立って配列してきた。これを「同心円的拡大主義」という[1]。この立場は「子どもの認識の歩みは、家庭・学校・近隣・地域・社会等の身近なところからはじまって、次第に国家・世界へと広がりながら発展することを根

拠に、教材をこれに合わせて配列すべき」ということである。いわば、児童生徒の日常生活に近い素材から教材化を行うという発想はここからきている。しかし、この考え方に批判を唱える人もいる。柴田義松は「身近なものほど子どもにとってわかりやすく、興味があるという仮説はまちがっている。心理的な距離と物理的な距離とは必ずしも一致しない。それがほぼ一致しているのはせいぜい小学校低学年までのことだろう。主として文字の学習を通し、見知らぬ世界への関心を覚えた子どもたちの空想は遠い地球の果てや大昔の人々のくらしにまで駆けめぐるようになる。そうしたある時期には、遠いものほど子どもにとって心理的に身近なものである」と述べている[2]。例えば、「野球」をテーマに総合的な学習の時間を構想する場合、児童生徒の学習意欲を高めるために、児童生徒が所属している「草野球チーム」を導入教材として使用したとする。これは草野球が児童生徒の日常生活に近いからである。しかし、草野球を教材とするよりも、「松井秀喜」を導入教材として使用したほうが、児童生徒の学習意欲は高まる。また、環境問題でゴミを扱う場合、家庭のゴミの出し方といった学習よりも、「ディズニーランドにゴミは落ちているか」といった問いから出発していくほうが、児童生徒の学習意欲は高まる。このことは児童生徒の学習意欲の喚起は、教材と児童生徒との物理的距離よりも、むしろ心理的距離の近さのほうが重要であることを物語っている。

2）教材開発と児童生徒との心理的脈絡

　児童生徒の内面と教材が離れている場合、児童生徒の学習意欲は低下する。このようなとき、児童生徒の内面と教材とを近づける工夫が必要である。例えば、理科の学習の場合を例に取って考えてみよう。理科の教師は、一般に学校内にそれぞれの観察のフィールド（植物園、花壇、畑、池など）を持っている場合がある。児童生徒は何かあるとそのフィールドによく行く。そうした場合、そのフィールドは単なる花壇・畑・池ではなく、もはや児童の日常生活の一部になっているのである。また、教室でモルモットを飼う場面もそうである。児童はモルモットを交代で世話をする。休みの日には交代で家に持ち帰って世話をする。そのようなときモルモットは単なるモルモットではなく、もはや児童の日常生活の一部となっているのである。ゆえに、このモルモットを使用して授業を行ったとき、児童の学習意欲が高まるのである。モルモットを使用すれば、誰でも児童生徒の学習意欲を高めることがで

きるというものではない。児童にとって特に思い入れのある題材だからこそ、児童の学習意欲が高まるのである。このように、児童生徒の内面と教材との心理的脈絡を重視した教材を開発すれば、教材はぐっと児童生徒の内面に近づいていく。

(2) 教材開発と児童生徒の発達段階

　一般に教材開発は児童生徒の発達段階に即して考えられえればならない。まず、児童期は感情や感性が育つ時期である。論理的・抽象的思考能力は、まだ分化していない。そこで小学校においては、授業は具体的で体験的で、感性に訴えかけるような授業が適していると考える。また、この時期においては、児童は集団で学習や活動を行っても、学習意欲の喚起は期待できる。しかし、中学2年生以降、思春期を過ぎてからは、そうはいかなくなる。この時期は自我が目覚め論理的・抽象的思考能力が分化していくからである。したがって、この時期は論理的・抽象的思考を刺激するような授業を仕組まないと生徒は満足しなくなる。小学校の時のような具体的で体験的な方法は、生徒にとってはもはや魅力とはならない。こうした方法はむしろ差し控えたほうがよい。また、この時期の生徒は集団で活動するよりも、個を保障してあげないと学習に対する満足感はなくなる。

　このように、教材開発は児童生徒の発達段階に即して行わないとうまくいかない。例えば「体験的な学習」を例にとってみよう。総合的な学習でよく行われている「田植え」「芋掘り」等は、既に小学校で行っている。芋を掘って食べるなどの活動は、幼稚園や保育園で行っているところもある。こうした活動を中学生や高校生で行う場合、体験活動とともに、論理的・抽象的な思考を満足させるような教材開発を行わないと、生徒の学習意欲は喚起しなくなる。今行っている学習が自分や自分を取り巻くコミュニティーにどのような影響を与えるのか、あるいは将来の自分の職業選択のなかでどのようにつながっていくのかという「学ぶことの意味」を理解させないと、生徒は今行っている学習の意味が見いだせなくなる。このことは高校段階では、特に重要視されなければならないことである。

　発達段階に即したカリキュラムのあり方は、シュタイナー学校のカリキュラムが参考になる[3]。シュタイナー学校では児童生徒の発達段階に即してカリキュラムが構成されている。例えば、4年生で博物学（動物）、5年で植物、

6年で鉱物・物理学（目に見える世界）、7年で化学・栄養学（目に見ない世界）というように構成されている。目に見える世界から目に見えない世界に入っていき、やがては抽象的な「0」という概念にまでたどり着くのである。7年生になって数学では0や負の数を学び、見えないものの世界にはいっていくのである。

(3) 教材開発と教師の創造性

　教材開発は、教師の創造性や柔軟的思考と大きく関係してくる。現在の教師は忙しくて、教材研究をしている暇がないと言われている。生徒指導・会議等、教師は今ストレスフルな職業のひとつとなっている。その結果、学校の授業は教科書中心の授業となり、しかも、教師用指導書に書かれている内容にそって授業を行っているケースも少なくない。また、インターネットに出ている他の教師が行った授業実践をそのままコピーをしている教師もいる。一般に、同じことの繰り返しはマンネリ化を生み、人間を疲労させる。そうした状況では人間の内面のエネルギーは不活発になっていく。こうした人間の内面を活性化するためには、何らかの発想の転換が必要である。例えば、児童生徒との物理的距離の近い教材が児童生徒の学習意欲を喚起するとは限らない場合がある。むしろ、児童生徒の内面と教材との心理的距離の近さが重要な場合がある。このような発想の転換ができることが重要である。こうしたことは民間の企業では既に行われている。商品開発ではアイデアを発想する力が重要である。しかし、教育のなかではこうしたことはなかなか行われない傾向にある。教育では伝統的で無難なものを教材と選定しやすい傾向があるからである。教育的価値をあまり先行させると、「〜ねばならない」主義に陥り、自由な発想力にブレーキをかけてしまう。今後教師は教材開発の分野で、もう少し自らの創造性を発揮する必要があるのではないだろうか。教師が自由な発想で教材開発を楽しめば、授業にも力が入り、授業は活性化していく。授業が楽しくなっていけば、そこにいる児童生徒も必然的に楽しくなっていくであろう。児童生徒の学習意欲も喚起し、そこから学力向上へとつながっていく。今、教師の教材開発の想像性を考えるとき、教材開発を行う教師自身がまずリフレッシュしなければならないと考える。

　ギルフォードは創造性の因子として次の6つを指摘している[4]。

　「敏感性：問題や状況の変化に気づく能力、柔軟性：多目的にものを考

える力、流暢性：連想の早さ・思考のなめらかさ、独創性：思考の新しさ・非凡さ、構想性：いろいろな要素を組み合わせる能力、応用力：ひとつの原理を他の目的に使える能力」

　教師はこうした柔軟的思考で、発想の転換を行う必要がある。児童生徒の心理的距離を考え、発想を転換して教材開発を行っていくことが、今後教師には求められてくる。こうした教材開発を行うためには、教師は絶えずアンテナを張り巡らし、教材に使用できるネタを探していかなければならない。そのような姿勢でいるとネタは向こう側からやってくる。筆者は、創造性は異文化との接触によって高められると考えている。異文化と接することにより、自己の認識のパターンとは違った認識のパターンに触れ、「～こういう見方もあったのか！」という刺激を受ける。この刺激によって、自己の内面においてゲシュタルトの転換が起こり、違った物の見方・考え方ができるようになると考える。

2　教材開発とホーリズムな視点

(1) 児童生徒の学習意欲と「内的必要感」

　一般に人間は自分にとって必要なものは、人に言われなくても学習する。人間は「今行っている学習が自分にとって意味があるかどうか」ということを潜在的に考えているからである。児童生徒の学習意欲がわかないのは、児童生徒にとって「その学習が自分にとって必要ないか、または自分にとって関係がない」と感じた場合に起こる。児童生徒の学習意欲の低下は、こうした児童生徒の内面での「内的必要感」の欠如に原因がある。また、教材と児童生徒の内面との「内的関係性」の薄さにも原因がある。これは教材が外から児童生徒に与えられた場合に特に起こりやすい。

(2)「ホーリズム」の視点にたった教材開発の必要性

　学習内容と児童生徒の内面との間になぜ「内的必要感・内的関係性」が生じないのか。それは学習内容を編成する場合の手続きにも原因がある。学習内容は現実社会の知識・技能を精選して、児童生徒が現実社会を生きるうえで必要なエッセンスを体系化したものである。したがって、学習内容と現実社会の知識・技能とは、もともと有機的につながっていた。ところが、学習

内容として体系化すると、その有機的な関連が切れてしまうのである。このことをかりに「全体」と「部分」との関係で説明することができる。現実社会の知識・技能はいわば「全体」である。その「全体」を分析し細分化して、学習内容や教材としてしまうと、いつしか「全体」と「部分」の関係が失われていってしまう。また、細分化された「部分」からは、「全体構造」も見えなくなってしまう。そうなってしまうと、児童生徒には「全体」と「部分」とのつながりが意識できなくなって、今行っている学習が自分にとって、どのような意味があるのかを意識できなくなってしまう。つまり、「内的関係性」が失われてしまうのである。

「ホーリズム」という概念がある。部分と全体との関係において、部分に対する全体の優越性を主張し、全体は部分の算術的総和以上のものであるという考えである。教育のなかで、この考え方が生きているものとして、「ホール・ランゲージ」という米国の教育運動をあげることができる[5]。ホール・ランゲージのホールとは、「全体」とか「丸ごと」という意味である。教育では「ホリスティック教育」という言葉もある。ホリスティックもホーリズムである。ジョン・P・ミラーはホリスティック教育を次のように定義している[6]。

「ホリスティック教育は、〈かかわり〉に焦点を当てた教育である。すなわち、論理的思考と直感との〈かかわり〉、心と身体との〈かかわり〉、知のさまざまな分野の〈かかわり〉、個人とコミュニティとの〈かかわり〉、そして自我と〈自己〉との〈かかわり〉など。ホリスティック教育においては、学習者はこれらの〈かかわり〉を深く追求し、この〈かかわり〉に目覚めるとともに、その〈かかわり〉をより適切なものに変容していくために変容していくために必要な力を得る」

また、ジョン・P・ミラーは、D・タナーとL・タナーの言葉を引用しながら現代の学校教育のカリキュラムに対して、次のように批判している[7]。

「学習内容をバラバラにして小さな部分に分割して教える弊害の最たるものは、それが結局、知の全体的な統合的理解を難しくしてしまうということにある。全体を見渡す思想や哲学を持ったり、さまざまな学習内容が生かされ合いながら他のもっと広い分野に応用できたりするためには、断片的な知識の詰め込みは役に立たない。」

このように、教材開発においても、細分化されて「全体」と「部分」との

関係が失われた学習内容に対して、もう一度「全体」と「部分」とのつながりをつけ、児童生徒に戻していく作業が必要となってくる。

3 ホーリズムの視点にたった教材開発の方法

　ホーリズムの視点にたった教材開発の方法として、筆者は「学習内容と日常現実社会・職業・人間とのつながりを図る」方法、「現実社会化する授業の環境構成」、「学習者の内面に響かせる」の方法の三つを提案する。

(1) 学習内容と日常現実社会・職業・人間とのつながりを図った教材開発

　今行っている学習の内容が「日常現実社会や職業のなかでどのように活かされているか、どのようにつながっているか」を児童生徒に理解させていく。このことによって、児童生徒は今行っている学習の意味を理解することができる。特に職業との関連では、「今行っている学習が身近な製品や技術のなかでどのように活かされているか、どのようにつながっているか」について触れていく。このことによって児童生徒は、今行っている学習が自分とって無意味なものではなく、日常現実社会や職業（製品・技術）の場面で活かされ、自分にとって関係するものであることを意識できるようになる。
　ここで注意をしなければならないことは、ホーリズムの視点にたった教材開発の方法と身近な素材を導入として教材開発していく方法との違いである。身近な素材を導入教材として授業に入っていく方法は、従来からも行われていた。そうした場合はあくまでも導入教材のレベルで留まるケースが多い。実際に学習内容に触れる時になると、日常現実社会とのつながりは消え、「部分」としての学習内容に終始してしまい、「全体」とのつながりには触れなくなってしまう。ホーリズムの視点にたった教材開発の方法は、学習内容（部分）と日常現実社会（全体）とのつながりを重要視する。この二項関係のつながりを図ることによって、児童生徒は今行っている学習内容（部分）が日常現実社会（全体）のなかで位置づけられ、その学習内容（部分）が自分にとってどのような意味があるかを明確に意識化することができるのである。このことは学習内容を児童生徒の内面での実感をともなった理解へと導く。ここに児童生徒の「内的必要感・内的関係性」は刺激され、その学習意

欲は高まっていくと考える。

(2) ホーリズムの視点と「現実社会化する授業の環境構成」

　学びは、自分の内面にあるものを外に向かって表現し、その表現を第三者が受け止め、その反応が児童生徒本人にフィードバックされることによって成立する。このフィードバックがあってこそ、児童生徒は自分が行ってきた学習の意味を掴まえることができる。しかも、このフィードバックが教室外の人の評価（社会的評価）であったりすると、児童生徒の学習意欲はさらに高まる。こうしたことは日常現実社会においては普通に行われていることである。ところが授業のなかでは、こうした第三者による受け止め、フィードバックがなかなか行われていない。どうしても授業は日常現実社会から遊離した特殊な空間になってしまいがちである。したがって、授業をできるだけ日常現実社会と同じような空間に環境構成する必要がある。つまり、児童生徒が自己を表現し、その表現が第三者を経て、児童生徒本人にフィードバックされるようなサイクルを授業のなかに組み込むことが必要になってくるのである。授業自体を日常現実社会と化してしまう必要があるのである。そうすることによって、学習内容と（部分）と日常現実社会（全体）はまさに接近してくる。このように、授業自体（学習内容：部分）を日常現実社会（全体）としてしまう授業の方法を、筆者は「現実社会化する授業の環境構成」と呼んでいる。

(3) 学習者の内面に響かせる教材開発の方法

　社会科の歴史学習の場合を考えてみよう。歴史上のできごとを単に知識として学んだり、またその因果関係を考えたりすることも重要である。しかし、それだけでは「内的関係性」が刺激されない。そのようなとき、歴史上の人物の内面に焦点を当て、児童生徒の内面に響かせるような授業を行うと、その学習内容は児童生徒にぐっと近づく。例えば、歴史上の人物が意志決定に至るまでの内面の葛藤・迷いなどに焦点を当て、児童生徒の内面に響かせていくのである。すると児童生徒は歴史上の人物の感情を追体験し、実感を伴った理解へと導くことができる。児童生徒の実感的理解を図るには、教材のなかにでてくる登場人物の内面に着目させるのが効果的ではなかろうか。

　例えば、中学校1年の社会科歴史分野「古代日本の歩みと東アジア世界」

の単元で、律令国家が成立し、変容し始めていくようすについて、国際的な情勢（特に東アジア情勢）を踏まえて考えさせる授業を考えてみよう。聖武天皇は国内では農民は疲弊していたことも分かっていた。しかし、東アジアの他のものより16メートルも高く、材質も優れた大仏を造りあげた。このとき、聖武天皇の内面では大仏を建立するかどうか葛藤があったであろう。しかし、聖武天皇は大仏を建立した。それは聖武天皇が東アジアの中で、少しも引けをとらない日本を演出するという意図があったからである。ここに聖武天皇の内面の揺れを垣間見ることができる。このように、聖武天皇の内面の揺れを描き出すことによって、生徒は聖武天皇をより身近な存在として捉え、興味を抱いていく。

3　ホーリズムの視点にたった教材開発と授業実践

(1) ホーリズムの視点にたった教材と単元のなかでの位置づけ

　ホーリズムの視点に立った教材は、単元のなかでどのように位置づけることができるか。次のような方法が考えられる。

① 　導入時に、学習内容と日常現実社会でのつながりをつける教材開発を行い、授業を行い、児童生徒の学習意欲を喚起させる。

② 　単元の終わりに、発展的学習として、今学んでいる学習内容が日常現実社会のなかでどのように活用されているかを扱う教材開発を行い、授業を行う。

③ 　単元のなかで、教材として扱われている人物の一人をとりあげ、児童生徒の内面に響く教材開発を行い、授業を行う。

(2) 小学校6年算数「体積」での教材開発と授業実践

　上田市立川辺小学校の百瀬光一教諭と共同研究を行い、ホーリズムの視点にたった教材開発を試みた（2004年）。授業実践は小学校6年算数の「体積」である。教材開発を行うにあたり、百瀬は次の二点を工夫した。

　第一点は、単元の導入時に「体積」とはどんな意味で、日常現実社会のどの場面で使われているかを説明したことである。すなわち、体積はものの大きさや量を表す「かさ」であること、缶ジュースの量・水道の使用量・ガソ

リンスタンドで使われていることなど、日常現実社会で使用されている多くの事実を説明した。

　第二点は、単元の終末に日常現実社会の問題場面を設定し、実際にプールや池の「かさ」を測定する活動（ひょうたん池の清掃）を組み込んだことである。このひょうたん池の清掃は毎年消防署のポンプカーで排水処理をしていたが、今回は池の水をポンプで汲み上げ、プールに貯められないかという案がPTAから出された。そこで、児童がひょうたん池の水がプールの空いているスペースへ入れられるかどうかを計算することになった。この実践では、今行っている「体積」の学習が、日常現実社会にも活かされており、学習する意味があることを児童に実感させるのにも効果的であった。これは「現実社会化する授業のリアルな環境構成」である。

おわりに

　「思い出ぽろぽろ」というアニメがある。高畑勲と宮崎駿の映画である。主人公妙子はこだわりをひきずった女性として描かれている。妙子は自分のこだわりは、小学校5年生の分数の割り算でつまずいたことから始まったと言う。「分数の割り算はどうして分子と分母を逆にしてかけるのか」が妙子にはどうしても理解できなかったのである。普通は「ただそういうものだ」と疑問を抱かずにいれば、この壁は通り過ぎることができる。しかし、妙子は日常現実社会のレベルに落として、心の底で納得できなければ前に進めないタイプの人であった。このエピソードからは、現代の学校教育のカリキュラムや教材のあり方を問う本質的な問いが隠されていると考える。それは日常現実社会とのつながりのある教材が、今の学校教育のなかでは準備されていないことである。今や学習内容や教材は断片化した知識となり、それが自分にどのような意味があるのかを児童生徒は理解できずにいる。ホーリズムの視点にたった教材開発では、学習内容（部分）と日常現実社会（全体）とのつながりを重要視する。今行っている学習が現在の自分や自分の将来にとって、どのような意味があるかを理解することができる。このことは児童生徒の学習意欲を喚起していくと考える。

註

1) 大森照夫「地理教育」『教育学大事典』4巻、1978年、p.227
2) 柴田義松「教育学から見た地理」『地理』23-9、1978年、p.p.27-34
3) R．シュタイナー、ルドルフ・シュタイナー教育講座Ⅲ『教育芸術2－演習とカリキュラム－』高橋巖訳、筑摩書房、1989年、に詳しい。
4) 住田幸次郎「創造性」波田野完治他監修、高野清純他編集『知能と創造性』金子書房、1969年、p.p.117-145
5) 桑原隆『ホール・ランゲージ』国土社、2002年、p.116
6) ジョン・P・ミラー『ホリスティック教育－いのちのつながりを求めて－』吉田敦彦・中川吉晴・手塚郁恵訳、春秋社、1994年、p.8
7) ジョン・P・ミラー、同上、p.4

教材の活用

北　俊夫

はじめに―本稿の趣旨―

　本稿の課題は、「教材の活用」のあり方や方法等について論じることにあり、ここでは、教材そのものよりも、その「活用」に焦点を当てて論を構成することが求められている。ところが、教材の活用の問題は、教材観はもとより、授業観とも深くかかわっている。活用の主体者によっても、活用の実際は違ってくる。さらには、教材の形態によって活用のあり方を個別具体的に考える必要がある。また、教材に対して必ずしも十分なコンセンサスが得られていない実態が散見される。教材に対するとらえ方によって、教材の活用の考え方や実際も違ってくる。

　こうしたことから、本稿では、まず教材に対する一般的なとらえ方を整理する。「教材とは何か」を明らかにすることによって、教材の活用の方向性が定まってくると考えたからである。次に、教材にはさまざまな形態のものがあることに注目して、分類された教材ごとに活用上のポイントや課題について検討する。授業は教師と子どもたちによる共同の営みであり、そこでの教材活用の姿は、それぞれに思いや願いが込められている。教師と子どもたちが一体化したときに授業として成立する。ここでは、教材の活用に当たっての留意点についても考察する。最後に、教材に対する新しいとらえ方と、その活用について提案する。ここでは、授業の実態や課題を踏まえつつ、子どもの主体的な学習態度の形成と学習成果の確実な定着の二つの観点から論じる。

　教材は授業を構成する重要な要素である。教材の活用について論じることは、教材レベルにとどまらず、授業構想のあり方を問うことでもある。教材の活用のあり方を検討することは、子ども一人一人に主体的な学習態度を形

成するという観点と、学力の確実な定着を目指すという観点から、授業改善を目指すことである。

1 「教材」に対するとらえ方

　教材の活用のあり方や方法等について論じるとき、まず問題にしたいことは、学校や教師の「教材」に対するとらえ方にきわめて曖昧な実態があるということである。さまざまなとらえ方があるということは、それだけ教材の概念が広く大きいということであろうか。例えば、次のような受けとめ方が見られる。

○　学習内容と教材との混同

　授業を観察していると、教材そのものを学習内容（指導内容）としてとらえている実態がある。学習内容と教材の違いと関連性を明確にしておかなければ、活用のあり方を明らかにすることはできない。両者の関係を食生活にたとえれば、毎日の献立が教材であり、それを食することによって取り入れられる栄養やカロリーが学習内容である。献立は日によって変わっても、バランスのとれた栄養と適量のカロリーは不変である。健康な体を維持・向上させるうえで大切なものである。もちろん、食べることそのものにも楽しみがあり、大切な目的があることは言うまでもない。

　道徳の時間に「あおい　じてんしゃ」（文溪堂）という教材が活用されている。ここでは、青い自転車のことを理解させるのではなく、教材に登場する主人公の発言などから、青い自転車をとおして「物を大切にすること」について考えさせようとしてる。教材は子どもの目に見えるかたちで提示される具体であるが、学習内容は子どもが主体的に教材にかかわりながら、自ら学びとらなければ習得されない。直接目に見えない抽象である。

○　題材と教材という言い方

　教材研究という教師の仕事がある。広義には、授業のあり方や進め方そのものを総合的に検討し準備する、事前の研究のことである。学校や教師が日々取り組んでいる営みである。一方狭義には、授業で活用される教材そのものを分析・検討することを教材研究といい、多くの場合、「教材」という言い方が一般的である。ところが、教科によっては「題材」という用語で教

材について語られることがある。

　例えば、国語の学習指導要領（小学校）には「教材」という用語が使われ、音楽では「表現教材」「鑑賞教材」「共通教材」などの用語が登場している。家庭科の学習指導要領には「題材の構成」とあり、道徳には「先人の伝記、自然、伝統と文化、スポーツなどを題材とし」とある。国語、音楽、図画工作や美術、家庭科や技術・家庭、道徳などの教科や領域では、授業研究のレベルで教材のことを「題材」と言い表されている。

　また、社会科では教材のほかに、「事例地」「具体的事例」のように「事例」という言い方がある。「事例をとおして学ぶ」というように、事例が教材と同義で使われている。

　いずれも授業のなかで子どもが直接かかわる対象であるが、教科等によってその言い表し方に若干の違いがある。

○　教具と教材の異同

　教具とは子どもに指導する際に必要な道具や用具のことである。教材がソフトウェア的であるのに対して、教具はハードウェア的なニュアンスを具備している。広辞苑（第六版）にも、教具とは「教授・学習を効果的に行うために使用する道具。掛図・標本などのほか、テレビ・ビデオ・パソコンなど」とある。学校には、これらのほかに、紙芝居やストップウォッチ、行事告知板、交通安全用具一式などが用意されている。これらは、国庫負担金の対象となる教材として学校教育法施行規則にもとづいて定められた「教材基準」によるものである。ここでは、教育用具である教具のことが教材と言われている。いずれも教育活動で使用されるという点では教具と教材に共通性があるが、形態や対象には明らかな違いがある。

　ちなみに、学校教育法施行規則第1条には、学校が設けなければならないものとして「校具」という用語が示されている。

　さらには、資料と教材の混同も見られる。一つ一つの写真や図表、文章資料などが教材として扱われている。地域の素材を教材化する取り組みでは、地域の事象を写真に撮ったり、話の内容を文章に表したりする活動が行われている。資料づくりと教材づくりが一体になっている。

　「学習材」という言い方がある。教材は教える立場からの用語（教えるために必要な材料）であるのに対して、学習材は子どもの側から言い表したもの（学ぶときに活用する材料）である。対象や内容に基本的な違いはないが、

それらへのかかわらせ方、活用の仕方を子どもの側から見なおそうという意図がある。

このように教材に対するとらえ方、受けとめ方には多様な実態や問題点が見られるが、基本的には、教材の役割や価値は指導目標との関係で決定されるものであるということを確認する必要がある。このことは、同じ学習対象（教材）であっても、指導目標との関係で、教材のレベルでとどまったり、学習内容として位置づけられたりすることを意味している。

2　教材の活用のポイントと留意点

(1) 教材の形態と活用のポイント

教材には、さまざまな形態のものがあり、それぞれによって活用のあり方も変わってくる。教材は、一般的に次のように分類されている。ここでは分類された教材ごとに活用上のポイントや課題について検討する。

①　教科書教材

教科書は、学校教育法第21条で授業での使用義務が課せられている主たる教材である。現在発行されている教科書は教科だけで、道徳、特別活動、総合的な学習の時間、それに創設された小学校の外国語活動には、教科書が作成されていない。外国語活動には「英語ノート」が文部科学省から副読本として給与される。

学校において、教科書を有効活用するための授業研究は遅れており、社会科などの研究授業では教科書がほとんど活用されていない。今後、教科書教材の活用のあり方についての実践的研究が待たれる。現在使用している教科書だけでなく、当該教科の過去の教科書や他社の教科書、他教科の教科書など複数の教科書を複合的に活用する手だてについて研究を深めたい。

②　図書教材

学校で子どもが活用する教科書以外の図書その他の教材は、補助教材と言われている。補助教材の使用に当たっては、校長から教育委員会への届け出と教育委員会による承認が求められている。

補助教材の一つに図書教材がある。これは、副読本、パンフレット、参考図書、百科事典、辞典類など、印刷された教材である。学習帳や作業帳、ワ

ークブックなども含まれる。社会科では地域で編集されている副読本や市販されている資料集、道徳でも市販されている副読本や文部科学省が発行している「心のノート」などが現在活用されている。これらの図書教材は主に活字・言語で構成され、活用に当たっては文章や図表、グラフなどの読解力や言語能力が求められる。

　図書教材と類似したものに、印刷教材という言い方がある。ここには上記した教材のほかに、新聞や雑誌、ワークシートやプリント、ペーパーテストなどの評価教材を含めることもある。

③　視聴覚教材

　視覚や聴覚に訴える教材で、テープなどの音声教材と、写真やスライドなどの映像教材、それに両者を取り込んだビデオ、CD、DVD、映画などの教材がある。最近では、視聴覚機器の進展によって、音声テープやスライド、レコード、フィルム（映画）、オーバー・ヘッド・プロジェクター（OHP）のTPシートなどはほとんど活用されていない。多くの教育委員会や教育センターにはフィルムライブラリーが設置されているが、現在の利用状況はどうであろうか。また、近年のコンピュータの普及により、今後新たな分類項目が生まれることも予想される。

　かつてラジオから学校放送番組が流されたことがあるが、いまでは中止されている。テレビからの学校放送番組は、社会科、理科、道徳などを中心に活用されている。録画技術が進んだことから、テレビ番組の活用に当たって「生か録画か」、「丸ごとか一部か」など視聴のさせ方が話題になったことがある。また新たに著作権の問題が起こっている。

④　実物教材

　これは、文字通り実物や現物を教材として活用することである。本物教材とも言う。ほとんど加工が施されていないところに特色がある。印刷教材や視聴覚教材と比べて、子どもたちに対してインパクトが強く、ここに実物教材のメリットがある。実物は「生きた教材」であり、本物に勝る教材はないと言われる。ところが、実物教材には教育的な配慮や加工がほとんどなされていないことから、子どもたちの興味や関心が急激に高まる反面、それが一過性で終わったり単発になったりする。学習が継続、発展していかないこともある。また、学習の目標や内容との関連性が不明瞭になり、学習効果が確認できないこともある。

実物教材の活用に当たっては、子どもの発達段階を踏まえて、教育的な価値や効果などについて十分吟味するとともに、それらの入手方法について検討し、安全性や衛生面に対する配慮、さらには保存や管理、処分や廃棄などについても事前に検討しておきたい。実物教材にも教育効果とともに、当然限界やデメリットがあることに留意したい。
　最近では、校内の余裕教室などを利用して「ふるさと資料館」などの名称で、かつてその地域の人たちが使用していた道具を展示したり、畳を敷いた部屋や台所の様子を復元したりしている学校がある。これも実物教材の活用である。
　実物教材に近いものに、標本や模型、レプリカ、模写などの教材がある。鉱物の標本、人体模型、県などの立体模型地図、弥生時代の住居、有名絵画を模写した作品など、校内に展示されていたり、校内の資料室や教材室に保存されていたりする。授業の場面で有効に活用されている。

(2) 教材の活用の留意点

　教材が子どもの学習活動に有効に働き、学習効果を高めるためには、教材の選定基準、教材の開発と作成、さらに活用した教材の評価について検討することが大切である。そのためには、教材の活用のあり方と方法等について、次の観点から十分吟味する必要がある。

① 教材の活用の目的を明確にすること

　授業は意図的な営みである。指導の目的や目標のない授業は存在しない。教材を選定し、授業の場で活用するときには、「何のための教材なのか」を常に確認しながら、学習内容（指導内容）を身につけさせ、どの子どもにも目標を実現させることを第一義に考えるようにする。
　目標の内容によって、教材が学習内容になる場合と学習内容と区別される場合がある。教材は、目的概念であると同時に、方法概念（手段）であることに留意する。例えば森林資源の働きを取り上げるとき、社会科や理科では学習内容としても位置づけることができるが、国語の記録文として活用するときや図画工作で作品を制作するときなどは、教材（題材）になる。

② 教材への子どもの主体的なかかわり方を工夫すること

　教材を活用するのは、教師であり子どもである。学習は一人一人の子どもにおいて個別に成立するものであり、そのためには教材へのかかわらせ方を

検討することが教材活用の重要なポイントになる。具体的には、どのように問題意識をもたせ、教材活用の必要性をどのように感じさせるようにするのかである。また問題意識にもとづいてどのように問題解決させるのか。その結果をどのように評価させるのか。ここにも教材活用のポイントがある。

主体的なかかわり方とは、問題解決的な学習活動を構成することを意味している。子どもの問題解決の過程に即して、問題意識を生み出す教材、問題解決に必要な教材、学習のまとめに生かされる教材、学習を振り返る教材などを配列し、子どもの教材への連続的なかかわり方を工夫する。

③ 授業を構成するさまざまな要素との関連を図ること

授業のなかで、教材は決して一人歩きしない。教材だけが独立して存在することはない。教材は、前述したように子どもの学習活動をはじめ、時間の経緯のなかで展開される教師の発問や指示の実際、子どもの発言や行動などの反応、板書の事項や堤示される資料との関連を重視しながら活用される。

教材をどのように活用するかという課題は、授業をどのように構成するかという問題にほかならない。教師の教材活用力は、授業の構想力と実践力そのものである。一方、子どもにとっての教材活用力は、主体的な学習能力・態度そのものであると言える。

④ 多様な形態の教材を活用し、授業を立体的に展開すること

教材にはさまざまな形態のものがあり、それぞれにメリットと限界がある。授業が単調にならないよう、授業にリズム感をもたせるために、多様な形態の教材を立体的に活用する。「立体的に」とは、学習活動に静と動をもたせる教材、多面的な理解をうながす教材、既有の知識や思考をゆさぶる教材、問題解決が連続していく教材、諸感覚に訴えかける教材、過去の学習で活用した教材などを、子どもの発達段階を考慮しつつ、指導の目標を踏まえて学習過程に位置づけることである。

一つの教材が必ずしもオールマイティとは限らない。一つの教材で十分な問題解決が図られることは少ない。多様な形態の教材を複数用意して、相互に補完し合いながら活用する方法を工夫したい。

⑤ 発展的な学習として活用する教材を組み入れること

授業で活用される教材には、すべての子どもに最低限の基礎的・基本的な内容を身につけさせるという役割がある。それと同時に、習得した知識や技能、能力などを活用しながら発展的な学習をうながすという役割もある。こ

れは例題のような基本教材に対して、より高度な発展的な学習内容を学びとらせるための教材である。また身につけた知識や見方などを活用し、応用力や転移力を発揮させながら学習させるための教材である。これによって、学習に深まりと広がりをもたせることができるようになる。

いま話題になっている「知識・技能の習得とその活用」は、教材の活用のあり方を考える際にも、重要なキーワードである。

4　教材観の拡大と教材の活用

従来の教材観は、学習内容（指導内容）との関連で語られることが多かった。本稿においても、基本的にはこうしたスタンスで論じてきた。

ここでは、学習方法を身につけることも含めて、教材に対するとらえ方を拡大すること（教材観の拡大）の必要性と、その教材の活用のあり方について考察する。

(1) 学び方を身につける教材の活用

いま、子どもたちに学び方を身につけることが求められている。文部科学省は「確かな学力」を構成する要素に「学び方」を位置づけてきた。子どもに主体的な学習をうながし、生涯にわたって学び続けるための知識や技能、資質や能力を習得させるためである。授業においては、子どもたちに自ら調べる力や、自ら考える力を育てることが奨励されている。

学校では、社会科や生活科、理科、総合的な学習の時間を中心に子ども自らが学習の問題をもって取り組む、調べ学習や問題解決的な学習が展開されている。ところが、必要な資料が収集できないとか、資料の読み取りや解釈などが十分にできないといった課題が指摘されている。また調べたことを目的に応じて分かりやすくまとめることができないとも言われている。教師は子どもたちに調べるよううながし、必要な時間を設定し、場を提供しているにもかかわらず、子どもたちの調べ学習に期待される効果が見られない。これにはどこに問題点があるのか。

これまで、学習方法との関連で教材のあり方や活用方法について語られることはほとんど見られなかった。そのために、学習内容のための教材ほど、

学び方を習得させるための教材は用意されてこなかった。教師から調べるように指示されても、子どもたちはどのように調べたらよいのかがわからない。そのために必要な知識や技能を十分にもち合わせていないからである。教師から考えなさいとたびたび言われるが、どのように考えればよいのか、そのスキルを身につけていないことが多い。そのための教材が教師から提示されることもなかった。

　学習内容を身につけるために教材が必要であるように、学習方法を習得させるためにも教材が必要ではないか。これが教材観の拡大であり、「学び方を身につける教材（学び方教材）」の必要性である。調べ方、まとめ方、考え方、問題解決の仕方といった学習方法を習得させるためにも、教材が必要である。わたくしは、ここ数年「学び方教材」の開発とその活用を提唱してきた。学び方教材について図書にまとめ、具体的な内容の紹介もしてきた。例えば『社会科調べ学習のための学び方カード』（各学年版）（明治図書、1998年）などがある。

　学び方を身につける教材は、学習内容を身につけさせるための教材とは基本的に性格を異にしている。それは、次のような要件を具備している。

・特定の教科で活用されるものではなく、あらゆる教科、総合的な学習の時間などで広く活用されるものであること。（超教科的な教材）
・必要とする子どもが、必要とする時に、必要とする項目を取り出して、自らの学習に生かされるものであること。（個別学習対応型の教材）
・学校教育だけでなく、夏休みの自由研究や社会人になってから取り組む生涯学習などでも活用されるものであること。（生涯学習につながる教材）

　こうした教材は、学習内容の教材のように教科や内容による固有性や特定性はない。また同様な調べ方であっても、経験や体験を積み重ねながら学びの質をレベルアップさせていく。そのため、教材内容が一定の系統性をもって構成され、学校（学年）段階ごとに作成される必要がある。

　これまでの学び方にかかわる教材は、教師の努力によって、一つの学校のなかでの作成にとどまっていた。また市販されている社会科資料集など特定の教材に一部掲載されているが、学び方を体系的、総合的に習得できるように配慮された構成にはなっていない。

　学び方教材とは、調べ方、まとめ方、考え方など多様な学習の方法（スキル）、問題解決の手順や調べたことをレポートに整理する方法、地域の社会

教育施設の利用の仕方、インターネットなど情報機器を活用する方法やルールなど、さまざまな学び方を体系的に紹介した教材である。これは、子どもの調べ学習の水先案内人であり、スタディーナビゲーターである。こうした教材は、ブック（冊子）やカード方式のほかに、ビデオやCD、DVDなど多様な形態が考えられる。

いまこうした学び方教材の開発と活用が待たれる。このことは個々の教師や学校に求めるのではなく、教育センターなどの教育機関や民間の教材会社が組織的に取り組む課題である。子どもの問題解決的な調べ学習を支援し、将来に通用する学ぶ力を身につけさせるために、「学び方教材」が研究開発され、各学校の授業の場で活用されることが望まれる。

これらのことは、『日本教材学会通信』（第2号、2005年1月発行）のなかで「求められる『学び方教材』の開発」と題して提言した。

(2)「なる教材」の活用

学習内容を身につけさせる教材も、新たに提案した学習方法を習得させる学び方教材も、子どもの側から見たとき、学習がスタートするまえにすでにそこに存在している。いずれも「ある教材」である。

「ある教材」に対して「なる教材」がある。教材の活用を論じるとき、この「なる教材」をどう活用するかをもう一つの視点として提案したい。「なる教材」とは、授業のなかで浮き上がってくる教材性を備えた子どもの発言や行動や作品などである。かつて算数の授業で「○○ちゃん的間違い」とか「△△さん的考え」など言われ、子どもの発言や考え方をいま生まれた「もう一つの教材」として活用することの教育的な価値が重視された。特に不十分な考えや間違った意見など「つまずき」を取り上げ、教材として活用しながらよりよい考えに高めていく授業づくりが展開された。

ここでは、子どもの発言などの価値やよさを見抜く力とそれを活用する力量が求められる。もし価値に気づかなければ、その場は何もなかったように通りすぎていく。活用以前の問題である。教材としての価値に気づき、有効に活用されるかどうかは、ひとえに授業者にかかっている。事前に予測したり計画したりしておくことはほとんどできない。その意味で、「なる教材」を活用する力は、授業における臨機応変な対応力であり、教師の授業力そのものである。

こうした意味をもつ「なる教材」は、「ある教材」と比べて一過性であったり、目に見えなかったりする。主観的な内容であることから、一部の子どもに限定されることもある。そのために、授業者は板書という教育的な活動を展開する。必要事項を板書する行為は、「なる教材」を客観化することであり、板書によって「なる教材」が、周囲の子どもたちにとって「ある教材」として提示される。板書された事項は、子どもの思考を誘発し、理解をうながす教材としての機能を発揮する。板書事項は「なる教材」の具体的な姿である。

　いま学校での授業場面を観察していると、板書の構成が計画的でなかったり、子どもの理解や思考と無関係であったりすることが少なくない。板書のもつ意義と機能をもう一つの「ある教材」としてとらえ、構成のあり方を工夫改善することが、「なる教材」の重要な活用方法であると考える。板書された事項は、子どもにとっても教師にとっても、重要な教材であり、その活用力は授業の質を大きく左右する。

教材の評価と改善

小野瀬　雅人

はじめに

　教材は授業における重要な要素である。通常、教師は、教材を介して学習者である児童生徒に教育目標に示された知識、技能、態度等を教授するからである。したがって、教材を適切に評価することは、教師が学校等で行っている授業の改善を図る上で不可欠の作業といってよい。

　ところで、「教材の評価」はこれまでどのような形で行われてきたのだろうか。大隈・芦場（1983）は、理科実験器具と素材を「教材」として取り上げ「評価」の問題を検討した。その結果、教材については、従来、どちらかといえば試作開発に関心が向けられ、評価研究がほとんど見られないと結論づけている。残念ながら、この状況は、最近まで変わらなかったように思われる。

　しかし、2000年以降、「教材の評価」をめぐる状況は少しずつ変化してきた。

　安彦（2002）は、教育課程評価の対象として、教育内容、組織原理、履修原理、授業日数、授業形態とともに「教材」を取り上げている。特に、「教材の評価」では、「その内容を教えるうえで、どの教材が適切で効果的であったか、検定教科書であっても数種類あるとすれば、どの子にはどれがよいか、また視聴覚的教材の効果や使い方その他を評価する」（p.111）としている。安彦によれば、この「教材の評価」に目が向けられる契機となったのは、2002年から導入された「総合的な学習の時間」の新設である。従来、学校での授業は、学習指導要領に示された内容が主であったので、教師はその内容を工夫する余地が少なかった。ところが、「総合的な学習の時間」では、新たに何で教えたらよいのかが決まっていない。そこで、教師は「何を」

にあたる教材を自らが考案しなければならなくなったのである。すなわち、「総合的な学習の時間」の新設は、教師がその目標を達成するために、教材を開発し、それを評価する必要性を自覚させたと言ってもよいだろう。

他方、コンピュータやインターネットを活用したデジタル教材の開発も近年、盛んに行われるようになった。教材開発においては、教育目標に応じて、開発された教材の評価も不可欠である。そのため、デジタル教材の領域では、「教材の評価」をめぐって様々な提案がなされている（亀井・稲垣, 2005）。

以上のように、「教材の評価」をめぐる状況は、この10年の間に大きく変化した。そこで、本稿では、そうした状況の変化を踏まえ、「教材の評価」の現状を紹介し、その改善に向けた提言を行うことにしたい。

1 教材と教育評価

授業は、教育目標を達成するために、教科書をはじめとする様々な教材を通して、教師と児童生徒によって行われる「教え」と「学び」のプロセスである。教師は、教育目標を限られた授業時間で効率よく達成するために、児童生徒の実態を踏まえ教育内容を構成しなければならない。その教育内容の理解や習得を支えるのが教材である。

ところで、授業はPDS（Plan-Do-See）、つまり授業計画、授業実施、授業評価を繰り返すことで改善が進む。その際、「教材の評価」もこのPDSに組み込んでいくことが大切である。

橋本（1979）は、評価の目的として、①指導、②学習、③管理、④研究、を指摘している。教材は、授業という教育活動の中で教育目標を達成する手段として用いられるので、「教材の評価」においても、これら4つの目的と重なるところが多い。

「指導」目的では、授業における教師の指導との関係で、その教材が有効に機能していたかが問題となる。例えば、教材の準備のし易さや使い易さ等が考えられる。

「学習」目的では、授業における児童生徒の学習活動との関連で、その教材が有効に機能したのかが問題となる。例えば、児童生徒のレディネスが考慮されているか、学習意欲を惹起するものであるか、理解や記憶に有効に働

くよう作られているか等である。
　「管理」目的では、とくに教材が学習評価をもつ場合に重要である。例えば、評価教材としてテストがある。
　「研究」目的では、特に、教材開発との関係が重要である。
　以上のことから、「教材」を評価するにあたっては、まず第一に、授業研究においてこれまで提案され実践されてきたPDSのサイクルに組み込み、更には、教育評価論の4つの目的を踏まえて考えていくことが大切であるといえる。

2　「教材の評価」の基準

　教材を評価する際、何を基準とするかの検討が重要となる。評価の基準を明らかにするためには、「教材としてのよさ」つまり、「よい教材とは何か」を明らかにすることが大切である。

(1)　よい教材とは何か

　「よい教材」に関しては、日本教材学会第2回研究発表大会（1990）で「よい教材とは何か」と題するシンポジウムが行われ一定の成果を得ている（『日本教材学会年報　第2巻』1991年、110-133頁）。
　すなわち、「よい教材」とは、①教育目標達成の効果と能率が高いこと、②教師と生徒の満足度が大きいこと、が指摘された。さらに、「教育目標のよさ」と「教材のよさ」を区別する必要性も指摘された。つまり、目標により「事実的知識を注入する」「創造的な思考力を養う」等、目標のよさの点からみれば様々であるが、それらの目標との関連で「よい教材」と「よくない教材」に分けられる。「教材の評価」にあたっては、教育目標（教授目標）が明確に設定されることが必要である。
　また、「教材の評価」にあたって、教育目標（意図した目標）との関連で評価するだけでなく、意図しなかった成果も評価する必要がある。これは潜在的な機能で、それを事実の形、つまり実証できる形で示すことも必要である。
　そのための条件として、次の点が指摘されている。

①教材を利用して達成しようとする教授目標、あるいは下位目標が明確である。
②対象とする生徒の特性が明記されている。
③作成者の意図する利用方法が明記されている。
④教師と生徒を媒介するものとして優れた特性をもっている。

以上を踏まえると、「教材の評価」にあたってはこれら4つの観点を含む必要があると考えられる。

(2) 「評価の基準」をめぐる動向

「教材の評価」に関する議論は1980年前後からみられるようになった。

西之園（1977）は、「教材開発においては、教師個人の技術的力量、教材開発の経験、教師間のコミュニケーションなどがきわめて重要である」（p.68）と述べている。「教材の評価」との関係では、「目標と評価を並行させながら、数単元あるいは数年間の範囲にわたって計画を立案し、教育目標の設定や評価問題の作成などの作業から始めることができる」（p.67）とし、評価すべき側面として次の4点を指摘している。

①学習の到達度によって評価される主として認定的領域での教育効果。
②学習者の参加の度合い、印象などによって評価される主として情動的な教材特性。
③教材作成者あるいは専門家による、内容、構成、技術的問題などの評価。
④教材の使用形態、管理などからみた評価。

また、大隈・芦場（1983）は、教材開発とその成果の普及に力をいれているUNESCOのアジア教育革新計画で検討された教材の評価基準を紹介している。

①開発された教材が実験観察や問題解決を目的とし学習単元にそのまますぐに活用できるか。
②教材の内容は、子供たちの学習活動に有効で、適切なものか。
③さらに深く広い学習活動のために思考、反応、討論、意志決定などを刺激するか。
④その教材の内容には、矛盾、思考の混乱、偏りなどを生じるおそれがないか。
⑤望ましい態度、価値観、思考、概念などを育てることに役立つか。

⑥子供たちの推論の過程を促進し、合理的な結論を引き出せるか。
⑦その教材は、的確で、典型的な現象を扱っているか。
⑧注意深く計画され、質的にも申し分ない構造をしているか。また、グラフィックデザインが優れているか。
⑨子供たちの学習活動に繰り返し利用できるように、強くしっかりした構造をしているか。
⑩その教材の大きさは、実施の活用を十分考慮して決められているか。
⑪教材に付したレタリング、見出しなどは子供が理解しやすいものか。
⑫その教材の製作にかける時間、労力、経費に十分見合う価値をもっているか。

このように、1980年前後までに「教材の評価」のフレームが紹介されてきたが、日本では、「授業研究」のなかに組み込まれるのが一般的であった。

1980年代にはいると、コンピュータが学校現場にも普及する。それに伴い、それまで視聴覚教育教材として学校現場で利用されてきたOHPやVTRに、コンピュータが取って代わるようになった。さらに、2000年代に入るとインターネットが普及し始め、e-Learningで用いるデジタル教材の開発が一層進むことになる。

新しい教材の開発は、通常、PDCA（Plan-Do-Check-Action）サイクルで進められる。そこで、「教材の評価」についての提案も多くみられるようになった。

例えば、亀井・稲垣（2005）は、国内外のデジタル教材活用支援サイトにおける教材評価基準を分析し、Curriculum Online（UK）、Becta（UK）、EdNA（Au.）を紹介している（表1〜3）。

表1　Curriculum Online（UK）の評価基準（亀井・稲垣、2005）

・あなたの学校、部署、コースに求められているのは何か。
・既にどんな教材を学校で所有しているか。
・何を買うべきか、情報に基づいた決定にどうすればたどりつけるか。
・ハードウェアと計画上の課題は何か。
・教材についてどのようなサポートを利用できるか。

- この教材を使ってどのように指導するか。
- 費用には何がふくまれているか。
- 教材の適用範囲はどのようになっているか。
- その教材について児童はどう考えているか。

表2　Becta（UK）の評価基準（亀井・稲垣、2005）

- 教材は信頼できるものかどうか。信頼できるところから作られたものか。
- 異なる学習スタイルを持つ学生に対応しているか。そのためにメディアの聴覚、視覚、運動感覚などの嗜好性にどう対応しているか。
- 指導要領や評価機関の示すステージに対して適切に対応・関連づけがなされているか。
- 内容は正確、新しく、十分に包括的であり、客観的なものか。学習者と関連があり、適切な語彙を使用して作られているか。
- インタフェースは直感的で、よく構成が考えられており、わかりやすいナビゲーションか。
- 意味のあるインタラクティブ性をコンテンツは備えているかどうか。学習者がキーになる内容や概念に関与できるようなものであり、単に簡単にバーチャルに置き換えただけのものではないこと。（よい例：サイコロの回転や磁力のシミュレーション）
- 教材は、サポートを提供しており、フィードバックを提供しているか。
- 協同学習を促しているか。問題について議論したり、情報やアイデアを共有したり、グループで合意に達することを促しているか。
- 技術的に安定して使えるか。

表3　EdNA（Au.）の評価基準（亀井・稲垣、2005）

概　要	タイトル／制作元／公開日／ISBNコード等／対象（推奨年齢）／メディア／ソフトウェアの主な目的（オーサリング、情報リソース、知識構築、指導用、コミュニケーション用、ユーティリティ）／使用環境（OS）
ユーザビリティ	ナビゲーション、使いやすさ（デザイン）の特徴／ヘルプ／ナビゲーション／補助教材／Websポート／オンラインリソース／個別の進捗追跡／使用条件に関する項目群

・ナビゲーションは簡単か（見出し、目次、メニュー、アイコンの分かりやすさ）
・画面上でヘルプやチュートリアルを見ることができるか。
・最初のメニューに素早く簡単に行けるか。
・さまざまな初心者のレベルや使い方に対応しているか。
・音や映像の使用を選択するオプションはあるか。
・選択した教材にタグをつけたり、コピー・貼り付け、保存や印刷はできるか。
・ユーザーがやり直しできるように使用履歴を保存できるか。
・身体的・聴覚、視覚、英語を母国語としない児童等の特別なニーズへの対応はあるか。
・図・写真・動画・音・文章の質とバラン

		スがとれているか。
・どんな補助教材が含まれているか（オンラインのリソース、小冊子、指導案、ワークシート等）。
・ユーザーにはどの程度のICTスキルを必要とするか。
カリキュラム	州や地域のカリキュラムを支援できるかについて対象とした項目群	
		・情報をオーソライズしているところはどこか。
・州や地域のカリキュラムと関連はあるか。
・対象者は誰か。
・主要な学習領域の中でどこをサポートできるか。
・どの科目・単元をカバーしているか。
・必要となる前提知識はどのようなものか。
・文化、ジェンダー、民族に対する偏見は含まれていないか。
・アイデンティティ、コミュニケーション、協同作業など（これらは州によって異なるが）、本質的な学習価値を促すものか。
教育学	教育学的なねらいは何か（思考スキル、情報リテラシー、問題解決学習など）に関する項目群	
		・学習の流れのどこに活用できるか（オープン／クローズ）。

- 高次な思考を支援するものか。
- 参加・相互作用のできるものか。
- 共同的な活動やアイデアの共有を支援するものか。
- 構成主義の実践を支援するものか。
- 創造性やイマジネーションを豊かにするものか。
- 本物の（真正な）学習タスクを支援するものか。
- 解法を創造したり組み立てたりするものか。

Curriculum Online（UK）、Becta（UK）、EdNA（Au.）の評価項目は、授業で教材を利用する教師や児童生徒の視点からの「教材の評価」だけでなく、教材開発者の視点からの「教材の評価」も含むという意味で、より包括的な「教材の評価」を行うものとなっている。

3.「教材の評価」の方法

「教材の評価」を行うにあたり、留意すべきことは何か。杉江（1982）は、教材研究における評価を次の機会に行う教材選択に有効活用するために、客観的な形で捉える必要性を指摘している。

まず第一に「教科のテスト」がある。これは授業内容にかかわる教材、とくに課題の適切性を評価するのに有効である。その際、次の4種類のテストを考える必要がある。

①授業直前のテスト：研究対象となる教材を授業で扱う前に生徒のレディネスを捉えることができる。

②授業直後のテスト：研究対象となる教材の利用後の時点での、生徒の学習内容の習得状況を捉えることができる。同一内容（数値や表現の若干の違いは許容範囲）のテストを実施し比較することにより進歩の状況を

捉えることができる。
③教材を用いた授業の定着度（把持）を捉えるためのテスト
④教材の転移をみるためのテスト

　これらのテストを教師が利用する際、最小限必要なものに絞り、15〜20分ほどの短時間で解けるものとし、評価のための時間を捻出することが大切である。また、テスト項目の合計のみで評価するだけでなく、テスト項目ごとの達成率を見ていく必要もある。杉江（1982）は、授業後に生徒の正答率が70〜80％なら「好ましい教材」の基準を達成しているとしている。

　第二に、「態度」の評価がある。つまり「満足度」である。これには「課題」「解決過程」「グループ内の他の成員」や「グループのリーダーシップ」「対教師態度」などが含まれる。

　第三に、授業過程の観察がある。そためには、例えば、次のような方法を用いるとよい。
①観察者が気づいた特徴的な事柄を逐次記述する。
②教材評価に役立つと思われる諸行動を予め掲げておき、その生起頻度等を記録する。
③少数の抽出児と学級集団全体を分けて観察する。

　以上のことから、評価の基準として「教材のよさ」を考究すると同時に、杉江（1982）が提案する3点を実際の授業過程の中に「教材の評価」として取り込んでいくことが、授業の中で実際に教材を利用する児童生徒や教師にとって、より望ましい教材の開発にも通じると思われる。

4.「教材の評価」の改善

　「教材の評価」を改善するには、教材それ自体の評価、学習者の立場からの評価、教師の立場からの評価を行うことが大切である。その際、次の点に配慮する必要がある。
①教材の利用法の評価（目標との関係、ニーズとの関係）
②教材の開発法の評価
③教材の評価方法の工夫

　③に関しては、心理学において様々な技法が開発されているので参考にな

る。例えば、観察法、面接法、調査法、実験法がある。これらを活用し、教材に関する客観的な情報を集めることが大切である。客観的な情報は、教材を開発したり改善するための重要な証拠（evidence）となる。

(1) 観察法

観察法は、観察者が自分の目で対象のありのままの姿を見る方法である。観察法には自然観察、組織的観察、参与観察がある。これらの方法を用いると、実際の授業の中で、教材が教師や児童生徒によってどのように利用され、その結果、どのような成果を産出しているかを観察者が自分の目で確かめることができる。いずれの方法を用いる際にも、記録をとることが大切である。組織的観察においては、予めチェックリストを準備しておく。

(2) 面接法（インタビュー法）

面接法は、実際に対象者に会って情報を集める方法である。情報を集める際の質問内容を予め決めておく構造化面接、質問内容を状況に応じて考え質問する非構造化面接がある。いずれの方法も仮説をもって臨むことが大切である。

(3) 調査法

調査法は、質問紙（アンケート）により教材に関する情報を集める方法である。自由記述法、評定尺度法、選択肢法がある。いずれの方法を用いる場合でも、「教材の評価」の観点を予め決めておき、それに基づき質問項目を作成することが大切である。

(4) 実験法

実験法は、仮説を検証する方法として有効な方法である。教材の効果や影響を確かめる際に、従来の教材を用いて授業を行うクラスと、新たに開発した教材を用いたクラスを比較することで、新たに開発した教材の評価が可能になる。前述の3方法を併用することで、評価の基になる情報を集めることができる。

「教材の評価」を改善するための具体的な方法として、以上のようなものが考えられる。しかし、これらの方法を有効に活用するためには、「評価の

基準」、つまり「よい教材とは何か」を明確にしておく必要がある。様々な教科ごとに教育目標がある。その目標を達成する上で「よい教材とは何か」を明確にしていなければ、前述の方法を用いて厳密な情報収集を行っても、改善につながる結論は得られない。その意味で、「教材の評価」は、「評価の基準」を明確にすることから始めることが何よりも大切になる。

引用文献

安彦忠彦　2002　教育課程編成論―学校で何を学ぶか―　日本放送出版協会

橋本重治　1979　新・教育評価法概説　金子書房

亀井美穂子・稲垣　忠 2005　デジタル教材活用支援サイトにおける教材評価基準の分析　日本教育工学会研究報告集（日本教育工学会）　JSCT 05-6, 17-20.

西之園晴夫　1977　Ⅲ　教材開発と利用の技術　坂元昂・水越敏行編　教材研究開発の新技術（授業技術の開発4）　明治図書　Pp.56-94.

大隈紀和・芦葉浪久　1983　理科実験器具―教材教具の評価基準の設定　科学教育研究, 7 (1), 29-35.

杉江修治　1982　第7章　教材研究の進め方　梶田正巳編　授業の教育心理学　黎明書房　Pp.220-241.

Ⅱ章
各教育内容の教材とは

国語科の教材とは

清水　健
（しみず　けん）

主たる教材の国語教科書と補助教材

　国語科学習指導に関わる教科書については、「学校教育法」の「教科用図書・教材の使用」第21条に「小学校においては、文部大臣の検定を経た教科用図書又は文部省が著作の名義を有する教科用図書を使用しなければならない。②　前項の教科用図書以外の図書その他の教材で、有益適切なものは、これを使用することができる。③　第一項で検定の申請に係わる教科用図書に監視調査審議させるための審議会については、政令で定める。」とある。「文部大臣の検定を経た教科用図書」即ち「教科書」を教材として全ての児童が使用し学習することになる。さらに教材としては、有益かつ適切な図書などを使用することができることが示されている。教科書が中心的教材であり、他の有益で適切な図書などは補助的な教材とすることになる。

　現在（平成20年）使われている教科用図書は、小学校で言えば平成16年度に検定が行われ合格した6社の中から単位機関で選択したいずれか一社のものが使用されている。義務教育においては、児童生徒の教科用図書は国から無償配布されることもあり、版型や頁数、価格など決められた範囲内で各社とも創意工夫をしながら教科書編集にあたっている。その結果として、学習指導要領における3領域1事項の目標・内容など指導すべき内容や、領域ごとの年間配当指導時数などを遺漏のないように組み込み作成されている。教科書にそって「指導書」が別冊の有料販売で編集されており、指導方法について全単元の展開についての例を複数、明示している。また、近年においては、コピーすればそのまま児童が書き込みでき、教材として用ることが出来るワークシートを添えたり、「話すこと・聞くこと」の教材として、低学年用に「読み聞かせ」のための物語等の音読テープや話し合い活動の例のカ

セットテープ、DVDなどとして添えられたりしている。現場では、補助的な教材として利用されている。

補助教材

　教科書が主の教材として使用されているのに対し、教科書以外の教材を総称して「補助教材」とすることが一般的である。最近では「教材」とほぼ同じ意味で「学習材」と言うこともあり「補助学習材」ともいえる。

　国語科において使用される補助教材を数え上げることは、なかなか難しいところであるが、形態を主としたとらえ方の一つの例として風間章典（1962）は、次のようにしている。

　　準教科書・副教科書・ワークブック類・ドリルブック類・テストブック類・問題集類・標準検査類・知能検査類・地図類・年表・常掲用表類・学習雑誌類・学習参考図書類・レコード、ソノシート類・フィルム、スライド類・工作セット類・理科セット類

　近年、新しい教材の開発も進み、上記以外にもOHP、パワーポイント等多様な教材がもちいられている。

教材の枠組み

　教科書教材は、全て文章により表現されている読み物教材である。それらの教材文を見ると、物語など文学教材や説明的な文章である知識情報教材と言語技術教材や言語知識教材の文章があることが分かる。このうち文学教材と知識情報教材を「読み物教材」とし、言語技術や言語知識の教材即ち「言語教材」とに分けて考えることができる。それは、指導に当たって言語技術や言語知識の教材としての文章は、「読み物教材」の文章との扱い方が大きく異なることに所以する。言語技術教材や言語知識教材としての文章は、事柄の内容や意味、形態を説明することに主な役割があり、説明文であるといえる。それは、知識情報教材であるともいえそうであるが、社会科的、理科的あるいは他教科等の知識情報教材とは取り扱いが異なることになる。

教科書に用いられている単元の教材文を、指導のねらいや文章の扱いから分類してみると次のように考えられる。
　①　**言語知識教材**　ことばに対して興味や関心を持たせ、扱われている素材についての知識を与えようとする教材である。例えば「言葉遊び」的な要素も取り入れて、「あのつくことば」「くだもののなまえ」「かたかなでかくことば」「漢字の話」「外来語」などにより、それぞれに興味や関心を持たせるとともに、新たな知識を獲得できるようにすることである。「言葉あそび」の他に漢字や言葉に関する知識などを深める教材として、学年の発達段階にあわせて「こそあど言葉」「漢字の音と訓」「国語辞典を活用しよう」「漢字の由来に関心を持とう」などを文章により説明している。知識を得るとともに辞典を使ったり関心をもち調べたりすることが出来るように教材が組み込まれている。
　②　**言語技能教材**　言語活動「話す・聞く」「書く」「読む」の技能を扱った教材で、言語編の教科書として扱うことが可能な内容を取り上げていく。言い換えれば文学教材、読み物教材にないものが全て含まれることになる。教科書の単元で見ると、一年では話し方の工夫をして発表しようとする「あったらいいな、こんなもの」、中学年では、メモを取りながらグループで話し合いをする「どちらがすき」、スピーチの方法を理解して実際にスピーチが出来るようにする「伝え合おう　五年でがんばりたいこと」他がある。高学年では文章を読んで考えたことをもとに討論をする「百年前の未来予測」などが、文章で提示されいる例もみられる。
　指導に当たっては、言語教材はその教材文を読んで教材文の内容が分かったと言うだけでは学習が成立したことにはならない。理解できた内容や方法に沿って適切な操作や作業を実際に体験して、知識を整理でき身に付けられることが大切になる教材である。
　③　**文学教材**　文学教材といえる範囲にも明確な線引きも難しいところであるが、例えば詩教材、物語教材、随筆教材、劇教材などである。文学教材はただ読んで文章の内容を理解するだけでなく、鑑賞するものでなければならない。一年ではロシアの民話「おおきなかぶ」がほとんどの教科書で教材化されている。二学年でも日本の代表的な民話「かさこじぞう」を数社で取り上げている。高学年では登場人物の心情を読み取る教材として「わらぐつの中の神様」「注文の多い料理店」等が取り上げられている。「詩」について

は、各社とも全学年において学年の発達段階にあわせて取り上げ、高学年では短歌・俳句等も取り上げている。

　書かれている内容を理解するために、細部にわたり詳細な状況の読み取りが進められ、あたら時間数を重ねる指導がみられたが、これを改善し物語文の読み取り方を身につけ、味わい感想を持ち物語に対する自分なりの思いを持てるようにすることがこの教材の重要な役割である。

④　**知識・情報教材**　文学教材に対して知識や情報を得ることを目指して読む教材である。とすると説明文教材は知識・情報教材であるといえる。

　文学教材は感動や情緒を主として扱う文章で、それらを感じ取り自分なりの思いがもてるように読むことが求められたのに比して、知識・情報教材は、知識と思考を主として、要旨や要点を読み取りれるようにすることが目標となる。さらに、書かれていることに対する判断力や批判力が育てられることも大切になる。その点で、読み取りの態度・技能として主題を読み取ることや場面・情景・登場人物などの心情を読み取る文学教材とは、学習内容が異なる。

　知識・情報教材として、中学年で魚の不思議な共生についての知識を得たり自然の不思議を感じたりできる「サンゴの海のいきものたち」、破壊の進む環境を守るための情報として読み取る「ウミガメのはまをまもる」、高学年では、見たことのない宇宙について語る「宇宙をみたよ」などがある。時代とともに題材は変わっていくことが多いが、知識や情報が子どもの興味関心を引き向上できる教材となっている。

⑤　**説明文教材**　科学について書いた文章や社会や人生について物事や出来事の道理を述べたものなど内容的には多様である。植物や動物の生態について科学的にとらえて説明した文章、自然や科学について具体的に説明した文章がある。説明されている事象について新しい知識を得ることと同時に論理的な文章の構成の方法を獲得できるようにすることもこの教材の重要なねらいとなる。

　「どうぶつのあかちゃん」は一年の説明文教材である。二種類の動物の赤ちゃんの違いが説明されている。また、身近にありながらこれまで気付いていなかったたんぽぽの生態を説明している「たんぽぽ」「たんぽぽのちえ」は、2社で取り上げている。ねらいとしているところは、文章の組み立てをとらえられるようにすることであるが、動物の体の特徴を説明している「動

物の体」、地球環境問題について、題名の意味を具体的に分かりやすく説明している「一秒が一年をこわす」などの教材文がある。

技能中心時代の国語科教育

　国語科教育が技能中心時代に入ったのは、昭和33年度学習指導要領による国語科教科書の使用が始まった昭和36年からである。戦前は教科書中心、教材文中心の国民精神涵養の教育であり、戦争直後は学習活動中心の経験主義・生活主義教育が行われてきた。終戦後出されるようになった学習指導要領の昭和22年度・26年度版には「試案」とされて体験・経験を中心にすえた指導法が示されていた。しかし、昭和33年度の改訂版の学習指導要領からは、この二字がなくなり、国語科の目標や内容、さらに指導事項は、技能中心に示されるようになり、現在に続いていることからも知ることができる。

　すなわち、国語科においける技能（話す・聞く・書く・読む）を重視して、スキルの習得に重点を置いて進めて行く学習法である。あるまとまった知識や技能について、それを段階的に配列し、そのきわめてやさしいものから一ステップずつ質問に答える形にして進む学習である。

副読本的スキル教材

　この技能中心の国語科教育の指導において、ほんとうに技能を学ばせるためには、伝統的な教科書だけでは不十分であるとして、輿水実（1967）は副教材「スキルブック」を提唱している。「国語のスキルブック（読解）」「作文のスキルブック」は、昭和37年38年に発行され読解と作文の指導においてプログラムづくりしたスキルブックをめざしている。プログラム学習のいう適当なスッテプを作り、一歩一歩学習を成功させながら、その反応を強化していくことを学習者の自己学習として実施するようになっている。副教材として学習者一人一人が手元にスキルブックを置いて書き込みをしながらの学習ができる。小学校の全学年のスキルブックがあるが、例えば、三年の

「作文のスキルブック」では、作文の技能として「だんらくにくぎって書く」「ことばをえらんで書く」「せつめいの文しょうを書く」など十二の技能をとりあげ、ステップごとにレベルを上げて数問を解いていくことにより身に付けられるようになっている。教科書の単元目標にあわせて、スキル教材を適宜並行して学ぶことが有効である。

市販テキストブック形態の教材群

　次に、補助教材として小・中学校で使用されてるいにものは、大きく「習得教材」「習熟教材」「評価教材」の3つに分類できる。
「習得教材」　ワークブック類で、学習の内容を理解させ、深めるための補助的な教材として活用されている。教科書の単元に準拠して作成されていることが一般で、内容理解のための解説なども添えられていることもあり、授業の中では時間の関係で使い切れない場合あり、家庭学習の予習・復習などとしても使われる。

　使用に当たっては興味・関心・意欲の喚起できること、学習課題の把握が適切であること、単元の基本的事項が精選され適切に提示されていること、系統的な提示で、効果的な学習方法になっていることなどが必要条件である。

「習熟教材」　ドリル・書き方の類である。反復練習することにより学力の定着を図ることを目的とする教材である。繰り返し練習することが必要な学習事項、例えば漢字の読みや書き、文字の字形や筆順の獲得、語彙の獲得や文法的な語句の理解などがある。

　練習方法の工夫、練習量の適正、練習内容の明確化、学習成果を自己評価できる方法の工夫などが大切である漢字練習帳などがよく用いられている。授業時間内の使用には限度があり、朝学習など意図的・計画的に設定した時間や、家庭学習などで使われる。

「評価教材」　テスト、ワークシートの類である。学習の結果を診断、評価し、つまずきを治療するための教材である。

　内容としては、単元の学習目標を達成しているか、適格に評価できる問題になっているか、学習内容の大切なものをおさえる内容になっているか、知

識や技能のみでなく、関心・意欲・態度、あるいは思考力・判断力の診断が出来る内容であるか、出題方法が適切であるか、つまづきに対する手立てがなされているなどが求められる。主として、学習時間内で用いられるものであるから、回答に必要な時間についても十分な配慮が必要になる。

　これらの教材については、教師の作成したものがより望ましいとする向きもあるが、図や表、グラフ、写真、絵・イラストなどが必要なこともあり、また、カラー化も必要、作成に時間を要することなどの課題もあり、市販教材の使用も必要になる。

キーワード：教科書教材　　補助教材　　読み物教材　　言語教材　　スキルブック

社会科の教材とは

石橋　昌雄

1　社会科における教材の意義と特色

　ここでは「教材」とは、「学習のねらいを児童・生徒に獲得させるために用いる素材のことである。」と定義する。本来、授業とは「教師、教材、子どもの三者の働き合いを通して、新しいものの見方、知識、技能、生きる姿勢などを獲得して自己の人格を作り上げていくものである[1]。」そこで、使用される教材は、教師にとっても児童・生徒にとっても当然「ねらい」や「目的」を持って選択されるものである。厳密に言うと、「教材」は、立体模型や、OHP、パソコンなどの「教具」と、いわゆる学習者が直接使用する図書や映像、音声などの「教材」とに分けられる。

　社会科においては、教材は資料とも重なり重要な位置を占める。社会科では、教師が社会科のねらいに沿って準備する教材と、児童・生徒が自分の学習問題を解決する活動において選択し使用する教材（学習材）がある。授業の実践場面においては、これらの教材を厳密に区分することは難しく、むしろ一体化させ、計画的に配列した授業こそが良い授業と言える。

　社会科は、毎日のように変化する内容を扱う教科なので、取り扱う教材については、他教科とは違い以下のような配慮が特に必要となる。
①最新の正しいデータに基づいて作られた教材であるか。
②児童・生徒の発達段階から見て理解できる教材であるか。
③問題解決学習の中で活用できる教材であるか。
④公平・中立、または、多種多様な考え方を多面的に学べる教材であるか。
⑤国語や算数などの他教科・領域等の基礎的、基本的な知識や技能と連動している内容が多いので、それらの学習時期との無理ない関連が図られた教材であるか。

⑥児童・生徒が生活する地域の実情や実生活と遊離していない教材であるか。

2 社会科教材の分類について

(1) 教材の種類による分類

社会科の教材は、「図書教材」と「視聴覚教材」に大別される[2]。「図書教材」とは学校教育法に規定された「教科書以外の図書その他の教材」である。これとは別に、「視聴覚教材」とは、「視覚や聴覚に働きかける教材」である。具体的には、スライドやビデオ、テレビ、テープ、さらにCD、DVD、パソコン、プロジェクターなどの教育機器で、視聴覚に働きかける教材をさす。

特に、社会科においては、現実社会の教材を扱うことが多いため、実際に観察したり調査したりできない社会事象を、「視聴覚教材」を用いて見たり、擬似観察したり、擬似体験したりできることは有意義である。

なお、児童・生徒を取り巻く社会や自然まで「現実教材」として含める見方もある[3]。しかし本稿では、いわゆる「図書教材」と「視聴覚教材」を社会科教材として取り扱う。

(2) 教材の使用目的による分類

社会科の教材については、その使用目的によって「①修得教材　②習熟教材　③評価教材に分類できる[4]」。

具体的には、①修得教材は、資料集、ワークや書きこみノート、作業帳、白地図など、児童・生徒が授業の目標や内容を修得できるためのものである。②習熟教材は、ドリル、暗記シート、作業帳、白地図など目標に迫るための内容について理解し習熟するためのものである。③評価教材は、テスト、自己診断テストなど、主として授業の終了場面などで、目標が定着したかどうかを評価するものである。

なお、作業帳や白地図などは内容によって、修得・習熟両教材に分類できる性格のものもある。

また、①修得教材　②習熟教材　③評価教材のそれぞれの位置づけでの

「視聴覚教材」も開発されている。修得教材としては、それぞれの調べたいことを解説付の写真や、音声付の動画で検索できるデジタルコンテンツ[5]などがある。習熟教材では、都道府県名や国名などをクイズ形式で暗記するのに役立つデジタルコンテンツなどがある。さらに、評価教材では、検定テストのような形式で個人で扱えるデジタルコンテンツがある。

このような使用目的を、教授・学習過程の「つかむ」場面や資料提供の場面では「修得教材」、「調べる」場面では「修得・習熟教材」、「まとめ」の場面では「評価教材」と分けて考える見方もある。しかし、授業場面での教材の扱い方は、スパイラルなものであり、形成的評価の考え方からも全ての教授・学習過程で、修得・習熟・評価教材を適宜用いていくと考えるのが妥当である。

(3) 教材の作成者による分類

いわゆる「自作教材」と「市販教材」の違いである。「自作教材」は、教師自らが日々接している児童・生徒の実態に応じて作成できるという良さがある反面、基礎的・基本的内容の定着に欠落があったり、表現上わかりにくい面があることも少なくない。また、カラー印刷に限界があり教材としての効果が低下したり、著作権の上でも課題が指摘される場合もある。一方「市販教材」は、大量に作成されているために、比較的安価でカラー印刷など上質のものが得られるという利点がある。

(4) 教材の使用形態による分類

個人で使うものと、グループや学級全体で使うものに分かれる。個人で使う教材には、パソコンで扱うデジタルコンテンツ、白地図、テスト、ワーク、ドリルなどがある。グループや学級全体で使うものは、プロジェクターで扱うデジタルコンテンツや、掛図や常掲地図、スライド、ビデオ映像、テレビ映像などがある。

学習の個別化、習熟度別指導などが重視されてきた今日、個人の課題や、習熟度に応じて使えるきめ細かな教材の開発が求められている。

(5) 教材の使用場所による分類

学校で教材として活用する「教授用教材」「学習用教材」と、主に教師が

個人が家庭で購入して使用する「家庭用教材」がある。「教授用教材」は、授業をする際に使う教材と、児童・生徒が問題解決のために適宜選択して使用する「学習用教材」がある。この場合は、学級の全児童・生徒が必ずしも同じ教材を使うとは限らない。「学習用教材」については、児童・生徒の保護者に私費負担させることが多いために、極力価格の低廉化が図られている。

「家庭用教材」についははは、主に誰でも買える店頭で市販されており、家庭の補助教材や塾などの教材として購入される場合が多い。

3　社会科教材の特色と扱い方

(1) 修得教材の特色と扱い方

社会科における「修得教材」は、大きく三つに分けられる。

一つは、内容を文字や絵図・写真などで整理し解説した、副読本、資料集、年表、用語集、地図帳および同様の目的から作成されたデジタルコンテンツなど、教科書を補完する「読み物教材」である。

二つは、年表、地図、地球儀、掛図、紙芝居など授業の過程で、主に学級全体やグループで見たり触れたりして活用する「表示用教材」である。

三つは、学習ノート、見学ノート、作業帳、白地図および同様の目的から作成されたデジタルコンテンツなどなどの「書き込み教材」である。なお、作業帳、白地図のうち、物事の知識を習熟させる性格のものは、「習熟教材」として分類する場合もある。

いずれの「修得教材」も、学習事項を修得させるためのねらいを達成するために、興味・関心を喚起し、目標達成までの過程での理解を容易にするために役立つものである。

①読み物教材

〔A〕副読本

一般的には「わたしたちの〇〇市」「わたしたちの〇〇県」「環境読本」のように、教科書に準拠する形で作成されたものである。教科書と違い児童・生徒の居住する地域や所属する行政単位に関する内容を扱ったものが多い。また「環境」「福祉」のようなテーマ別や「水道」「電気」など内容別

に作成される。

〔B〕資料集

　社会科資料集は、教科書では小さくしか取り扱いできない絵図やグラフ、写真などを大きく取り扱ったり、詳しい解説をするビジュアルな資料の図書である。多くの場合、毎日の授業で使用するものであり活用度は高い。

〔C〕用語集・社会科事典

　用語集・社会科事典は簡単に言えば、社会科に関する用語を解説したものである。社会科の学習では、難しい用語がでてくるために、それを解説する用語集・社会科事典は利用価値が高い。しかし、一番基礎となる用語集は「辞書」であり、とりわけ小学校段階では常時持参させ、毎日の授業でぜひ活用したい。

〔D〕地図帳

　地図帳については、教科書と同様に検定の対象になっており、義務教育では小学4年生と中学生に無償配布される。社会科の授業の中で、地名や都道府県名、国名などが出てきたら、随時活用する習慣を身につけさせたい。

②表示用教材

〔E〕年表

　主に歴史的学習で使われるものであり、教科書では狭い範囲や大まかな事項しか扱われていないものを、長期にわたり細かく取り扱ったものが多い。特に、通史的な扱いが必要な中学校・高等学校などでの利用価値が高い。

　年表は、一般的には時代が新しくなるほど起こった事項が多いために、等しい尺度で表現されていないものが多い。これは、世の中の変化が次第に速くなっていることもあるが、昔になればなるほど資料が乏しく考古学・歴史学の研究成果をもってしてもわからないことが少なくないことにも原因がある。しかし、児童・生徒が正しく歴史の流れや幅を理解するためには、「等尺度年表」を用いるが本来の姿である。また、途中から等尺度ではなくなる場合は、児童・生徒が混乱しないようにするために、何らかの注釈が必要である。

　年表の表記方向については、大部分の年表は、古いほうから順に、左から右に書かれていることが多い。しかし、遡及年表と言い左から右に次第に昔に遡って書いていく形のものもある。また、日本語は右から左に縦書きに書くことから、古い時代から順に右から左に書いていく年表もある。また、最

近では横書きの広がりにより、古い順に上から下、または逆に新しい順から遡及して上から下に書く年表も少ないが見られる。

　年表の方向は、このようにいろいろな方向で書かれる事があるため、児童・生徒が混乱を生じないように、各々の年表の見方や凡例、年代の幅をしっかりと確認してから、授業に臨むことが大切である。

　また、年表は一般的には西暦で表記するものが多いが、学習内容との関連で特に明治時代以降は、元号表記を併記する場合もある。

〔F〕地図・地球儀・模型・地図黒板・掛図

　地図については、常に貼っておく常掲地図と、必要に応じて掲げる掛地図がある。地図・地球儀には、大きく分けて地勢と行政の二つの種類がある。目的に応じて使い分ける必要がある。なお、地図・地球儀・模型・地図黒板については、教材というより教具として位置づけられることもある。

　掛図については、最近ではワンタッチ式でとりはずしのできるボード型、カード型のものが主流になってきた。

③書き込み教材

〔G〕作業帳・ワーク

　作業帳は、ねらいに応じて、または学習問題を解決していく過程をイメージして、図表を完成させたり、穴に用語を書き込ませたり、絵からいろいろな設問を設けて記述させたりするものである。評価教材のテストと似た要素もあるが、一般的には点数化はせずに、作業を通して「問題解決能力」「考える力や表現する力」「資料活用能力」等を育成することができる教材である。このような性格から、単なる穴埋めより、理由やわけを考えさせたり、資料と資料の関連を考えさせたりする構成が求められる。

〔H〕白地図

　白地図は、何も書き込んでない地図に、建物や分布などを書き込ませたり、着色させたりして児童・生徒に地形の位置や社会的事象の関係性を考えさせたりするためのものである。ただし、白地図ではその作業をさせる意味やねらいをしっかりと吟味しておかないと単なる塗り絵になってしまい、何の実力もつかない。

〔I〕学習ノート、見学ノート

　いわゆるワークシートのようなものである。学習の過程に沿って、教職員が作成することも少なくないが、学校の教材として市販されているものもあ

る。問題解決の過程をとったり、サブノート的な形態のものもある。

　これらの「修得教材」では、①使い方や作業の仕方が明確に示されているか。②児童・生徒の実生活から理解できるものであり、興味・関心を引き出すものになっているか。③作業をすることの意味や説明が、それを使用する年齢の児童・生徒が理解できる平易なもので記されているか。④最新のデータに基づいて作成されたものか。⑤客観的な事実に基づくものであり偏向していないか。⑥教材を利用する場合のねらいや学習問題が明確に示されているか。⑦基礎的・基本的事項を確実に定着できるものか。⑧児童・生徒の観察力、資料活用能力、思考力、判断力、表現力などを高めるものか。⑨児童・生徒の興味・関心や、発展的な課題を誘発できるものか。さらに図書の場合は、⑩平易な文章で書かれていて、それを補完する絵図・写真・グラフなどをビジュアルに用いているか。⑪学習方法や、まとめの仕方などの表現方法がわかりやすく例示されているか。などが大切である。

(2) 習熟教材の特色と扱い方

　「習熟教材」は、学んだ知識・技術や内容などを繰り返し練習し定着できるようにしたものである。具体的には、社会科ドリル、都道府県パズル、世界地図パズル、世界の国旗カードなどがある。また、「修得教材」としても位置づけられる作業帳、白地図の一部も「習熟教材」となるものがある。

　今回の学習指導要領の改訂では、47都道府県の主な名称と位置、世界の主な大陸と海洋、主な国の名称と位置、わが国の位置と国土などの定着が求められている。このようないわゆる暗記を必要とする内容は、ややもすると退屈な繰り返しになることがある。習熟と言えども楽しく学べる教材の工夫が必要である。

〔J〕社会科ドリル

　ドリルは、主にキーワードを空欄に書き込んだり、正しいものを選択させたり、表にまとめたりして、内容を反復練習して定着させるものである。

〔K〕都道府県パズル、世界地図パズル・世界の国旗カード

　児童・生徒が楽しみながら習熟できるように工夫された教材・教具である。一時期、社会科の暗記については、価値が低いもののように考えられ、あまり授業で扱わない時期があった。しかし、基礎的・基本的事項については暗記していないと、知識を関連付けたり、比較させたり、発展させたりす

る上で不都合を生じることもあり、最低限の暗記は必要である。
　また、児童・生徒は、知識を獲得すること自体にも興味を持つこともある。ただし、過度の暗記を強要することは、社会科にな対する興味・関心を衰退させることにもつながるので避けるべきである。

〔L〕白地図・作業帳
　特に、都道府県名の名前の習得や、山地・山脈・高地、平野や河川の位置などを習熟させるためのものには、色別にしたり赤いシートで回答を隠せるようにしたり様々な工夫がされた教材がある。
　これら「習熟教材」では、①学習指導要領で求めている基礎的・基本的内容を確実に定着できものかどうか、または発展的内容として価値あるものか。②単なる暗記ではなく、児童・生徒の日常生活やほかの事項と関連付けられてたり、理解を容易にするものになっているか。③回答が児童・生徒にもわかりやすく、自己評価もできるように工夫されているか。などが重要である。

(3) 評価教材の特色と扱い方

　「評価教材」とは、一般的には「児童・生徒の学習の成果度を位置づけようとするもの[4]」で、その代表がテストである。評価では、評価目標をたててその目標を達成するものでなければならない。そのため評価教材と言えば、単元の最後に使用するものが多い。しかし、本来評価とは、学習過程の最初や途中であってもしかるべきものである。
　つまり、診断的評価の観点から「これまでどの程度の学習がなされているのか評価するテスト」、形成的評価の観点から「学習の過程でどの程度、学習内容が定着したか通貨率を見るテスト」、そして総括的評価の観点から「学習の終了場面でどの程度、学力が定着したか見るテスト」がある。また、内容面からは、「知識・理解を問うテスト」「思考・判断、観察・資料活用などの能力を問うテスト」「関心・意欲・態度などを問うテスト」がある。
　さらに、テストは単に教師が評価するだけではなく、児童・生徒が自分で評価する自己評価テスト・自己診断テストがある。また、友達と相互に評価しあう相互評価の形のテストがあってもよい。
　最近では、改めて評価目標の明確化が叫ばれている。つまり、評価目標と表裏一体をなす指導目標は単なる方向目標であってはならず、その指導目標

が到達できたかという具体的な水準での到達目標になっていなければならない[4]。

〔M〕知識・理解を問うテスト

「知識・理解」を問うテストは、用語の指し示すものが何か、または用語相互の関連、用語の表す意味や概念がわかったかを問うものである。

〔N〕思考・判断、観察・資料活用などの能力を問うテスト

「能力」を問うテストの場合、社会科では写真・絵図・グラフ・統計など様々な資料を読み取らせる形で社会的事象の生じる理由や比較、関連、背景、などを問う設問となることが多い。

〔O〕関心・意欲・態度などを問うテスト

関心・意欲・態度をペーパーテストで行おうとする場合、点数化しにくい。しかも答えがひとつとは限らないものが多い。また、一般的に関心・意欲・態度と言っても、「学習をする場面での関心・意欲・態度」と、「学習内容に対する関心・意欲・態度」があり、どちらを測定するのかを明確にしなければならない。

「学習をする場面での関心・意欲・態度」を問うテストでは、「自分が調べたいと思ったか。」、「自分の学習に対する意欲はどうだったか。」などを問うものとなる。これに対して、「学習内容に対する関心・意欲・態度」では、「○○についてどんな興味を持っていたか。」、「○○の内容はおもしろかったか」などを問うものになる。

「評価教材」では、①テストで問うていることが児童・生徒に明確にわかりやすいものになっているか。②用語だけ知っていてその指し示す内容や意味がわからないということはないか。③基礎・基本となる事項が確実に定着できたか。④資料と資料の相互関連、比較、条件、因果関係、発展などについて考えさせる能力を身につけられたか。⑤とらえたことを判断し、批評する設問もあるか。⑥過去に得た知識や体験からつかんだ考えと、関連付けて熟考する設問もあるか。⑦他人と比較することより、児童・生徒一人ひとりの関心・意欲・態度を伸ばすための評価となっているか。などに留意したい。

(4) 視聴覚教材の特色と扱い方

「視聴覚教材」と言われているものは、①アナログ教材の音声教材（テー

プ）画像（TPシートによるOHP・スライド）動画（ビデオ・映画・テレビ）など、②デジタルコンテンツと呼ばれるデジタルデータで表現された文章、音楽・音声（MD、CD、ICレコーダーなど）、画像（CD・DVDなど）、動画（DVD・映画・テレビなど）、データベース、またはそれらを組み合わせた情報の集合体の2つに分けられる。

〔P〕アナログ教材

　アナログ教材は、教室全体でひとつの音楽や画像・動画・データなどを見てみんなで考えるものが多い。その代表がOHPやカセットテープ、スライド、映画、ビデオ、テレビなどである。

　OHPは、一時期、授業の主流として使われたが、最近ではあまり使われなくなった視聴覚機器である。OHPで使われるTPは、比較的扱いが簡単で自作しやすい。市販されているものもある。ただし、OHPは明るさが今ひとつの点と、動きのあるものが表現できない点が難点である。

　音声テープについては、カセットテープが、長年主流として使われたが最近では、CDやICレコーダーなどにとって変わられた。映像がないために、いろいろとイメージをふくらませることができるという良さがある。人の話や歴史的なできごとの音声など臨場感あふれる教材として活用することができる。

　スライド・映画・テレビ・ビデオなどは、社会的事象の一部分を切り取ってじっくりと観察したり調べたりできるので、直接体験できない場面を見るためには有効な教材である。最近ではデジタル化の波に乗り主流はCD・DVD・パソコンでのデジタルコンテンツなどにとって代わられている。

〔Q〕デジタルコンテンツ（デジタル教材）

　最近の視聴覚教材は、パソコンを用いたデジタルコンテンツが中心となっている。ここでは、文章、音楽・音声、画像、動画、データベースなどが混在化していて、一体として使用されている点がこれまでの視聴覚教材とは異なる。また、パソコンの普及により、個々の児童・生徒が別々に同時に教材として活用することが可能となった。最近では、自分の調べたいことや学習進度に合わせて、使えるデジタルコンテンツも活用されている。

　パソコン・CD・DVDなどでは、その中のソフトで扱うデジタルデータをさす。もちろんインターネットにつないで使うものもあるが、CDやDVD、HD（ハードディスク）などの記憶媒体に入れて使用するものもある。

図1　主な社会科教材における取り扱いの配慮点一覧

○＝特に留意する点
※①〜⑥は、冒頭P202〜203の配慮事項と同一

区分		主な社会科教材	①正確な記述	②平易な記述	③確かな問題解決	④公正・中立・多面性	⑤基礎・基本との関連	⑥実生活・地域との関連	⑦ねらいの明確化	⑧深化・発展
図書教材	修得教材 読み物教材	A 副読本	○	○	○	○	○	○	○	○
		B 資料集	○	○			○	○		○
		C 用語集・社会科事典	○	○			○			
		D 地図帳	○	○			○			
	修得教材 表示用教材	E 年表・	○	○						○
		F 地図・地球儀・模型・地図黒板・掛図・紙芝居	○							
	書き込み教材	G 作業帳・ワーク	○		○		○		○	
		H 白地図	○				○		○	
		I 学習ノート・見学ノート	○		○		○	○	○	○
	習熟教材	J ドリル		○			○		○	
		K パズル・カード	○	○			○		○	
		L 白地図・作業帳		○			○		○	
	評価教材	M 知識・理解テスト	○	○			○		○	
		N 思考・判断・観察・資料活用テスト	○	○	○	○		○	○	○
		O 関心・意欲・態度テスト	○				○	○	○	○
視聴覚教材	修得教材 習熟教材 評価教材	P アナログ教材	○		○				○	○
		Q デジタルコンテンツ	○		○				○	○

パワーポイントなどのプレゼンテーションソフトは、調べたことをまとめたり表現したりする場合の「発表用教材」として活用するものである。
　これらの「視聴覚教材」では、①学習のねらいや過程に沿った教材かどうか。②児童・生徒に見せたいものや気づかせたいものの視点が明確になっているか。③取り扱われている時代や社会の背景を子どもが捉えられているか。④「視聴覚教材」は、物事との一部を記録したものに過ぎず必ずしも真実とはいえないということを児童・生徒が理解できているか。⑤情報洪水の中で何が大切な教材となるか適切に選択できているか。⑥著作権を侵害していることはないか。などの点に留意することが大切である。

4　社会科教材の課題

　社会科における教材の重要性は、今後いかに社会科の内容が変化しようとも弱まることはない。高度情報化社会の進展が著しい今日、情報洪水の中から、児童・生徒が社会に対する認識を深め、公民的資質を身に付けていく上で有効な教材を、適切に選択し、活用していくことが大切である。
①複雑化する社会的事実・事象の中にあっても、児童・生徒がわかりやすく平易に理解できる教材
②特定の考え方に偏らず、児童・生徒が多面的に考えることのできる手がかりとなる教材
③児童・生徒一人ひとりの課題や習熟度に応じてきめ細かく使える教材
④自分の考えを深めたり、広げたり、まとめたりしていく上で示唆を与えてくれる教材
⑤児童・生徒が、社会の変化や、現代的な課題を鋭敏について学び、人類社会の過去・現在・未来について考えられる教材
⑥児童・生徒が未来の社会の中での自己の生き方を学べるような教材
　このようなことを意図した教材開発と、その教材を適切に活用した授業を進めてめていくことが大切である。

〔参考文献・注〕
1)「現代教育学の基礎」第三章「授業」筑波大学教育学研究会編　1982　ぎょうせい

2) 本稿では、修得教材・習熟教材・評価教材の3つと視聴覚教材を同列に扱うのではなく、前者と後者を大別している。そのわけは、最近では視聴覚教材の開発が目覚しく、視聴覚教材の中に修得教材・習熟教材・評価教材に相当するものが見られるようになったためである。
3) 「授業の実態から見た図書教材の機能と役割」(第2次報告) 図書教材センター　大野連太郎
4) 「教材論―その研究と発展―」1980 図書教材研究センター　清水厚実
5) デジタルデータで表現された文章、音楽、画像、動画、データベース、またはそれらを組み合わせた情報の集合体のこと。

キーワード：社会科教材、修得教材、視聴覚教材

算数・数学科の教材とは
―算数・数学科の教材の特質と教材開発の必要性―

半田　進

1　算数・数学科の教材と数学

(1) 数学的特質と教材

　小倉金之助が次のような書き出しで、数学を指導する価値は何か、数学が生活とほとんど没交渉に教えることをどのように解決すべきか等々の数学教育の根本問題を論じたのは1924年のことであった。
A「数学とは何だ。」
B「それは中学校時代に学校で一番いじめられ、入学試験で一番苦しめられた学科さ。」
A「そんなに苦しんで習った学科なら、今でも忘れずにいるだろう。」
B「ナニ、皆忘れてしまった。ただ、方程式とかシムソンの定理とかいう言葉だけさ。」
A「ソンナに忘れてしまって,君はふだん何かの拍子に残念なことをしたと思うことはないかネ。」
B「チットモないネ。数学ナンテ、小学校でやった加減乗除さえ知っていれば十分だよ。今考えてみると何のためにアンナもので中学生を苦しめるのか、僕にはチットモ解らん。何にしろアンナ能率の上がらぬものは、またと世界にあるまいよ。」
これが数学に対する一般人の代表的感想であると思う。[1]
　これは、一世紀近く前のことでなく現状そのものの批判のようにさえ思われる。昨今、学校数学において、数学的活動が強調され、数学の「活用」の重要性が叫ばれている。[2] 関数観念の養成を中核として幾何学的直観とを併せる数学全体の有機的統一の融合主義を説いた小倉の主張は、数学の活用の重要性の主張でもあったはずである。算数・数学科の教材はどのようにあ

るべきかの問題は、この根本問題に教材という側面からどのように対応すべきかという問題でもある。それには、まず、数学的本質は何かという問題を掘り下げる必要があるといえる。しかし、そのことに深く言及する余裕も筆者にその能力もない、ここではいくつかの主張を紹介するにとどめる。

　小倉金之助は「数学は抽象的形式科学である。今日の数学において一般に採用されるところのものは公理主義であって、これが学としての数学を厳密に論理的に築きあげる上に最も適当なものと見なされている」として公理主義の特徴を概観して、数学はこの論理の美、透明と整斉が数学の象徴であると述べた後、数学は論理のみの産物でなく直観の力を忘れてならないと説明している。[3] ストリヤールは数学の発展の歴史を概観して、F・エンゲルスの数学の研究対象を「現実の世界の空間的諸形態ならびに量的諸関係を、したがって、きわめて実在的な素材を、その研究対象としている」という定義は古典的であるが、これらの関係や形態の意味を広い意味でとり直せば現代の数学にもあてはまると述べている。[4] R．クーラント、H．ロビンソンは「人間精神の表現としの数学は、積極的な意志、瞑想する理性、および美的完全性への欲望を反映する。その基本的要素は論理と直観、解析と構成、一般性と個別性である。伝統が異なれば強調する側面も異なるけれども、これらの対抗する相互作用とそれらの合成へのもがきこそ数理科学の生命、有用性、及び並びない価値を生み出すものである。」とし、このことを数学の発展の歴史から説明している。そして「数学は何にか」に真に答えるものは、学者にとってもしろうとにとっても哲学でなくて数学それ自身における積極的な経験だけであると述べている。[5]

　いずれも、数学とは何かを論理・形式・一般化というような側面と直観・現実の世界・個別性といような側面の両面から考察している。そして、この両側面の健全な釣合いで成立するものこそ数学であると主張しているといえる。また、「数学」というとき、数学を生み出す、数学を考えるといういわゆる数学的活動（思考活動）の意味と、それらの活動の結果として得られた内容や論理的形式という両面の意味に用いられているともいえる。[6] 算数・数学科の教材における数学の意味もこの両面から考察すべきである。しかしその考察は、数学とは何かの意味を深めるとか、数学を特徴づける要素の分析を堀り下げるというよりも「数学とは何かに真に答えるものは、数学それ自身における積極的な経験だけである」という主張に応えるべきである

ことを強調したい。昨今、子どもの興味、関心、あるいは現実の世界というようなことを強く意識した教材の開発が叫ばれている。しかし、そのようなねらいのもとに開発された教材がともするとそこにどのような数学を経験させようてしいるかの深い考察を欠いたものがないとはいえない。算数・数学の教材はまず数学を積極的に経験させるものでなければならないのである。

(2) 陶冶材としての教材

　教材とは何かということの本格的な考察は他に譲ることとして、ここでは、教育効果という側面から若干深めてみたい。長田新は、教育効果について次のように述べている。「教育活動の効果は被教育者が教育者の支持する価値を尊重するとき現われる。詳しくいえば、教育者の人格が陶冶材の含む価値内容に一致していることを被教育者が感知するとき、もしくは陶冶の価値内容に対応する価値の領域が、教育者の心のうちに生動しつつあることを被教育者が感知するとき、そのとき初めて教育活動の効果が現われる。というのは、教育上それ自身としては一般に中性の意味しかない陶冶材は、それに対する教育者の人格的内面的態度によって価値化されもしくは非価値化される。」[7] 長田が指摘するように、教材は一般に中性の意味しかもたないものを教師によって価値化されたものである。そして、教師によって価値化されたものを子どもがその価値を感知したとき教材が陶冶材としての意味をもつのである。それゆえ、教材は内容、客観的価値としての文化財に留まるものでなく、子どのなかにどのように入っていくかという過程をも含んだものでなければならない。篠原助市の言葉を借りれば、教材は子どもの再創造を呼びさますものでなければならない。「客観的な文化価値は個性の再創造（意味の再発見）によって主観的な人格価値となり、凡ての陶冶は自己陶冶であり、個性の発展は自己発展であるが、しかしそれはおのずからにして、自然必然的におこる作用ではない。精神は個性の中に、言わば眠って存する。眠れるものは外から叩いて覚まさねばならぬ。ところで人の生活はその第一歩からして社会的生活であるから、この叩きさますものは先ずもって、現実として、社会に生動しつつある価値であり、覚めるものは、内なる精神的発動であり、その結果の再発見—これを理解と称する—である。[・・・] 一定の教材、すなわち陶冶材を介しての、意図的具案的な教育においてもこれと同様である。陶冶材に内在する陶冶価値は生徒の自己創造によって初め

217

て人格価値となる。それには、陶冶材に内在する価値は、先ずもって現実化され、過程化されねばならぬ。過程化されるとは、一種の再創造であり、完成せる陶冶材を生成の状態に還元することを意味する。それによって、教師の側から言えば、陶冶材を完成のままに伝達することでなくて、これを生成の姿にたてなおしより以って生徒自身の再創造を呼び覚ますことにほかならない。」[8]

(3) 数学的に考察させることと教材

　再創造させるとは、子どもに考えさせることに他ならないが、数学的に考えさせるとはどのような意味かを、ここで詳細に述べる余裕はない。誤解を恐れず端的に述べれば子どもに数学的活動をさせることであって、次のような特質をもつ活動をさせることである。[9]
・対象を集合としてとらえる。ここでは、第一段階の抽象化がある。
・その集合に対し、別に都合のよい数学的構造もった第二の集合へ変換する。つまり関数を設定する。ここで飛躍的な抽象化がなされることが多い。
・第二の集合の特性を使って解決に導く。その後で結論を第一の集合またははじめの課題にあてはめて課題自身の具体的な言葉に直すことも多い。

　数学的な活動、すなわち、数学的にものを見、数学的に考えるというときにこのような思考の過程があるのであって、これらが直接の指導内容というのではない。算数・数学科の教材はこれらの段階を直接の指導の対象とすることではなくて、教材を介しての意図的、具案的指導の過程でこのような活動が保証されるものでなければならない。教材は、単なる内容や課題ではなく、その内容なり課題なりの指導（課題解決）の過程で、子どもに豊かな数学的な活動をさせるものでなければならない。

(4) 数学教育の目標と教材

　教育は学校のみでなく社会のいろいろな場面で行われるから教材の意味も教育が行われるそれぞれの場面に相応して考えるべきであろうが、ここでは学校教育、算数・数学の授業における教材の意味の考察が中心である。授業はある目標のもとに行われるから、教材の適否の評価には授業の目標との関連の考察が欠かせない。授業の目標の考察は必然的に算数・数学教育の目標の考察に及ぶものであろう。算数・数学教育の目標は何かの問題は、数学教育

の根本問題であって既にいろいろに考察がなされている。今ここで目標論を展開する余裕はないが、学力低下問題に振りまわされている昨今の学校現場の潮流をみるとき、算数・数学教育の目標の根本を見直す必要性を痛感する。算数・数学教育はいうまでもなく教育現象であるから、その理念の追究は教育の理念の追求を離れることはできない。このことが忘れられているように思われてならない。「算数・数学教育が一般としての教育の特殊ではあるが、それは一般の教育に包含される一部分ではなくて、規定原理としての教育の全面に関連する。算数・数学教育の中に教育の本質がすべて現れるのであり、一方において算数・数学教育は教育の全体に浸透して、教育を可能ならしめ、教育を成立させるのでなくてはならない。それゆえ、算数・数学教育とは数学を教えることとのみ解すべきではない。教えるべき数学の内容とその方法は、数学のみに規定されはしない。むしろより多く教育の目標によって規定される。」[10] 当面の算数・数学教育の目標もこのような立場から設定されるものである。ここでそれを具体的に述べることは省略するが、教材を考えるとき、各人の課題として必然的に考えなければならないことである。少なくとも、授業の目標を学習指導要領の教科の目標のどの内容を具現化しようとしているか、それは算数・数学教育の目標をどのように考えているか等々の考察を加えて決定すべきである。そして、そのような考察のもとで決定した目標に照らし合わせて教材の適否を考えることを避けてはならない。

2　教材開発の必要性

(1) 使える数学と教材

ここまで、算数・数学科の教材のもつ特質を考察してきたが、今改めて教材の意味を考え直すということは、今後もっと開発されるべき教材の方向性を考えることでもある。今後どのような算数・数学科の教材が開発をされるべきかという視点から若干の考察を加えたい。

杉山吉茂は「使える」数学の重要性を主張している。明治の学制以来、教える数学の内容は変っても、数学の知識を伝え技能を身に付けるというねらいは変っていない、言い換えれば、数学が「わかり」「できる」ことが目的

であった、しかし、今世界では数学教育のねらいが変りつつある。我が国の反応は鈍い、このままでは世界に遅れをとり、21世紀に生きる日本人のために責任が果たし得ないと警鐘を鳴らして、次ように主張している。「学校で教えられる数学には、探求の対象としての数学と道具としての数学との2つがある。[・・・]これまでは道具としての数学、『できる』ことの方に力が入れられてきた。[・・・]今、この道具を身につけることを重点にする教育を抜け出る決心が必要な時代となっている。[・・・]探求することを主とするとすれば、数学は『見つける』『つくり』『わかり』『できて』『使う』というプロセスになろう。今までの数学教育は中の『わかり』『できる』ことに重点があったが、探求を主とすることにすれば、両端の『見つける』『つくり』『使う』ことに重点が置かれることになる。『できる』の部分は計算機に任せることにする。そうすれば、使える数学を今以上に多くすることができる。」[11]

小倉金之助が前世紀の初めに実用数学の必要性を説いたにもかかわらず、「見つける」「つくり」「使える」数学という視点を強く意識してこなかったといえる。「見つける」「つくり」「使える」算数・数学とはどのようなことであるかを教材として具体化することが今求められていることであろう。平成20年3月に告示された、新しい学習指導要領では、算数・数学の「活用」ということが叫ばれ、数学的活動の機会を設けて、「数学の必要性を実感させる」「自ら課題を見出し構想を立てて実践し評価・改善させる」「活動の結果を共有させる」指導を重視することが謳われている。なぜこのようなことが叫ばれるようになったかという経緯や数学の活用の重要性の強調は新しいかどうかというような問題は別におくとして、活用、数学的活動とはどのような意味かの吟味を深めながら、このような改訂の気運を機会に、使える数学の教材の研究と開発を大いに進めるべきであろう。

(2) 数学的活動と教材

数学的活動という言葉は必ずしも新しい言葉ではないが、その意味は明確にされないで使われていたといえる。島田茂は数学的活動を次のように定義している。「既成の数学の理論を理解しようとして考えたり、数学の問題を解こうとして考えたり、あるいは新しい理論をまとめようとして考えたり、数学を何かに応用して、数学外の問題を解決しようとしたりする、数学に関

係した思考活動を、一括して数学的活動と呼ぶことにする。」そして、数学的活動を、現実の世界（a）と数学の世界（b）を対比し、aにおける問題（c）とその解決に数学的モデル（d）をつくり数学的理論（e）で解決することとの関連として図式を用いて説明している。[12] そこでは、「条件・仮説」「公理化」「数学の新しい理論」「データ」「照合」「結論」「抽象化、理想化、簡単化」「演繹」「類推」「一般化」、等々のキーワードをもとに説明している。それゆえ、算数・数学科の教材を考えるとき島田のこの数学的活動についての整理は非常に役に立つことではあるがここではそれを紹介する余裕はない。

　前述の「見つける」「つくり」「使える」数学は上のaからb、bからaに向かうことを意味するといえる。そのために、cを明確にしてdを設定しeを用いて解決し、それをaに照合して真の解決かどうかの吟味をすることになる。このような一連の活動を目指した教材の開発が大切であるといえる。これまでの算数・数学科の教材は、ともするとb（e）の中だけの活動に終始するものであった。算数・数学の問題を具体的な場面に言い直す工夫はこれまでになかったわけではない。しかし、それは、島田の言葉を借りれば「数学的モデル」ではなくて「疑似数学モデル」であるものが多い。たとえば、従来から算数・数学の授業で活用されていた、いわゆる「応用問題」は現実の問題を解決しているように思われやすい。そこでは、たとえば単価や速さ等が一定と仮定されたいわば数学化された問題を考えさているに過ぎない。そのように仮定してよいかの検討、つまり数学化される過程は議論されてこなかったのではないか。cという現実の問題をdに置き換えるには、cについて条件・仮説（f）を設けて数学的な言い直し（公理化g）が必要である。このfからgの過程には「抽象化、理想化、簡単化」などの活動が欠かせない、このような活動がこれまでの教材の中では明確な指導の対象として扱われてこなかったといえる。今後c,d,eを関連させる活動を意識的に扱う教材の開発が大いに望まれる。

(3) 授業の相と教材

　算数・数学の授業における教材の意味の考察は、教材は授業を改善しよりよい授業を展開するためのにどのようにあらねばならないかの考察でもある。それには、算数・数学の授業そのものを見直す必要がある。また、パソ

コンや電子黒板などの普及により授業の形態もこれまで以上に多様になってくるであろうから、それに応じた教材の開発も必要である。算数・数学の授業論と教材との関連をここで詳述することはできないが、授業との関連から教材の意味を若干深めておきたい。

算数・数学の授業というとき、平林一栄は、「授業には、『理解・練習・問題解決・問題設定』の4つのアースペクト（相）があり、授業はそれの何れであるかをはっきり意識して行うわれねばならない。［・・・］この授業の何れの相でも、形式的・実質的両目標がねらわれるであろうがそこには自ずから両者に軽重があるはずである。『理解』では知識の獲得、『練習』では技能の習得、『問題解決』『問題設定』では数学的考え方、時には数学的よい態度、習慣を身に付けることがねらわれるべきであろう。教師にこのような自覚がないために、たとえば、技能の習得を主とすべきときに、考え方に立ち入りすぎてかえって能率が悪くなったり、知識を詰め込んでいるだけでありながら、考え方を養っていると、浅はかな自己満足に陥っていることがある。」[13]と指摘している。授業の改善にはこれらの相の内実の意味をもっと掘り下げ、各相間の関連を深める必要がある。ここでそれに言及することはできないが、「教師がこのような自覚がないために」の部分を「適切に応じる教材を用意しないために」と置き換えて、氏の主張に注目したい。平林は同じ論文で、学習指導要領では形式的目標、実質的目標の両方が謳われているのに、実質的目標に対応する内容のみが示されて、形式的目標に応ずる内容が示されていないと指摘している。つまり、「問題解決」「問題設定」の相でとりあげるべき教材が明示されていないところに問題があるというのである。従来の教材は、理解や練習を主とする授業を意図した教材であったといえる。問題解決や問題設定を目指す授業では、学習指導要領に示された項目に対応する教材を並べた従来の教科書による授業では確かに不十分であろう。数学的力を伸ばす指導の重要性は新しい問題ではない、古くからその大切さが叫ばれていながらそれが実を結ばないということは、それを目指した適切な教材の開発がなされてこなかったことにあるという指摘はその通りであると思う。

先に、使える数学や数学的モデル化の重要性を述べた、また、問題解決や問題設定を目指す授業や数学的に考える力を伸ばす指導が大切であることを指摘したが、これらは数学教育の目的からみて共通するところは多い。社会

の進歩や変化に伴って、強調する視点や方向性にその違いが生じてくるのは当然である。どのような表現でこれからの算数・数学教育のあり方を述べるにしても、その強調が実を結ぶためにはそれに対応する具体的な教材がなけばならない、このことは確かなことである。

3 古くていつでも新しい教材

　算数・数学科の教材を考えるときまだまだ考察すべきことは多い。たとえば、情報化社会の到来は教材のソース源の広がりと多様性を招来する。この広がりと多様性をどのように活用して教材をつくるかということはさしせまった課題であろう。また、先に、教材における教育者の教材観の大切さを指摘し、教材は子どもが再創造する過程を含むものであるといった。そうすると、教材は教育者の意図が入ったあるストーリー性なりある統一や調和をもったものとなる。内容や方法をも含んだものが教材であるとすると、よい教材が財産として算数・数学教育界に共有されるためには、教材の表現の仕方はどうあるべきは見過せない問題である。さらに、教材と評価の問題もある、等々考えるべき課題は多いがそれらは今後の課題として残すことになる。

　先に、今後もっと開発されるべき教材について述べたが、それは、従来から大切にされている教材の見直しを疎かにしてよいということではない。最後に、教科書に書かれているものを見直すというもっとも基本的な教材開発の重要性を具体例から示して終わりにしたい。

　小学校4年の「2けたの数をわる計算」の最初の指導で、ある教科書では、「42このキャラメルを3人で同じ数ずつ分けます。1人分は何こになりますか。」という問題場面で考えさせて、次のような記述になっている。
・式をかきましょう。（48÷3と書かせることを要求している。）
・計算の仕方を考えましょう。（と問いかけて、次の3人の考え方を紹介している。）

（考え方1）42を21と21に分けて考えました。
　　　　　42÷3　→　21÷3＝7
　　　　　　　　　→　21÷3＝7
　　　　　　　合わせて　14　　　42÷3＝14

（考え方2）42を30と12に分けて考えました。
 42÷3　→　30÷3＝10
 　　　　→　12÷3＝4
 　　　合わせて　14　　42÷3＝14
（考え方3）3のかけ算で考えました。
 　　　11×3＝33、12×3＝36、13×3＝39、14×3＝42　だから　42÷3＝14
・計算のしかたについて話し合いましょう。
（と問いかけ、次のようなヒントをキャラクターに言わせている。）
 「52÷4でも使えるのはどれかな。」[14)]

　実際の授業では、これらの考えをどのように議論させて、2けたの数のわり算の筆算へとつなげるかが大切になる。教科書ではそのことは記述されていないから、教師にまかされることになる。それゆえ、その扱いはいろいろに分かれることになる。もちろん、その指導は教師によって異なってよいのである。しかし、次のような扱いは避けるべきである。たとえば、ヒントの「52÷4でも使えるのはどれかな。」を浅薄にとり挙げて、考え方の1,3は適切でないと切り捨てて、考え方の2にもとづいて筆算へつなげてしまう。また、このようないろいろな考え方を無視してすぐに計算の仕方を教えて計算の仕方に習熟させる。[15)] もし、このような扱いになってしまうとすると、教科書に記述されている教材はよい教材とならない危険性が生じる。このような指導が懸念されるということは、教科書の記述だけでは教材としては不十分であるということになる。

　実際の授業はこの問題を子どもに与えてたときの子どもの反応をもとに進めることになろう。そうすると、教科書に書かれた考え方の例はこのときの予想される子どもの反応例といえる。予想される反応であるならば、もっと子どもの実状にあう例を追加すべきであろう。例えば、実際に○などを42個かきかならべて、それを3つのグループに分けるようなもっとも基本的な反応例（考え方4）は予想される反応例として加えるべきである。また、教科書では、次の考え方を筆算の指導で扱っている。「42このキャラメルを10こ入りの箱4ことばらの2こに分ける。3人にまず、1箱ずつ分けると1箱と2こあまる。これは12こであるから3人に分けると1人に4ことなる。1人分は1箱と4こで14こ。」（考え方5）この考えは、実際の教室では、例示されたような考え方の検討の後に筆算の指導の箇所だけで取り上げるのではなく、最

初の反応例に加えて討議するような授業展開にすべきであろう。

　子どもの反応の特徴や違いを議論させることから、授業では筆算の指導につながる42＝40＋2と見て計算することのよさに子どもの考え方を集約していかなければならない。それには、この問題の解決すべき課題を明確にする。42÷3の計算がもつ困難点は、既習のように3の段の九九がそのままでは適応できないところにある。そこで、考え方1,2の42を21＋21や30＋12と3で割り切れる数に分ける解決のよさが浮かびあがってくる。考え方3も3で割り切れる数を順に考えていることである。順に考えなくても、11×3が33になることをもとにすれば、42＝33＋9で、9÷3＝3から、11＋3＝14として求められる。したがって、考え方3も1,2の考え方と同じであるといえる。この課題性からすると40は3で割り切れないから、42＝40＋2と分ける考え方は適切な方法とはいえないことになる。そこで、考え方1〜3の問題点と考え方4,5のよさを子どもに考えさせる授業展開が必要になって、考え方4,5のような反応が生かせることになる。これまでの指導が適切であれば、考え方4でかきならべる○は10個の列を4列と2個のようにかいているであろう。それゆえ、実際の作業は10個の列をまず3つに分けるであろうから、実質的には考え5と同じ方法になる。実際に目の前にキャラメルを用意するとすれば（導入などでこのよう方法をとるのが普通であろう）、箱入り4個とばら2個が目の前にあるのであるから、それをばばらにして42個として考えるよりは、考え方5のように分ける方が実際的である。

　考え方1〜3の問題点は、42を3で割り切れる2つの数にうまく分けることが必要となることである。考え方3を用いれば、3＋39,6＋36,…のようにいくらでも見つけられが3の段の九九の範囲を超えた数が現れる。そこで、3の段の九九が当てはまることを優先し42を3では割り切れない2つの数に分けたのでは解決でないかを考えさることになる。たとえば、42＝20＋22と分けたのでは解決できないのだろうか。20は3で割ると商は6で余り2となる。余りの2と22で24だから24÷3＝8となり、6＋8＝14 と解決できる。他の分け方で確かめさせると、42をどのように分けても解決できる。2桁の数の割り算をするとき、九九が適用できる2つの数にどのように分けてもよいのであるから、42を40＋2と分ける見方はもっとも自然で分かりやすい。このように、2桁けたの数のわり算の計算仕方の理解には2桁の数の10進数としての構造をよく理解させるところにその根本があるといえる。数は10進位取

り記数法で表されている、2桁の数はどのような数であっても、10の位を表す数と1の位を表す数とにすぐに分けられる。それぞれの位を表す数字は9以下であって、九九がすぐに適用できる範囲の数しか表れないから、いつでもわり算ができることになる。授業は発表されたいろいろな意見を篩い分けて採用、不採用を決めるのではい。いろいろな考え方のもとにある本質的な見方に子どもの理解を深めていくことでなければならない。

　教科書には42を3で割り切れる数に分ける例だけが最初に紹介されていたのである。42を3で割るとき、3で割り切れない数に分けてもよいこと、3の段の九九をすぐに適用するにはその方かよいことを考えさせることが授業として大切である。それには、数のもつ10進構造の理解を深める数学的活動をさせることが大切なのである。

　今述べた授業のあり方は、教科書の記述だけでは教材として不十分であることの指摘のために授業において深めるべき視点を述べたに過ぎなく教材として記述したものではない。このような授業を展開するとしたら、教科書の記述をもとにさらにどのように教材化しておくことが適切であるかは、先に述べた教材をどのように表すかの問題になる。従来から扱われている教材をどのようによい教材として深めていくかということは、算数・数学の授業の改善には欠かせないことである。中学校の教材の例でいえば、例えば1年で作図の指導がされる、教科書では角の二等分線の作図は典型的な一つの方法だけが扱われているが、そのままではよい教材とはいいがたい。これを、多様に考えさせ、論証指導の基礎となる、子どもに考えさせるよい教材にするには教師の工夫が必要になる。その工夫の考察が大切な教材開発である。教科書に記述されたものをさらにどのように深めるかということの研究の重要性の指摘は新しいことではなく、教材開発における最も基本的な問題である。このように、古くて新しい教材開発ということを置き去りにした足元を固めない算数・数学科の教材の研究、開発であってはならない。

引用・参考文献

1) 小倉金之介『数学教育の根本問題』　勁草書房　1973年7月　p15
2) 平成20年3月告示の学習指導要領では「数学（算数）的活動」の項が新設された。
3) 上掲1) p37, p62
4) ストイヤール『教育学』　訳山崎昇, 宮本敏雄　明治図書　1976年6月　p31, p37

5) R．クーラント、H．ロビンソン『数学とは何か』　森口繁一訳　岩波書店 1998年8月　p XVii pXXi
6) 上掲4）p18
7) 長田新『教育学』　岩波新書　1933年7月　p.167
8) 篠原助市『理論的教育学』　協同社　1949年4月　pp.260~262
9) 松原元一『数学的見方・考え方』　国土社　1977年9月　p190
10) 松原元一『新しい算数の研究　上』　近代新書　1971年7月　pp12~13
11) 杉山吉茂　「これからの数学教育・数学教育研究のあり方」『新しい算数・数学教育の実践をめざして』東洋館出版社　1999年3月　pp18~19
12) 島田茂　「オープンエンドアプローチの意義」　『算数・数学科のオープンエンドアプローチ』　東洋館出版社　1995年9月　pp14~21
13) 平林一栄　「数学教育の形式的目標に応じる教材の開発」　全国数学教育学会　第18回研究発表会　2003年6月　p2
14) 小学算数　4年上　大阪書籍　平成14年2月　pp19~20
15) 半田進　拙論「自ら考える力を伸ばす展開という視点からの教科書分析」(『算数の力に基づく　算数教科書・算数教科書教師用指導書の分析』　小学校教科書研究会　代表　藤村和男　2005年11月　pp32~34)では、「さっさと計算法を教えてしまえ」という意見を批判しながら、どのように指導すべきかを論じている。

理科の教材とは
－理科教材の特性－

福地　昭輝

1　はじめに

　理科ほど教材としての多様性・多面性を持った教科はない。
　理科で学ぶ対象は自然の事物・現象であり、それを理科の素材と表現したい。子どもたちは自然に秘められた真実を探らんと、わくわくする気持ちで対象を見つめ、ふれて確かめていく。謎（問題）を解明しようとして、解きあかそうとするプロセスそのものが理科学習である。すでに知識ありきではなく、子供自らによる、観察や実験の方法を対象物に当てる直接経験を通して、導き出される気づきを組み立てていく作業である。教師にとっては、その学習の場を構成することが理科の授業づくりになる。
　理科の学習プロセスは、自然の事物・現象を観察や観測し、あるいは事物にふれて実験し、測定することによって、あるいは、実際の自然のフィールドに出て様々な事物・現象に出合いながら探究することで、自然の事物・現象に内在する科学的基本概念の形成をめざす過程のことである。
　自然の事物・現象に対し、教材の役割はことのほか大きい。生の自然を捉えていくことは、子どもにとってそう簡単ではない。ふれたり、観察したり、実験をしたりする科学的な方法を用いて、体験しながら事実を認識していく過程と、事実から客観性のある概念を構成していく過程が、如何しても必要である。
　観察や実験を通して概念・法則を見つけ出すことに必要な教材として、私たちは、理科を物理・化学・生物・地学に分けて、対象の自然をどのように学習するかを大別している。物理教材や化学教材は、自然の事物・現象を実験などにより学ぶための教材である。また、生命の活動を解き明かす生物教材として、生きた動植物も教材とみなす（教材生物の呼称で言われていたこ

ともある)。地学教材は、生の自然の事物・現象を直接観察・観測することが重要であるが、現象がトータルであり、時間空間的な物差しを必要とするために、多様な教材の助けを借りなければならない。

　以上のように理科は教材の領域ごとのもつそれぞれの特性をふまえながら、「教材開発」を進めてきた長い歴史がある。近年特に、子どもの学習の成立をはかるには、発達に合わせた教材としての工夫の必要が増してきている。

　法的な教材の分類によると、教科書・それ以外の図書・その他の教材に分類されている。理科はその他の教材として占める割合が極めて大きい。理科教材というと、文字表現による印刷された教科書やその他の図書教材に対し、圧倒的に物的な形のものをさすものと考えてよいだろう。

　また、一般に教材・教具[1]を区別する場合もあるが、理科は教具(観察や実験に用いられる器具や道具類)までも含めて教材と表現することが多いことを明記しておく。

2　理科教材の分類

　教材を内容として分類することと、すでに教材として使用されているものについて、学習媒体としての機能や表現・形によって分けて考えることにより、理科教材の特徴が浮き彫りされてくる。

　一方内容教科としての理科は、各領域別に見た観察・実験の内容と素材から教材化する際に必要な観点それぞれの特性があり、教材の開発にあたっては、内容分析が必要になってくる。また、物体、物質、機械、器具のように、「もの」や素材の質を吟味してみる教材観も必要である。

(1) 領域別に見た教材

　わが国では、文部科学省学習指導要領により、目標と内容が設定される。その内容に照らし合わせて教科書およびカリキュラムの編成がおこなわれる。理科は、目標の項目は小中高と同じで一貫している。上がるにつれ、目標はより厳密性を持った表現になっている。

　通常、教師が理科授業を進めるにあたって、理科の教科書に記述されてい

る内容とその展開例をもとにして、そこに含まれる科学の基本概念および観察や実験などの方法を明らかにし具体目標を設定し、年間指導計画を立てて実施される。授業では、具体的にどのような教材を用いるかは、教師にゆだねられている。

　理科は領域・区分の設定がある。小学校で3区分*1（A・B・C）、中学校では2分野に分ける。〔第一分野〕－（物理領域・化学領域）、〔第二分野〕－（生物領域・地学領域）、高等学校では、物理・化学・生物・地学に分けていることをさしている。なお、近年、教育課程の改訂の都度、「総合理科」科目の設定が見られるが、自然科学の発展や環境教育の進展の反映とみてよいだろう。理科は、そのために、内容、教材ともに絶えず現代化の必要性を求められる教科である。

　参考：　総合理科科目の変遷「基礎理科」→「理科Ⅰ」→「総合理科」→「理科基礎」「理科総合」→「科学と人間生活」

　小学校→中学校→高校へと段階が進むにつれて、内容は学問的な研究領域（自然科学）とのつながりを、よりはっきりさせてくる。学習者にしてみると、低い年令では、その全領域の構造的把握は不可能であるが、中学校あたりからは、しだいに領域の特徴をよみとれるようになってくるだろう。

　高校では領域そのもので一貫したカリキュラムの構成がされ、学ぶ立場の者にとってもその構造や体系が明らかになっていく。あくまでも、領域は教科としての領域であって、学問や研究をしていく立場と区別しているものである。ただ、自然科学の歴史的発展過程から考えると、各領域の独自性と概念・法則の体系化による認識の特徴をとらえられるという点で根拠のないことではない。領域は固定されているものではなく、本質的には流動的である。したがって壁のように仕切られたものと考えないようにしなければならない。このことは、自然科学が実際の自然界における事物、現象を対象にし、そのアプローチに対して共通した科学の方法を武器にしていることで、発展していることからも明らかである。だから、領域の独自性はみられるが、それとならんで自然の事物・現象の解釈には、領域の壁など取りはらって、一般性（共通性）へと進んできたことからもうなずける。例えば、エネルギーは自然界の諸現象を統一して解釈しうる基本的な概念として、各領域すべてにわたる認識のもっともBaseになるとする考え方である。物質概念も、エネルギーとならんで包括的な概念である。概念は体系化されることによっ

て、カリキュラムとしての全体構造が明らかになってくる。そのことをふまえた上で、理科の内容がどのように構成されているか考えてみると、教材を通して学習し、その系統性やまとまりとしての事物・現象の体系的認識へと進んでいくことになろう。

　具体的に授業場面では、系統性をふまえた単元の構成にもとづく授業設計、実施の段階となる。具体的な教材を通して概念の形成がはかられるようになっているが、カリキュラムのフィロソフィーによっては、概念形成重視型ばかりでなく、「科学の方法」をより重視するものもあり様々である。

区分　　内　容

A	小　領　域	概念の系統性	概念の形成をめざした
B	小　領　域	概念のまとまり	具体的事物・現象
C	小　領　域		

しかし、カリキュラムの志向しているものを問わずにいずれの場合にも、観察・実験は、具体的事物・現象を対象としたはたらきかけ、自然探究に操作をともなったアプローチとして、その重要性に変わりがない。

(2) 領域ごとの教材
① A 区 分　生物的領域

　生物的領域は、特に植物を中心として構造とそのはたらきについて、生物が生活活動を営む根本としての物質交代と結びつけて、観察・実験を通して調べていく内容と自然環境との相互作用の中で生活している生物のすがたをとらえる生態的な観察から考察していく内容、さらには生物の種の存在と結びつけていく生殖と遺伝を中心とした内容で構成されている。生物教材は、特に他領域の教材とちがって、複雑な概念が豊富に含まれている生物個体としてとらえ、扱わねばならないこと、現象が比較的ゆるやかで時間的にも変化を追うことがなかなか難しく、身近な素材を豊富に持ちながら、開発することがむずかしい。これらの難点を持ちながらも、子どもにとって植物や動物を栽培したり、飼育する活動を通し年間を通して学習する機会を積極的にはかるように構成されるべきであろう。

② B 区 分
(i) 物理的領域

物理的領域では、力学と電気が2本の柱である。物理的な内容は、基本的な概念が明確で系統性もはっきりしている。教材としては身近にある事物で、実験を通していくつかの量に関する概念の習得をめざすようなねらいがある。定性的な実験といえども、量的把握を含めている。測定という基本技術、結果の処理のしかたなどは、物理的領域に限らず、理科学習全体の基礎となる教材の構成が望ましい。

　ア．力学教材－で物質の量の中では、基本量としての質量、長さ、面積体積、それらと温度による変化

　　　力学現象－特につりあいを中心にして力の存在と大きさ、力を測るということで、力による変形（ばねののびと力）などを扱う。実験は、現象そのものの要素を取りだし、その要素そのものの定義を明らかにした上で、要素間の量的関係（法則）把握のための教材で構成される。

　イ．電気教材　磁石（磁気力をもつ）物質の存在、電流が流れる物質の存在、電流回路、電圧（電流の強さと電圧）、電流の仕事（熱の発生）、電流と磁気　実験は、電流の強さ、磁気力の強さの比較による質的理解が中心となるような教材を用いて行われる。

　ウ．他に熱、光などの教材

(ii) 化学的領域

　化学的領域は、物質の状態の質的変化を中心に化学変化の基本的理解をめざしている。中学校では粒子概念の基礎（化学変化、物質の三態、イオンによる化学変化など）を形成していくが、その段階へと導けるようなマクロ的物質観の形成を経てミクロ的物質観を形成していく。実験としては、身近かな素材とその相互の間に起こる化学的現象をとりあげて行い、物質の属性の理解とその一般化がねらいとなろう。

　ア．物質の状態に関するもの　溶解、溶液、水の三態、気体、液体の膨張など

　イ．物質による化学反応に関するもの　中和、金属との反応、燃焼、水溶液の化学的性質（酸性、アルカリ性など）、イオン、気体など

③　C　区　分　地学的領域

　地学的領域は、大気を含めた地球表面の構成物あるいは、地形の特徴と原因を太陽エネルギーと結びつけて考えていく内容と、天体主として太陽、月、主な星座の動きなどから1日の変化を観察することによって理解することな

どから構成されている。教材として、前者は比較的身近かにあるものが、岩石などの標本であるが、部分から全体を想像することがむずかしいように、子どもにとっては、やはり野外実習（遠足なども含めて）に負うところが大であろう。気象教材は、継続的な観測によって興味を持たせていくことであろう。天文の教材も、特に対象そのものをいかに観察していくかのアプローチの方法いかんで、その良し悪しがきまってくる。物理・化学と異り、観察に重点を置き、しかも、継続的に厳密に測定することの多い地学的領域の教材については、視覚的モデルを大いにとりいれたもので、時間的空間的スケールの大きさを理解させていけるような開発が望まれる。

以上、理科における観察・実験の内容と教材開発の視点について、その考え方の一端をのべた。個々の事例や教材の具体例についてはIII章④に述べられている。

教材は、いかにして子どもが学びの対象として自然の事物現象を実感できるかで、良いか悪いか評価できる。わが国は高度科学技術社会である。新素材が次々と開発され瞬く間に製品化される。ものづくりを教育の重点におく我が国特有の教材開発環境が整っていることは、理科教育の発展に多大の貢献[*2]をしている。

3　教材の形態

(1) 観察や実験の器具（教育用理科機器）

理科学習は、観察や実験に欠かせない理科の設備備品の充実により保障される。また、学習指導要領の改訂のたびに、内容削減や軽減または学年の移動によって、常に開発や整備が求められる。消耗品であれば補充や修理も気をつけておかなければならない。機器類の安全性は最優先されなければならないが、機器類の中には、電気や熱に関する機器類、力学的な実験器具類、化学実験のガラス容器類で、しばしば取り扱いの仕方が誤っていたり、誤作動を起こすケースも多い。また、理科を担当する教師にとっては、整備に費やす時間、観察や実験の準備・片づけに要する時間はかなりの負担となっている。市販の製品も耐久性や安全性の向上が見られ、実験や観察はよりしやすくなっているが、高価であることもあり、教師自作による器具類を用意す

ることで、学習の充実を図る教師も少なくない。

　理科の観察や実験に用いる器具類だけでなく、必ずと言ってよいほどその器具と一体となって用いられる対象物質や生物などを含めた実験や観察の材料を教材として広くとらえている。例えば、電気の分野では教材として、回路を作る導線、豆電球、電流計、電圧計、電池と組み合せ実施する。小学校段階では、明るさを比べることでも電流の強さを認められる。機器の仕組みや原理を学ぶことで、同じ現象でもより厳密（定量的）な測定により、法則を導き出していく。

　顕微鏡観察においても、何を見ようとしているのかで教材生物を変えることで、同じ器具（顕微鏡）を用いても、さらに発展した観察や発見を可能とする。でんぷんを見る場合、典型的にはジャガイモを用いてヨーソでんぷん反応と組み合わせて確証を得たり、また、発展的には、バナナの果肉の表皮細胞を材料とした場合、でんぷん粒を顕微鏡で確認し、さらに糖の検出でのベネジクト反応を組み合わせると、澱粉が糖に変化することも学習できる。

　科学的な概念の形成をめざすことを目標とするならば、観察や実験により、自然の事物現象にひそむ様々な知見を事実として認識する過程をしっかりしたものにするdoingの部分と、得られた事実を因果関係として解釈・説明する能力thinkingの部分は、理科学力の両輪である。まとめや結論を導く学習過程に、子どもの考えを表明させたり、用いる言葉の整理（概念定義）をしながら共通理解していくことの重要性を子どもたちに自覚させることは大切であり、文字教材である教科書や図書教材の力を大いに生かさなければならない。

(2) 教科書

　理科の教科書は、主に次のような特徴を持っている。一つは情報機能、二つは学習支援のためにある。学習指導要領に示された内容を十分分析した上で、素材としての自然の事物現象を選び出し、実際に見られる事物・現象を学びの対象とするため、写真・図などを生かした表現を工夫し、現実の事象にひそむ不思議さ疑問を出発点として、学習意欲を喚起する機能を求められ、観察や実験を通して問題を解決していく方法を示し、探究する過程の道すじに大きな役割を担っている。

　我が国の子どもたちのまわりは、素材にあふれ、実験器具や道具も整い、

観察や実験方法にも、多様で自由度の許された恵まれた学習環境が保障されている。これが理科の学力形成前半で大いに寄与している。ところが学力形成後半、すなわち日本型理科学力の弱点である論理性の欠如や、疑問を持ったり、問題意識を持つことの弱さが、PISA*3よる国際調査の結果2)で指摘されている。実験をなぜするのか、このことから何がわかるのか、この現象はどのように他に影響を及ぼすかなど、知識を使って説明する能力、予測する能力、自然をどのように解釈するかの力に弱さが見られる。

　理科における教科書の役割は、理科学力形成のうち、自然を読み解く力すなわち自然の事物現象にひそむ因果関係と科学概念（知識）形成を確かなものにするためにある。観察や実験の「体験」が前半とすると、「思考」による解釈や説明を可能とする理科学力の後半に子ども自身の確かな手ごたえを感じていくことが必要であろう。

　子どもは生きたもので学習する。まとめや評価では、写真やイラスト、図などをもとに解釈するので、正確さが求められる。
実際の授業では、観察や実験をグループで活動することが多く、協力して行う点はプラスだが、思考やまとめる段階は個人であり、図や写真で表現する場合その読み取り能力に関係する配慮がほしい。表現力や文章力の形成は、文章で書かせる説明の仕方を指導することで実現できるのではないだろうか。

　こんにちわが国は情報社会にあって、科学情報番組をはじめ多くのメディアを通して、インパクトのある映像があふれている。自然の事物・現象に、興味を引きつけ、スケールを大きくし、高度な映像技術によりあざやかな画面で出来上がった映像に目を奪われるほどである。問題はそこで付加される情報が一方向であり、受け手の学習者の発達段階を考慮することなく、メディア側のペースでつくられ、考える余裕もなく、情報が一方的に送られてくることである。

　理科の学習は、時間をかけてじっくりと、科学の方法に従い、プロセスを直接体験しながら態度や方法を身につけさせるものである。教科書はまさに、子どもの学習の道筋に沿って、一連のつながった学習を成立させるものであろう。コンテクスト（文脈）を持つことが学習を成立させていく。近年評価重視の方向で、そのことの意味がより明らかになった。メタ認知によってはじめて確かな学力が形成されたと言えるのである。たとえば、4観点評

価項目で難しいとされる「科学的思考」は、仮説をたて観察や実験を行い、結果を考察する力であること、学年が上がるにしたがって比較→関連付け→条件統→多面的思考などの科学のスキルを体系づけながら、少しずつ形成されるものである。道筋を自覚できるような工夫も必要である。

　先行調査[3]によれば、児童生徒の望む教科書は、習得しなければならない知識の詳しい説明を求めている。それに対して、教師は主体的探究活動を期待し、観察や実験の結果得られる知識が掲載されていないほうがよいとしている。教科書は、一元的なものでなく、自然探究の手引きとしてのワーキングブックと、習得の期待される知識や原理・法則など科学概念を主体とするリーディングブックに分けるべきであろう。学力形成に寄与する教科書の開発を期待したい。

(3) 図書教材

　わが国の評価観を変革する評価基準・規準の作成が指針となり、多様な評価をより推進することが図書教材としての課題である。その上で改めて図書教材の意義と役割を見直すことで、よりよき教材の開発に期待したい。それは、

　・学習のまとめ・定着による確かな学力の保証
　・ふりかえりの学習（個のレベルでの）習慣づけ
　・基礎・基本の重視に対応することがらの明確化
　・同時に発展的な内容や学習により、理科の得意な子をのばす
　・補充的な内容や学習により、不得意な子を支援する。

などの教育課題を前提として、各単元で育てたい資質・能力の育成に向けた図書教材の開発である。

　新しい評価教材の開発には、教科書単元の目標分析を前提として、それと一体となる評価基準があり、それを明確化することが各単元の育てたい資質・能力となる。また、観察や実験など実技を行いながら、その過程で様々な気づきや工夫の連続（創造性はその系統立てられた結果として実現するもの）、結果をまとめ、話し合う中での知識・理解へ至るプロセスに位置づく修得教材でありたい。

　関心・意欲・態度の評価には、自然に対する関心・興味→疑問を生じる問題設定が学習意欲となり→見通しを持った問題解決の方法を主体的に見つけ出す習慣づけが理科学習態度を形成させる。これも資質・能力である。

科学的思考は、その問題解決的な学習の過程で、仮説を立て観察や実験の作業過程で見られる気づきや新しい疑問に発展し、わかったと実感できるプロセス全体に関わる、きわめて大切な資質・能力である。発言やつぶやき、そして実験ノートや記録などからも評価できる。教師の発問に対し、小学生段階で語彙が十分でないので、応答が不完全であっても、補助してあげられるような評価教材も開発してほしいものである。

　現在のわが国の理科教育は、理科離れの傾向と基礎学力の低下を問題としている。これには、二つの意味がある。

　科学技術立国を標榜する日本を担う子どもたちの職業選択意識の低さは、際立っている。国際比較をしても学力は高いが、科学技術や科学的態度たとえば自然現象についての判断決定の弱さ、危険予知の不足など、自分の身を守る生活習慣の欠如など、若者の精神構造及び日常生活の方法として、科学技術の成果としての製品は使いこなすが、人工環境にどっぷり浸かっているだけで、単純な天気の変化も予測できないなど、客観的で合理的な判断力などが欠如している。

　知識を増やすことには異論はないが、単なる物知りでは知の創造はできない。

　理科の目標としている「問題解決能力」の育成は、子どもにとって、科学的な探究の過程をたどらせることで実現できる。しかし、小学校で図書教材を多く用いている理科専攻でない先生方の弱点が、探究の過程の何たるかを十分つかんでいないことである。

　今後は現職研修（教員のニーズとタイミング）において、理科の観察や実験実技研修に加えて、理科授業の組み立て方と図書教材の効果的な活用の研修などを行い、キャリアアップを図ることが必要であろう。他方、指導法の問題点として、教師自身が小学校から高校までの間に受けてきた理科の学習スタイルが元凶となり、受験の弊害が色濃く反映し、理科指導にもそのまま引き継がれ、理科指導のスタイルが一向に変わらない。教育実習生の授業を数多く見ていると、子どもの主体性と言っていても、いわゆる迎合型で、主体性の本質を指導に生かすことについての追求が見られない。また、観察や実験の体験が驚くほど少ない。時折、ものづくり体験や自然観察などをさせる機会があると、アイデア豊かな学生に出会うことがある。たずねてみると、小学校時代に指導の先生が体験活動に熱心だったことがわかる。

ポートフォリオなど、学習過程の制作物や記録などを評価する新しい評価方法や工夫によって、評価はますます多様になり、単なるペーパーによる評価に限定されることはなくなっていくであろう。しかし、図書教材は、認識の確かな定着を見ていくには、きわめて大切な機能を持っている。文字離れや読書離れで、文字による表現力が低下している状況打開を解消していくためのさらなる開発が求められている。

(4) マルチメディア教材

映像教材として、16ミリのフィルムによるものから、最近のビデオ教材に至るまでそのメディア利用の教育的効果を考えると、自然の事物現象を時間・空間的さらにはミクロの世界まで再現して情報を提示する教材は、理科として学習意欲を高め、真実を確認する重要な働きを担ってきた。わが国のメディアは、技術的に高度に発達しており、リアルな現象の再現は、学習に大いに助けとなっている。記録されたメディアコンテンツを正しく用いることで、学習者の理解は大いに助けられるものである。しかし、メディア活用の考え方やあるいは教師の自作によるメディア教材を作成する場合、受け手である学習者の発達や興味・関心、そこから何を学びとったかなど、学力形成のかかわることを十分に踏まえる必要がある。

以下、メディア活用による授業展開に汎用性を持つ考え方として図示する。

生の事物・現象だけで学習は、成立しない。授業内容でメディアをどの場面で活用するかによって、メディア教材の効果は違う。
メディアが、それぞれの機器（ハード）と使用する教材（ソフト）との一対一の関係で、進められてきたもの8ミリ、16ミリの動画やスライド、OHPは、すでに過去のものとなりつつあるほど、今やコンピュータおよびインターネット情報環境の著しい発展により、マルチメディア教材と称したり、近年デジタルコンテンツ[*4]として、教材の完成度を高めてきた。

学校教育にあってこのデジタルコンテンツをどのように活用するかは、最終的には授業を進める教師自身に委ねられる。観察や実験による直接体験と情報によるコンテンツ（間接）との組み合わせを効果的に生かすことが、子どもの学習に効果を生み出すものであろう。

A 刺激・情報提示	B 学習者視聴	C 学習の成果
・学習内容（単元・教材） ・教授者 ・メディアの特性（言語的か否か） ・状況（学習環境・場面）	個別的傾向を見る ・レディネス ・既有経験 ・パーソナリティ	・認知的 ・情意的 ・態度的 　（行動や意見）
<教材成立の要件> ①記憶心像の再生をたすけること ②知覚・思考の抽象段階においてつねに現実との照合を助けること ③制作意図以外の現実をつかみとる自由を残すこと ④情動・想像活動の誘発があること	<学習者の情動的要素の内在性とプロセスに注意が必要> 選択的知覚がある ①ある特徴は無視し、ある特徴には注意する ②視覚的および他のイメージが、長期記憶への入力の助けとなる	<評価方法> ①メディア視聴中のチェックリスト ②メディア視聴ノート（学習到達度を見る） ③イメージを図・絵で表現 ④視聴カード（個の変容） ⑤自由記述よりキーワード抽出 ⑥感想文 ⑦意見発表、グループ

4. 理科教材今後の課題と展望

　教材は、内容と一体であり、学習の具体的な媒体として、学習対象とそこに内在する自然のしくみや性質を、学習者の興味や関心を高めながら、わかりやすく探究していく学習材である。また、得られた知識をまとめるために、学習を支援することや評価に欠かすことができないものである。科学技術の進歩、グローバルな世界、人類存亡に関わる環境問題などに取り組む、次代の子どもたちに確かな学力を身につけさせる大切な機能を有し、絶えず改良や工夫、開発を期待されるものである。教材は、作る側の論理のみならず、それを用いる側の論理や観察や実験などの器具にあっては、その扱いの仕方で技能面の検証も伴ってくる。実際の授業で明らかになる教材に絡む様々な情報を共有し、考え方を交流させるには、教材学会をはじめとして様々な研

究会の存在は、今後さらに重要性を増してくるだろう。また、伝統的「ものづくり」国家としての優れた成果を国内外に発信する使命と世界の理科教育に貢献する役割は、ますます高まると考えられる。

注

＊1　学習指導要領改訂により、小学校理科は2区分となる。　A　物質・エネルギー　B　生命・地球（2011年度完全実施）

＊2　日本理科教育振興協会　http：//www.japse.or.jp

＊3　PISA（OECDによる理科数学に関する国際比較調査）

＊4　JST（日本科学技術振興機構）の作成配信するデジタル教材が開発事例の一つ

文献

1) 井出耕一郎　理科教材・教具の理論と実際　1988.10　東洋館出版社
2) 日本理科教育学会編　PISA2006の結果と新しい理科教育　理科の教育　671　2008.6
3) 教科書研究センター編　「学習材」としての教科書の機能に関する基礎的研究　1．Ⅳ　理科　研究成果報告書　文部省科研費　1995.3

キーワード：自然の事物・現象、観察・実験、教材形態、教材開発

生活科の教材とは

日台 利夫
(ひ だい）(とし お)

1　生活科の登場と「教材」概念の問い直し

　教科としての生活科が、制度として実施されるようになったのは、平成元年（1989年）3月、小学校学習指導要領が告示されてからである。
　以来20年、この教科の存在は、小学校の教科指導の考え方や授業実践に様々な影響を与えてきた。教科指導における「教材」の概念や教材観があらためて問い直されるようになったのもそのひとつである。

(1) 生活科の登場と「教材」

　「教材」という言葉は、従来の教科指導においては一般的に、教師が一定の目標やねらいを達成するために提示する「教えるための材料または素材」というような意味で使われてきた。だが、子どもの主体的な活動や体験を学習の主軸とする生活科の場合には、この「教えるための材料または素材」という表現や意味はどうも似つかわしくない。
　生活科でいう「教材」には、教師が何かあることを子どもに「教えるための材料または素材」という意味よりも、もっと子ども自らが主体的に対象に働きかけ、活動し、求め、追究していくことを重視した対象世界や素材や場面というような意味が強いようにみえる。
　生活科の登場は、従来の教科指導における教材観をあらためて問い直すことを促した。その歩みを大まかにたどってみよう。

(2) 「教材」から「学習材」「活動材」へ

　谷川彰英（1991）[1]は、生活科の発足から2年後の1991年、「生活科をめぐる論議の中で、『教材』という言葉が問い直されてきた」と指摘し、「『教

材』ではなく『学習材』という言葉を使うべきだという声が自然に起こってきている」と、生活科発足間もない頃の実践研究の空気の変化に目を向けて、「教材」よりも「学習材」のほうが生活科に似つかわしいのではないかと主張している。

　谷川彰英によると、「もともと『学習材』という言葉は、加藤幸治氏らが個別化教育を提唱する中で使われてきた言葉なのだが、このような生活科の登場によってより広い市民権を獲得しようとしている」と述べたうえで「私はさらに一歩進めて、『活動材』という言葉を使うことも考えている。『学習材』というと、まだ『何か』を学習させなければならないという観念が残っている。生活科ではもちろん学習させることはさせるのだが、活動が全面に出る場合が少なくない。そのような場面では、『活動材』」と呼んだほうがふさわしい」と、「活動が全面に出る場合」という条件づきで「『教材』から『学習材』『活動材』へ」の転換を提言している。

　その後の生活科教育の推移をみると、「学習材」という言葉は、かなり広く使われるようになってきている。だが、「教材」という言葉も依然として広く使われ、主流の位置を占めている。一方、「活動材」という言葉は限定された場面で使われているようにみえる。

(3) 学習材とは

　このように生活科の登場は、従来から用いられてきた「教材」に替わって「学習材」という言葉の使用を促している。生活科における教材性について考えようとするとき、この変化は重要である。

　いったい「教材」と「学習材」は別の用語なのだろうか。二つの言葉の違いはどこにあるのか、二つの言葉をつないでいるものは何か、考えてみたい。

　生活科が全面実施されて5年目の1996年に、わが国で最初の本格的な「生活科事典」（編集－中野重人、谷川彰英、武藤隆）[2]が出版されている。総項目数192、518ページの本格的な生活科用語事典である。だが、この事典には「教材」の項目はなく、替わって「学習材」の項目が設けられている。生活科においては、「教材」という言葉は、用語事典から姿を消し、替わって「学習材」が市民権を得たかのようにみえる。この変化は、生活科の教材概念を問う際に見過ごすことのできない意味をもっているように思われる。

　生活科の教材とは何か、その教材概念を明らかにするには、多用されるよ

うになってきた「学習材」という言葉の意味とそれが使われるようになった背景を明らかにする必要がある。

　先の「生活科事典」のなかで小泉秀夫（1996）[3]は「学習材」とは何かを次のように記している。

　「学習材とは、子どもが学習活動を行う対象としての素材（もの）や現象（こと）を指す。環境や道具なども、働きかけ、活動する対象としてではなく、単に子どものまわりにあるだけでは学習材とはならず、単なる素材である」と述べ、「子どもは学習材であるさまざまな素材や現象にかかわって活動（学習活動）を行う。教師は一定の目標やねらいのもとに学習材を準備し、子どもが学習材とかかわれるように投げかけや発問を工夫する」と授業づくりにおける教師の役割と子どもの学習活動とのかかわり方を説明したあと、「重要なのは、子どもの学習の直接的要因は教師の活動ではなく、子ども自身の学習活動だという点にある」と子ども自らの学習への取り組みの大切さを強調している。その上で、教科指導において従来から使われてきた「教材」と「学習材」とを対比して次のように述べている。

　「『教材』とは教育内容としての概念や法則などを教えるために授業で提示される"事実、現象、素材"のことであると言われる。ここでは『教育内容としての概念や法則』の知識・理解が目指され、教師が教えるための材料という意味が強く出てくる」と概念規定している。そのうえで、「学習材」という言葉の使用について「学習は本来子どもの学習活動を通じてなされるものであり、学習活動の対象という観点から考えてみると、『学習材』という言い方がよりその姿を示していると言うことができよう」と述べている。

　ここでは「教師が教えるための材料」としての教材と、「子どもの学習活動の対象」としての学習材とを対比的に説明し、「子どもの学習活動の対象という観点」を重視する学習材のほうがより生活科の学習の意図や子どもの学びの姿を示すことになると述べている。

　これは、「教える」教師の側から、「学ぶ」子どもの側への視点の転換であり、重心の移動である。

(4) 子どもの側への重心移動

　もともと授業とは、「教える者（教師）」と「学ぶ者（子ども）」を基本的な構成要素とし、一定の教育目的（学習目的）の達成を目指して選択、準備

された素材や対象世界を媒介にして成り立つものである。教師の「教える」という行為は、子どもの側に「学び」が成立することを意図した働きかけである。そして、この行為は、「教える者」と「学ぶ者」との間におかれる一定の目標やねらいを内包した「教材・学習材」を媒介にして行なわれるのが一般的な形である。これを図示すると次のようになる。

```
教師 ← [教える] → 媒介となる素材・対象世界 ← [学ぶ] → 子ども
               教材   ⇔   学習材
                        ↓
                     学びの成立
```

　ここでは、「教える」過程と「学ぶ」過程が教材（媒介となる素材や対象世界）を通して、直接的に対応し合い、響き合うことによって学びが成立するものと考える。このような学びの成立を意図して選択され、準備された媒介物（素材や対象世界）が「教材」であり、それは即学習者にとっての対象世界であり「学習材」であるとみる。従来の教科指導では、「教える」過程に重心が置かれ、教師の側からの働きかけがともすれば「教え込み」になりがちであったのに対して、生活科では、学ぶ子どもの側に重心を移動することによって、真に子ども自身の主体的な学びを保障していきたい、という強い思いが「学習材」という言葉の使用を支えているものと考える。

2　生活科の性格と教材

　「教えるための材料としての教材」から「学習するための材料としての学習材」への重点移動は、この教科の性格が、従来の教科と根本的に違うことに起因している。ここでは、教科としての生活科の特質と教材性との関係を次の2つの視点から述べたい。
　一つは、生活科の目標と教材の関係である。そして、もう一つは、その目標をどのように実現しようとしているのか、教育実践の内容・方法と教材との関係である。

(1)「自立への基礎を養う」教材

　まず、生活科の目標と教材との関係について考えてみよう。

　生活科の究極的な目標は「自立への基礎を養う」ことである。では、生活科において、小学校低学年の子どもに期待している自立とは何だろうか。一般的には次の3つの自立が言われている[4]。

　①学習上の自立─例えば、自分にとって興味・関心があり、価値があると感じられる学習活動を自ら進んで行うことや自分の思いや考えなどを適切な方法で表現できることなど
　②生活上の自立─例えば、基本的な生活習慣や生活技能、身近な人々や社会及び自然と適切にかかわることができることなど
　③精神的な自立─例えば、自分のよさや可能性に気付き、意欲や自信をもつことによって、現在及び将来における自分自身の在り方をより強化していくことなど

　これら3つの自立は、いずれも日常の生活実践の諸体験のなかでの気付き、発見、探究などの生活的学習を通して、生活そのものを直視し、自己を見つめ、意識的に自分の生活を築き上げていくいとなみを通してはぐくまれ、身についていくものと考えられる。つまり、この教科は、自分の生活や自分のまわりの身近な人々の生活及び自分を取りまく環境そのものを学習の対象世界とし、そこに教材を求めるのである。いうならば生活経験そのものを教材として対象化し、それを見つめたり、意識的に体験したり、追究したりすることによって、ものの見方や考え方を学ぶのである。

　このように生活から学ぶということは、生活のなかにある論理や生活のなかにある知のつながりや技能を学ぶことである。このような学びは、学問や文化的な価値への感覚や好奇心を刺激したり、科学への芽生えや志向につながっていくものと考えられる。

　このように生活そのものを学びの対象とする生活科は、ほかの教科と違って、依拠する学問や科学は明確には存在しない。国語、算数、社会、理科など従来からある教科は、それぞれの教科の背後にある学問や科学の成果に依拠して価値ある教育内容が教材化され、系統的、計画的に学習者に教え、伝え、学ぶことになる。

　だが、生活科では、学問や科学の成果を前提にして、これに依拠して学習が構想されたり、教材が構成されるのではない。子どもの日常の生活やそれ

を取り囲む環境そのものが対象化されて学習対象になる。子どもはその対象世界に直接向き合い、様々な方法でかかわっていくことによって、その子なりに自己を見つめ、意識的に自分の生活を築いていこうとしながら自立への道を歩んでいく。生活科における学習材という言葉の使用には、このように学習者主体の個性的な学びを志向しながら、子ども自ら自立への道を歩んでいくよう促していきたい、という意図が込められているものと考えたい。

(2) 基本的な学習手段としての「活動・体験」と教材

　教材から学習材への重心移動を促したもう一つの要因は、生活科の基本的な教育手段が「具体的な活動や体験を通す」ことにあったことによる。

　先に谷川彰英が学習材からさらに一歩進めて「活動材」という言葉の使用を提起したのも、この教科では「活動が全面に出る場合」が多い、という特質に着目したからである。

　「具体的な活動や体験」重視の考え方が志向する理念は、自発性、積極性、能動性などアクティブな精神や肉体の働きを重視する学習観である。これは、従来の教科指導が、机に向かって、教科書で学ぶという動きの少ない学習形態が一般的であったのに対して、対極にある学習観である。もちろん、活動や体験は従来の社会科や理科などの教科指導においても行われてきた。そういう意味では、突然登場した学習手段ではない。だが、一般に社会科や理科などの教科指導では、活動や体験はどちらかというと、学習内容を習得する手段として、方法的な側面が重んじてられてきた。これに対して生活科では、活動や体験は方法であるとともに内容であり目標であると考えられている。このことが、生活科の教材性を規定する。

　学習指導要領では「具体的な活動や体験」というように活動と体験を対で表現している。一般に、活動は行為や行動などに近い意味で用いられ、身体と心の働きを表している。見る、書く、描く、話す、調べるなど、あるまとまった一連の行為や行動などを活動と呼ぶことが多い。表現活動、模倣活動、ごっこ活動のように、ある特定の行為や行動と組み合わせて表現することによってその活動の形や性格を鮮明にする場合もある。

　一方、体験という言葉は、一般には、身体を通じて行なう活動ないしは直接経験に基づく活動という意味で用いられているが、活動との違いは必ずしも明確ではない。二つの用語の違いがはっきり表れるのは、その前提に大人

や大人社会がつくった一定のまとまりをもったモデルがあるかどうかということではなかろうか。

　例えば、「生きものランドをつくろう」「やきいもパーティーをひらこう」「むかしあそびにチャレンジしよう」などの単元名にも表れているように、すでに大人や地域社会に、子どもにとって魅力的なモデルがあるのである。動物園や水族館、昔遊びや焼き芋など、いずれも子どもにとっては魅力に満ちた活動モデルであり、対象世界である。そのモデルを真似て、イメージゆたかに創作して、その世界を創りあげ、追体験する。この追体験の過程では、見たり、調べたり、創ったり、描いたり、動作化したりするなど様々な活動が、目的に応じて、連続的に組み込まれていく。動物園や水族館をつくるとか焼き芋パーティーや昔遊びの会を開くというような、大きなスケールの目的的でかつ連続的な活動に、夢中になって意欲的に取り組む。

　このように、魅力ある目標の達成に向けて、活動的、連続的、協同的で、かつ総合性の高い対象世界こそ生活科の特質を示す教材といえるだろう。

3　生活科教材の機能を生かす学習指導上のポイント

　生活科の学習指導において、教材の機能を生かし学習の効果をあげるためにはどんな点に留意したらいいのか、ここでは以下の3つのポイントについて述べたい。

(1)　直接体験教材

　生活科の学習活動は直接体験が主軸になる。一般に教科指導においては、間接体験的な教材と直接体験的な教材のいずれかまたは両方が使われている。教科書、テレビなどの映像、写真、地図、図鑑、参考図書、教師の話などは間接的な教材である。教科指導においてはこのような間接的な教材の使用が主流になっている。だが、生活科の学習活動では、直接体験を重視する。生活科においても、教科書や図鑑などの間接的な教材は活用される。挿絵や写真を使ってウサギの様子を観察したり、朝顔の成長過程を知ったりする。だが、生活科でもっとも大切にしたいのは、実際にウサギを抱いてみたり餌を与えてみたりするなど、五感をフルに働かせ、驚いたり、感動したりして、

情緒的なかかわりを深めながら対象世界への認識を深めていくことである。直接体験は、間接体験に比べて印象が強く、学びが深まったり、広がったりする可能性が大きい。だが、一方で直接体験は、学びの対象や焦点が拡散しやすく、方向が定まりにくいため、子どもの活動が、ただ体験しているだけ、遊んでいるだけのように見えたりするという問題も抱えている。直接体験教材のもつ潜在的な価値をどのように生かして学習効果を高めていくかが課題である。

(2) 驚きや感動など情緒的な心の働きを促す教材

　直接的な体験活動では、驚きや感動、興味や関心など感情的・情緒的な心の働きが強くなる。このような情緒的な心の動きは、低学年の時期の子どもの学習においては、欠くことのできない重要な働きをする。この時期の子どもは、対象世界に興味や関心をもったり、驚いたり感動したりすることによって意欲的になり、学びが深まったり広がったりしていく。そしてさらに、驚いたり感動したりする心の働きには、知的な探究心や知的な思考・判断の芽生えがひそんでいるのであり、後のより高度で科学的な認識の基礎となる。

　このように驚きや感動など情意的な心の働きを促す教材の機能は生活科の学習の成立にとってきわめて重要である。

　従来の教科指導における教材は、一般に知識や技能の習得をめざして、知的な情報の提示を重んじる傾向があった。だが学びを育てる場合、知的であることと情緒的であることを対立する問題、または不連続の問題と捉えることは適当ではない。生活科の教材では、情緒的なかかわりとしての驚きや感動などいわゆる「実感のある気付き」から出発して、知的で科学的な思考や認識・判断・表現の芽生えにつながっていく教材機能を重視している。つまり、感情・情緒的なかかわりの延長線上に論理や科学への芽生えを想定し、そういう可能性をもった価値ある典型的な教材の開発が求められているのである。

(3) 体験と言葉をつないで子どもが創り伝え合う教材

　子どもたちは、驚いたことや感動したことなど「実感ある気付き」を友だちや先生など他者に伝えたいという思いを膨らませる。それを、その子なり

の言葉や行動や絵や図で表現し、互いに伝え合う。

　多くの場合、子どもが発する「実感ある気付き」のなかには、科学的に意味のある発見や気付き、人間的に価値のある考え方が隠れている場合が多い。だからそういう表現活動や子どもが相互に伝え合う活動は、いわば子ども自らが創った知恵のキャッチボールとなって学びを深めていくことになる。ここでは、一人ひとりの気付きや表現は、かけがえのない貴重な教材としての機能を発揮する。子どもたちが創った教材である。教師はその貴重な教材のキャッチボールを組織しながら、子どもと共に授業を創っていく。

＜引用文献＞
1)　日台利夫・谷川彰英編著「小学校生活科の指導案づくり」東京書籍、1991年、67～68ページ
2)　編集－中野重人、谷川彰英、武藤隆「生活科事典」東京書籍、1996年
3)　同上書　132～133ページ
4)　「小学校指導書・生活編」文部省、平成元年6月、10～11ページ　及び「小学校学習指導要領解説・生活編」文部省、平成11年5月、14ページ

キーワード：学習材、活動材、直接体験教材

音楽科における教材とは

八木　正一
（や　ぎ　　しょう　いち）

1　教材と教育内容

　教材の定義として一般的かつ適切であると思われるのは、つぎのようなものであろう。
　「教育内容としての概念や法則などが形をとってあらわれたものとして授業過程のなかに導入される事実、現象、素材」[1]
　この定義には、大きく二つの意味が含まれている。ひとつは教材と教育内容とは相対的に区別され、教材は教育内容との対応の中で組織されること。そしてもうひとつは、教材は子どもたちの直接の学習対象となるものだということである。つまり、子どもたちは教材を学習することによって、その背後にある教育内容を獲得し、そのことによって能力をのばしていくということなのである。
　このように現在では、教材は教育内容と区別され教育内容との対応関係において位置づけられることが共通の理解となっている。しかし、今では一般的とも言えるこうした教材概念の歴史は、さほど古いものではない。教育内容との関連で教材を位置づけることの重要性が指摘されたのは、1960年代になってからであった。
　それまでは、教育内容と教材を対応関係においてとらえる上のような用語法は存在していなかったのである。戦後初期、教材といえばそれは音楽科や図画工作科で特定の作品を指すことばとしてのみ使用されていた。また、今でいう教育内容という概念も存在しなかったと考えることができる。[2]
　こうした中、教科で教えるべきもの、つまり教育内容を科学的な概念や法則等で構成すべきであるといった民間教育研究団体の主張と連動しつつ、教育内容と教材との区別の重要性が認識されるようになったのは60年代にな

ってからであった。柴田義松が、戦後の経験主義教育を「教科の体系を科学の体系からではなく、子どもたちの生活経験から導きだそうとする経験主義の教育においては、経験的事実（教材）の学習をとおして、何（どのような科学的概念・法則）を子どもにつかませようとするのか、はっきりしないことが多い」[3]と批判したのは1967年であった。こうした批判を受けて、鈴木秀一は「教育内容と教材と明確に区別して考えることが可能となったのは、第一に『科学を教える』ことが小学校から教科指導の主要課題と意識されるようになったからである」[4]というように教育内容・教材の歴史を1971年に整理した。

このような60～70年代初めの流れの延長線上で、音楽科教育の立場から、千成俊夫は音楽科における教材と教育内容との関係をつぎのように整理し提案した。

「一般に教育内容というのは、その教科を教科たらしめている本質的、基本的な概念なり法則であり、より一般的なものとでも規定してよいかと思います。（中略）＜教科の基本的・要素的並びに本質的なものは強力であり、同時に単純でもある。（中略）音楽の基本的なものとは、メロディー、調、音階（さまざまな旋法を含めた一定の音の相互関係の組織体）、リズム、形式、音色、ダイナミックス、テンポなどであると言ってよいと考えます。（中略）このような音楽科の教育内容をどんな子どもでも理解できるように豊かに具現化したもの、それが教材並びにその条件なのではないか」[5]

音楽科において意識的に教育内容という用語が使用されたのは、これが最初であった。つまりこれ以前には音楽科においても教育内容という用語や音楽的概念などとしての教育内容概念は存在していなかったということになる。なぜなら、音楽科の授業は、教材としての楽曲を再表現することと同義であり、その過程で、その教材のもつイメージやメッセージにせまっていくのが音楽の授業であると考えられてきたからである。音楽的概念としての教育内容をいわば社会科や理科と同じような教育方法的な原理によって獲得していくという授業観は存在していなかったのである。

千成の上の提案はさまざまに批判されつつも、次第に音楽科教育に定着していくこととなる。千成提案の数年後、音楽科教育のオピニオンリーダーでもあった山本文茂は、創造的音楽学習とも関連して、音楽的概念としての教育内容と、それを獲得するための学習材としての教材とを区別して位置づけ

たのであった。[6)] これ以降、教材を教育内容に対応させて位置づけるという用語法は音楽科においても市民権をもつこととなったのである。

2 音楽科における教材の三つの働き

　音楽科の授業は、教材としての楽曲を再表現する、あるいは鑑賞するという形で構成されるのが一般的である。そこでの教材は、国語科の文学作品の読みの授業の場合と同じような性格をもつこととなる。国語の読みの授業において、教材としての作品は子どもたちの読みの対象として位置づけられる。子どもたちは作品を読む中で、その背後にある形象や作者のメッセージなどの教育内容を豊かにつかみとっていくのである。それと同様、一般的な音楽の授業では、教材としての楽曲作品を表現したり鑑賞したりする中で、その教材のもつイメージやメッセージといった教育内容に子どもたちがせまっていくということになる。

　一方、音楽科では、ある一定の音楽的概念を理解するという文脈で音楽作品などが教材として位置づけられることもある。たとえば、「ソナタ形式」という音楽形式を理解させるための教材として、ある音楽作品を使うという場合がそれに相当する。

　こうした授業においては、子どもたちは教材としての音楽作品を鑑賞したり分析するなどしながら、音楽形式のひとつであるソナタ形式を理解することになる。このような授業の場合、教材として使用されるのは音楽作品にかぎらない。後にも述べるように、音楽以外のさまざまな素材や現象も教材として位置づくことになる。

　このような授業では、一定の教育内容の理解という目的のもとに、音楽作品などの教材が位置づけられるということになる。ここでの教材は、社会科や理科のそれと同じような性格をもつこととなる。先のように、音楽作品としての教材が表現や鑑賞の対象として位置づくのとは対照的な使われ方である。

　音楽作品が教材としてこのような二様の働きをするのは、音楽作品の構造そのものに拠っている。大きく言えば、ひとつの音楽作品は、作者の表現意図やメッセージといったもの、言い換えれば作品に固有の表現的特質が、音

楽的形象を借りて表現されてたものということになる。つまり、音楽作品においては、ある表現的特質がリズムやメロディーといった音そのものに媒介されて表現されているということになるのである。

おもに前者（表現的特質）の獲得をめざして授業を構成するとすれば、音楽作品は授業の中で表現や鑑賞の対象としての教材として働き、同様に後者の獲得をめざして授業を構成すれば、ある音楽的概念の理解のための教材として音楽作品が作用することとなる。

こうした二つの教材概念と同時に、音楽科においてはさらにもうひとつの教材概念を想定することができる。

「つくって表現する活動」による授業でそのことを考えてみよう。この授業ではたとえば「絵を見て思い浮かんだイメージを音で自由に表現してみよう」という形で、学習の場が設定される。こうした授業では、その「場」そのものが教材として働くことになるのである。あえて他教科の場合にひきつけて考えれば、そうした教材の働き方は、生活科の授業における教材の働き方と同じような性格をもつと位置づけることができる。

こうした教材のあり方は、音楽科の一般的な教材観との関係で言えば、いわばオールタナティヴな性格をもつことになる。それは後の項で説明するように「生成する場」をキーワードにする教材として位置づけることができるものである。

次項以下、この三つの教材概念について簡単に説明を加えていくことにしたい。

3. 表現対象としての教材

音楽科における教材といえば、その中心はやはり音楽作品である。先にも述べたように、音楽作品以外の現象や素材も音楽科では教材として働きうるが、やはりその中心は音楽作品であろう。

前項で述べたように、音楽の授業で教材としての音楽作品は大きく二通りに作用する。そのひとつは表現や鑑賞の対象としての働きであり、いまひとつは、たとえば音楽的概念の獲得のための教材としての働きである。

しかし、実際の授業では多くの場合、教材としての音楽作品の働きは前者

の場合が多い。教科書を検討するまでもなく、圧倒的に多くの音楽科の授業は表現や鑑賞を中心にして構成されていることからもそれがわかる。

　言うまでもないが、こうした方向で音楽作品を使って授業を構成する場合、まず表現（や鑑賞の）対象としての作品を選択するところからその作業が始まる。「次の授業ではどのような作品を表現させようか」と考えるところから授業構成が始まるのである。当然のことながら、この教材選択の際、どちらかと言えば教材のもつ表現的特質が重要なファクターとして作用する。この音楽作品の表現や鑑賞を通して子どもたちにどのような音楽の世界を体験させればよいかといった判断が教材選択の際に第一義となるのである。表現や鑑賞の対象として音楽作品を教材化しようとする際、まずはどのような作品を選択するかが問われることとなる。

　このように、子どもたちに豊かな表現や鑑賞活動を組織する授業ではまずは教材の選択決定が先行する。その意味で、私はこうして構成される授業を教材先行型あるいは教材→教育内容型の授業構成と呼んできた。[7]

　これに対して、次項で述べるようにある音楽概念を獲得させるために音楽作品が教材として使われる場合には、教材と教育内容は反対の関係をもつことになる。つまり、音楽的概念を獲得させるような授業構成においては、「次の授業ではソナタ形式を教えよう」という形でまず教育内容が決定されることになる。したがって、こうして構成される授業は教育内容先行型、あるいは教育内容→教材型の授業構成ということになる。[8]

　さて、音楽作品が表現や鑑賞のための教材として実際に作用するためには、その作品の分析、解釈が必須となる。ごく粗く言えば、作品を分析する中で、作品のもつイメージや音楽的特徴、技術的な課題を析出し、それをどう子どもたちに媒介するかを考えるのが分析、解釈の作業であり、その結果、子どもたちに気づかせるものとして確定されたものが教育内容なのである。教材の表現や鑑賞を主目的として構成される授業においては、教材として選択された音楽作品を分析し、解釈する作業の中ではじめて教育内容が立ち上がってくるということになる。

　こうしてみると、表現や鑑賞の対象として教材が働く場合のキーワードは解釈であるということがわかる。国語科における文学作品の読みの授業の場合がそうであるように、表現や鑑賞の授業では、教師の豊かな教材解釈が重要な意味をもつことになるのである。

4. 教育内容を媒介する教材

　先にも述べたように音楽作品はもうひとつの働き方をする。それは表現や鑑賞の対象ではなく、教育内容としての音楽的概念を教えるための、言い換えれば音楽的概念などの教育内容を子どもたちに媒介するための教材として働くということである。

　こうした教材の働き方に関して、ひとつの例をあげておこう。次頁は音楽形式である「ソナタ形式」を教える簡単な授業プランである。[9]

```
―― プリント1 ――
つぎの絵と詩に共通することをあげてみましょう。

　（絵）



　（詩）

　　　　春だ
　　　　チューリップがひらいた
　　　　春のやさしい光の中で
　　　　チューリップが笑ってる
　　　　春だ
　　　　チューリップがひらいた
```

　★子どもたちに自由に考えさせたあと発表させます。発表が終わったらつぎのプリントに進みます。問題の答えはつぎのプリントを参照してください。

> ──── プリント2 ────
> 　絵も詩も、全体が三つの部分や段落からできています。そして、ちょうどサンドイッチのようになっています。絵はまん中をはさんで、左右が対象になっています。詩は中の2行が前と後の2行にはさまれた形になっています。
> 　ところで、詩をもう一度読んでみましょう。
> 　まん中の2行は、最初の2行を少し変えた文になっています。終わりの2行は、最初の2行といっしょです。
> 　じつは、このような形でできた音楽があります。聴いてみましょう。

　◎クレメンティ「ソナチネ作品36の2」を聴かせる
　★つぎのように言って曲を聴かせるとよいでしょう。『最初のメロディーが出てきて、それが少し変わっていきます。そしてまた、最初のメロディーが出てきますよ。全体が大きく三つの部分にわかれています』
　　聴いたあと、つぎのプリントに進みます。

　これは子どもたちとプリントを読み進めながら授業を進行していく例である。プリントおよびプリント下の注から明らかなように、この授業プランではさまざまな音楽作品や、音楽作品以外の絵や詩といった素材が教材として位置づけられている。ソナタ形式とは何かを子どもたちに理解させるために、これらの作品や素材が教材として構成されていることがわかる。[10]
　このような授業における教材は、前項での解釈をキーワードとする教材とはその性格を異にするものだと言わなければならない。ソナタ形式という音楽的概念を教えるこの授業プランにおいて使用される音楽作品等の教材は、表現や鑑賞の対象としてではなく、概念を理解させるための教材として機能しているのである。
　言い換えれば、ここでの教材は解釈の対象としてのそれではなく、一連の教材の学習を通して概念を獲得させるための教材構成の対象として位置づくこととなる。何度も述べるが、音楽科においては解釈による授業構成になじむ教材概念と、ある一定の教育内容の獲得をめざして教材を組織する、いわば「構成」をキーワードとする教材概念が並立しうるのである。教材を構成しながらある一定の音楽的概念を教えるという文脈で考える時、先に紹介し

―― プリント3 ――

　このような形でできた音楽を「ソナタ形式」の音楽といいます。
　つまり、最初に
　① あるメロディーが出てきて、
　② それが変わっていき、
　③ そして、また最初のメロディーが出てくる
という形です。
　あるメロディーのことを、「主題」といいます。
　先に聴いたソナチネはとても短い曲なので主題はひとつしかありませんでした。ふつうのソナタ形式の曲には主題が二つあります。
　上の①は、主題の出てくるところなので「主題提示部」といいます。
　また、②は主題のメロディーをもとにしながらもそれが変わっていくところなので「主題の展開部」、また、③は主題が再び出てくるところなので「再現部」といっています。
　つまり、ソナタ形式とは、

　　| 主題提示部 | ―― | 展開部 | ―― | 再現部 |

の三つの段落からできた楽曲の音楽なのです。
　私たちも人に話をする時、このような形で話しをすることがあります。最初に、言いたい結論を言って、それからそれについて違う角度から説明して、最後にダメ押しでもう一度結論を話したりします。
　さて、それでは問題です。
　3曲、音楽を聴きます。その中にソナタ形式でできた音楽が1曲あります。それは何番でしょうか。つぎの数字を○で囲みましょう。

　　　1　　　2　　　3

★聴かせる曲は、1「エリーゼのために」(ベートーベン)、2「ソナタ第1番ヘ短調作品2の1」(ベートーベン)、3「仔犬のワルツ」(ショパン)です。正解は2。
　1も3も全体が三つの段落からできています。それぞれ最初のメロディーが中間部をはさんでまた最後に出てきます。しかし、これはソナタ形式ではありません。中間部は最初のメロディー(主題)をもとにして変化させたものではなく、(つまり展開ではなく)、べつのメロディーだからです。
　ちなみに、このような形式はA－B－A形式と子どもたちに説明しておきましょう。

た「ソナタ形式」の場合のように、そこでの教材は、楽曲作品だけにはかぎらないさまざまな素材や現象が用いられるのは言うまでもない。

5. 生成する場としての教材

　先に、音楽科におけるオールタナティヴな教材として、「場」そのものが教材になりうるのではないかと提起した。この点に関して、「天国の音楽議会」というひとつの授業を紹介してみよう。次頁のようなプリントに沿って行われる授業である。これは吉田孝が開発した授業である。いわば、音楽史の特徴を理解することにつながる授業として位置づけることができる。

　実際の学習活動は、グループに分かれて担当する政党を決めるところから始まる。政党の党首を誰にするかを決め、グループの誰がその党首役を演じるかを決める。あとは、それぞれにその政党の音楽やその特質を調べ、どんな曲を使いながらどのように自分たちの政党の音楽が優れているかをアピールするプレゼンテーションの方法を考え、実際にプレゼンテーションを行うということになる。

　この授業は、たとえば、「宇宙の音を想像してつくってみよう」といったような「つくって表現する活動」による授業とも共通するところがある。つくって表現する授業では、宇宙の音といった形で表現するものの大枠は決められているが、実際にどのようなものが具体的に表現されるか、つまり、具体的な教育内容はあらかじめ設定されているわけではない。教師あるいは教師と子どもとで共同的に設定された「場」から、相互作用の中で表現する内容が共同的に生成されるのがつくって表現する授業である。「天国の音楽議会」の授業も、構造に着目した場合、それは「つくって表現する活動」による授業と同じものとして分類できる。

　ところで、この授業における教材とはいったい何であろうか。授業で使われるプリントそのものも教材である。さらに言えばそのプリントが学習者に提起する「場」そのものも教材であると考えざるをえない。学習者は、その「場」に触発されて、教育内容、つまりこの例で言えば音楽様式の特徴が教育内容であるが、そうした教育内容を生成することとなる。教師があらかじめ設定した教育内容を理解させるということではなく、あくまでも「場」に

---- プリント ----

　ここは天国です。天国には「音楽共和国」というのがあり、生前に有名な音楽家だった人やクラシック音楽の好きだった人たちが集まって暮らしています。最初はこの共和国も人口が少なかったので国のことはすべてみんなで話し合って決めていたのですが、人口が増えたため議会をつくることにしました。
　議員の定員は5名です。そこで比例代表選挙をして議員を決めることになりましたが、議会にはそれぞれ4人の候補者をもつ5つの党ができました。

```
--- バロック党 ---    --- 古典党 ---       --- ロマン党 ---
○バッハ              ○ベートーベン        ○シューベルト
○ヘンデル            ○モーツァルト        ○メンデルスゾーン
○ビバルディ          ○ハイドン            ○シューマン
○テレマン            ○クレメンティ        ○ベルリオーズ

--- 国民党 ---       --- 現代党 ---
○ドボルザーク        ○シェーンベルク
○チャイコフスキー    ○ストラビンスキー
○シベリウス          ○メシアン
○スメタナ            ○武満徹
```

【作業】
①自分たちの担当する党をきめます。
②担当する党の党首を、上の5人の中から選びます。
③その党首になって、演説する人を決めます。
④さまざまな演説（発表）の方法をくふうしましょう。

触発されて、学習者が最終的に音楽様式の特徴と音楽史の変遷という教育内容を自ら生成することになるのである。こうした授業では、学習者にとって興味を喚起するような豊かな学習活動の提起が「場」の実体を形成することとなり、それが教材として授業で作用するのである。
　その意味で、こうした教材概念は前項までに述べてきたものとは異なった教材概念であり、それに触発されて教育内容を子どもたちが生成するといういわば生成性をもった教材概念と言うことができる。

こうした「生成」をキーワードとする教材概念は、音楽科において中心となっている表現の授業を見直す視点をも提供すると言わなければならない。

　音楽科で一般的に見られる授業は、教師の教材解釈によって表現目標を設定し、教師の指導によってその目標への到達をめざす授業である。言うまでもなくこうした授業は、音楽科では重要な意味をもっている。しかし一方で、それは一定の問題をも生みだしてきた。その問題とは、教師の表現意図を子どもたちに強制するといった、教師による子どもの強力な操作から派生する問題である。こうした授業の中で、子どもたちの表現は規格化され、子どもたちは規格化された身体で表現していくようになるといった問題が生起していく。[11]

　こうした音楽科の授業をめぐる問題に対しても、教材をめぐる生成性という概念は示唆を提供してくれる。つまりそれは、表現の授業においても教師によって解釈された内容を一方的に子どもたちに伝達し子どもの表現を変えていくのではなく、子どもたちとの相互作用の中で教師の解釈が柔軟に修正され、子どもたちとの関係の中で、表現がまさに「生成」されるものとして位置づけることの重要性の示唆である。それは、子ども教師が相互にかかわりながら表現を生成していく授業へと軸足を少しずらしていく可能性を開き、音楽科の伝統的な授業パラダイムの転換の可能性に開かれるということなのである。

　以上、音楽科における三つの教材概念について述べてきた。この中ではっきりしたことは、教材は授業構成の方法との関係の中でその作用の仕方を変えるということである。

　言うまでもないが、教材は、その展開形式を具備しなければ教材とは言えないということを忘れてはならない。つまり、子どもたちにどのように教材を学習させるのかについての具体的な方法が伴わないかぎり、教材は授業の中で十全には作用しえないということである。このことの重要性を最後に確認しておきたい。

注及び引用文献

1) 藤岡信勝「教材構成の理論と方法」『教育学講座7教育課程の理論と構造』学習研究社、1972年、272頁
2) この点については、たとえば昭和26年度版小学校学習指導要領音楽科編、社会科編、理科

編等を参照されたい。教育内容に関しても、学習内容という記述はあるが、それは現代的意味での教育内容を指すことばとしては使われていない。
3) 柴田義松『現代の教授学』明治図書、1967年、16頁
4) 鈴木秀一『教育科学の探究』明治図書、1971年、246頁
5) この発言は1980年の日本音楽教育学会シンポジウム「教材の条件」でのものである。『音楽教育学』第10号、日本音楽教育学会、1980年、154－155頁
6) この点については、八木正一「音楽科における教育内容の再検討」『音楽学習研究』第1巻、音楽学習学会、2005年を参照されたい。
7) 八木正一『音楽科授業づくりの探求』1995年、国土社参照
8) 同前参照
9) この授業プランについては、『音楽指導クリニック2 音楽の授業たのしさ発見！100のネタ』（学事出版、1992年）を参照されたい。
10) このような文脈で作成された教材については、たとえば『音楽指導クリニック3子どもとたのしむ音楽学習プリント①音楽のしくみ編』（学事出版）を参照されたい。
11) こうした問題については、たとえば「明るく元気にうたう子ども言説の検討」『埼玉大学教育学部附属教育実践総合センター紀要』第4号、2005年を参照されたい。

美術教育における教材

柴田　和豊

1　教材の意味について

　一般的に教材には二つの意味があるだろう。一つは教育的活動を行うための道具、媒体であり、もう一つは授業内容そのものである。前者の端的な例は、教室の黒板やチョークである。効果的な用具があってこそ、学習を円滑に進めることができる。それに類する美術教育独自のものは、絵の具やクレヨンのような描画材、彫刻刀や糸鋸のような道具類、木や粘土のような原材料などである。それらを欠いては造形活動を行うことはむずかしい。図1.
それに対し、授業内容そのものを教材と考えるのは、ある大切な事柄や知識・技術を伝えようとするとき、学習者の年齢や身体条件などにあった形で伝えるべきことのエッセンスを抽出し構成した教案が必要になるからである。例えば、平和の尊さを伝えるには、平和という抽象的な概念を身近に感じられるように工夫した学習するための典型例が必要になる。ある詩や歌を手がかりに平和について考えていくというようにである。教材研究という言葉の多くは、このような学習案・内容を考えていくことを指すのだろう。
　しかし、すべての教育分野で後者が教材研究の一義的な意味になっているかというと、そうでもないだろう。例えば、視聴覚教育では学習の効果を上げるための様々な機器の活用法に重点がおかれている。音楽教育でも楽器の扱いが占める割合の高さは周知の通りである。そして、美術教育においてもまた用具・素材などとの関わりの局面は大きなものとなっている。表現材料や用具は単なる媒体ではなく、それらの中にすでに教育内容が宿されているという複合的な構造もありうるのである。素材や用具に触れている中で大切なことが見えてくる—それが美術教育における教材の大きな特徴といってよいだろう。

ついては、ある考えや思いを伝えたり・表したりするための「媒介物としての教材」と、思考や感性に働きかけ子どもたちを開いていくという「能動性を秘めるものとしての教材」という、二つの側面から考えていきたい。

2　伝えるものとしての教材

　美術で伝えるための材料を必要としている代表例は絵画だろう。なぜなら、絵画の多くは頭の中にあるイメージを出発点としているのであり、物質的な実体のないイメージは、何らかの描材によって目に見えるようにされることで、初めてその姿を現し得るからである。また、対象を自然再現的に描写する写実的絵画にしても、無の状態の画用紙やキャンバスの上に対象が写しとめられていくことからして、描き出す材料の役割の大きさは明白だからである。それゆえ、絵画を例に媒介物・伝えるものとしての教材を観察していくが、次の視点で作業を進めていきたい。「実用教科としての美術教育における教材」「子どもたちの主体的成長を担う教育方法としての教材」という順で。

(1) 実用教科としての美術教育における教材

　近代にスタートする普通教育の美術教育の姿は洋の東西を問わず酷似している。基本的に近代的産業を支えるものとして構想されていたからである。殖産興業というスローガンは読・書・算という基本的能力と並んで、ものを作るために必要な図面を描き、読むことのできる能力をも求める。そのために、日常的な用具をデッサンしたり、その図面をひくことが美術教育の主たる課題として設定されることになるのである。そしてこの場合、絵は誰もが見て分かるリアルなものでなければならないことから、描材は自ずと鉛筆のような細かな描写ができるものが中心になっていく。別に感情表現をするわけではないのだから、カラフルな絵の具など必要ではないのである。初期の美術教科書が、現代のものとは大きく異なり、無味乾燥な商品見本集のような様相を呈しているのは、美術教育を現実的に役に立つものとして狭く考えていたからにほかならない。図2.

　その後、子どもたちの側に立った美術教育の展開に伴って、美術教育を実

用と結びつけて考えることが無くなったかというと、そうではない。いつの時代でも、役立つことを証明できないものは消滅しかねないのであり、様々な現実的課題への取り組みが常にみられる。例えば、身近な行事を取り上げたポスター制作や教室の美化のための壁画作り、木版画を生かしたカレンダー制作のような事例は広く行われている。その場合の教材は、近代の出発点とは異なり、出来るだけ魅力的な作品を作り出すことを目的に、多種多様な画材類・用具が用いられることになる。美術科用の教材カタログ集の厚みは4〜5センチにも及ぶほどである。

　ところで、実用性は時代とともに変わっていく。近代産業の勃興期においては、図面を読み取り描くことのできる働き手の育成を描画トレーニングによって行うという取り組みでも、一定の社会的リアリティーを持ちえたが、現今のメディア社会では、従来からの絵画的な表現のための用具・材料に古びた感じが出てきていることも否めない。鉛筆や絵の具は後端的とでもいうべきものになっている。かつては、デザイナーの手の動きの所産であるアイデア・スケッチが、車に流麗なフォルムを与えた。だが、現在ではコンピュータによるデザインシステムのキャド（CAD）に大きく委ねられている。このような変化は美術教育にも、教科の在りようとその教材の拡大をめぐって大きな影響を及ぼすようになっている。古びた美術ではなく、イメージ科という斬新な看板を掲げ、テレビやインターネットや印刷媒体に溢れる視覚的情報への関わりを中核におく教科への変貌を求める声も聞こえる。絵画に即していえば、描画材としてコンピュータ（CG）をもっと使う方がよいとの主張が出現してきている。その積極的な利用によって、絵を描くことに苦手意識をもつ子を救うことができるし、色彩の用い方についても、試行錯誤しながら決めていくことができて、学習のプロセスが把握しやすくなると考えるのである。但し、実際の広がりは、設備面の制約などから、模索的レベルを越えるものではない、といっても差し支えはないだろう。

(2) 子どもたちの主体的成長を担う教育方法としての教材

　教育の核は、子どもたちのこのような可能性を伸ばしたい、このような人として成長してほしい、というような願い、固くいえばイデアにあるといって間違いないだろう。ある創造されるべき価値・状態を思い描くこと自体がすでに教育の始まりなのである。だが、教育にはその思いを実行するための

自前の手段がないという現実がある。そのために、教育の方法（教材）が必要なのであり、その任を各々の文化領域が担うことになる。

　第二次大戦後に再出発する美術教育は、大別して二つの教育課題に関わる。一つは子どもたちを、もっと大きくは人間を心的な面において解き放つという課題である。戦前の体制が崩壊した後に直面するのは、抑圧されてきた人々を発語する主体へと転換することであった。そして、美術教育は、美術が人間の内面・心的世界に深く関わる力をもつゆえに、造形活動を通して抑圧から解放し、人間ほんらいの能動的状態へ導くという課題を担うことになるのである。二つ目は、子どもたちが幸せに生きるための基本的条件としてのよき社会を形成するという課題への貢献である。人々の生活、人々の結びつき、その結びつきが生み出す社会などを観察すること・考えることを内容とする美術教育が構想されるのである。それらについての概略を以下に記したい。[1]

① 心的世界への関わり

　閉ざされた心の状態を開く、あるいは無垢な心に働きかけてよき成長の可能性を伸ばしていく、これらの課題が美術教育に課せられるのは、造形表現に人を癒し、開いていく力があるからにほかならない。そのような力の代表はカタルシス（浄化）と呼ばれるものである。それは、心の中にある思いや感情を外に出す力であり、それによって人々が新鮮な心的状態に立ち帰ることを可能とする力である。例えば、面白さから、あるいは行為への没入によって得られる効用を期待することから広く行われている幼児のフィンガーペインティングは、その端的な事例である。子どもたちの感性を見守り、健やかな成長を願う心が、自由度の高い造形活動を選択する。フィンガーペインティングでは、子どもたちが絵の具をたっぷりとつけた指を画用紙の上で遊びのように動かし、その触感を楽しみ、残された無数の線の重なりの中からある形像を見いだしてイメージが立ち上がり膨らんでいく。実に簡単な行動から入り、心の中の断面を垣間見せるところまで展開していくのである。簡単に言えば、子どもたちが現出させる色と形の世界は、彼らの思考と感情に分ち難く結びついているのである。図3.

　そのような連関はより形体がはっきりしている具象性の高い絵においても同様である。子どもたちは客観的に視覚的に描写するのではなく、対象との関係、具体的にいうと好き嫌いの感情やこのようにしたいとの願望を絵に重

ねながら描く。話をしながら描く子どもが多く見られるのも、その子にとっての「関わり」を表そうとしているからに他ならない。大好きなものは大きく、嫌いなものは隅っこにというように、子どもたちは自分と周囲との関係を象徴的に描く。あるいは、いじめっ子に絵の中で反撃を加えるようなことも見受けられる。それらは、描くことにおいてそれぞれの子どもたちが主役であることを示しているのである。

　このように子どもたちの造形表現は、子どもたちの感情と結びつき、心の中をあらわにする形で展開していく。考えてみると、美術は太古より人々の祈りや願い、喜びや悲しみ、不安や恐れなどを描き続けてきた。人間は描き形作る中で自分の内面の世界を外化し、心理的・精神的バランスを保つことや、ほんとうの自分との出会いをも可能としてきたのである。そのような力があるからこそ、美術は子どもたちを理解し、その内面の世界を開いていく方法として選びとられるのである。[2]

　第二次大戦後の美術教育の再出発を主導した創造美育の運動は、「児童の生まれつきの創造力を励まし育てること、児童の創造力を伸ばすことは児童の個性を鍛える。児童の個性の伸長こそ新しい教育の目標である」[3]との趣旨の宣言を出すが、この考えは、今もなお教育の基盤の主要な部分をなすものだろう。だとすれば、そのような願いの実現方法（教材）として多種・多様の造形活動は構想されているといってよい。

② 社会への眼差し

　授業時数の削減によって、現今の美術教育は少ない時間で成果が上がるような教材が主になってきている。逆にいうと大きなテーマは避けられる傾向にある。けれども、20世紀後半、少なくとも1975年ぐらいまでは子どもたちが生きる社会の問題を美術教育でも問おうとする気風はかなり濃厚であった。それは、美術教育の課題・教科構造の導き方として、第一に造形についての学習をおくのではなく、その時代の中で教育は何をなすべきであり、その課題の実現に美術教育はどう貢献できるかを考えようとする道筋を辿るからであった。

　日本の美術教育の特徴的な実践に生活画というジャンルがある。現在では、社会構造の大きな変化から、あまり見られない実践となっている。しかし、教育の意味を身近なところから発見し、人間として気付いてほしいことを伝えるための方法・教材の立て方には、今なお教えられる点が多い。生活

画の実践が浮び上がってくるのは、意義深い生き方を実現するには、個人のレベルではなく、人々が生きる社会にまで視線を投げかけねばならないとの意識からである。教育が価値創出に関わる活動である限り「人間にとって何が大事か」「よき社会とは」「個人と社会との有機的な関係は」などという問いかけを避けることはできない。但し、それらを効果的に伝え、学習へといざなう方法が求められる。芸術学の主要な問題の一つに、「内容」と「形式」の連関があるが、そのことも重要な内容を伝え表す方法の大切さを指し示している。生活に焦点を合わすのは、その中に社会をめぐる問題が集約されているからであり、身近な事例をもとに、生きることと社会の基本的な事柄が親しみをもって理解されていくからである。このことは、ジョン・デューイの考え方を振り返ってみてもよく分かる。糸を紡ぐような手仕事の中から歴史や風土や社会のメカニズムが見えてくるという彼の教材観と、生活画のコンセプトには、根の部分で共通するものがある。[4]

　具体的には、「お父さんやお母さんの仕事の様子」「町で作られているもの」「地域に伝わっているもの」等々を見つめ、それらに内蔵されている人間的な価値に気づいていくための描画活動が行われる。描画というゆるやかに進行していく活動の中で子どもたちは対象について様々な思いをめぐらす。そして、そのことを通して、生きていく上で大切にすべきことが、意識のより深いところで根づく可能性が生まれるのである。生活画は形態的には写生画であり、そのために描写技術が目立つ絵であることから、技術主義的な教育との批判も聞かれる。しかし、出発点はあくまでも子どもたちが時代と社会を主体的に生きるための力を育もうとするところにある。分かりやすくいうと、綴り方教育が表現媒体として言葉を選ぶのに対し、絵画を選んだのが生活画であったと考えればよいだろう。[5] 図4.

　社会的・時代的課題を美術に投影する形の美術教育は、現在も存在する。但し、地域社会の後退によって、身近な生活を描くという形にはリアリティーがなくなっている。代わって出現しているのは、メディアや環境の問題、異文化や国際理解などをテーマとする実践である。その取り組みは、テーマの性質からいって、国際的な広がりを持ちうるものといってよい。[6]

3　発信する教材—造形的素材の自律性

　このおよそ二十年来の図画工作科を何より特徴づける活動に「造形遊び」という領域がある。幼児を見ていると、ジャムやバターがついた手で窓のすりガラスをさわり、偶然にできた模様に興味をおぼえ、自然発生的に描画が始まるようなケースは珍しくない。造形遊びもそれと同じ様に、遊びのようなかたちで子どもたちが造形活動に入っていくことを意図して取り入れられているのである。「遊びのように自然に」という性格を理解するには、従来の工作と比較してみるとよいだろう。どちらも様々な材料・素材を用いる点で共通している。だが、工作がある計画にそってもの作りを進めて行くのに対し、造形遊びは基本的にものとの多様な関わりからイメージが立ち上がっていくことに中心をおいている。何より活動の自由さを重視し、逆の進み方をするのである。

　そのような展開が可能になるのは、造形的素材自体の豊かさにあることはいうまでもない。あることを伝えるための単なる媒体としてではなく、ものに秘められた力が人間を開いていくこともまたありうるのである。普通、脳内のイメージや思考の指示のもとに作品は生み出される。それに対し、自分の外にあるものによってイメージが喚起されたり、また大仰にいうと自分の方が変容されていくことがあるのも見落とせない。その身近な例は見立てである。見立ては、見る主体は自分であるとしても、外側にあるものの存在なくしては始まらない。例えば、古代ギリシャ人は夜空の無数の星を眺めて、星と星の偶然の並びから、人間の姿や牛や鳥などの生き物、さらにはいろいろな事象を思い描いた。それらは、星が人々の中に、見る主体としての能動性を呼び起こすことによって、生み出されているのである。また、レオナルド・ダ・ヴィンチが壁の染みや汚れからイメージを様々に繰り広げたという逸話も興味深い。あの天才にしても想像力を起動させるきっかけを必要としていたのである。造形遊びは、そのような流れを様々な材料に親しむことから発生させていこうとするものといってよい。図5.

　現時点での図画工作科学習指導要領は「材料をもとにして、楽しい造形活動をする」こと（＝造形遊び）の内容について次のように記している。[7]
「ア　身近な自然物や人工の材料の形や色などに関心をもち、体全体の感覚を働かせて、思い付いたことを楽しく表すこと」「イ　土、木、紙など扱い

やすい材料を使い、それらを並べる、つなぐ、積むなど体全体を働かせて造形遊びをすること」。従来の工作もまた様々な材料を用いることから、この記述は必ずしも分かり易いものでもない。だがそこには一つの注目すべき考えが示されている。即ち、体全体もしくは体全体の感覚を働かせてということである。どのような活動も体を使わずに行われることなどありえない。しかし美術教育では作品を作るという終着点の方が強調されるのが通例である。それに対し、物質として確認できる作品を作り上げることよりも体で感じることの方が強調されている。その文言は、様々な材料や素材、物質や現象と触れ合う中で、子どもたちの内部に生じる気付きや目醒めや変化などこそが、人間的成長のベースになるという考えから由来しているのである。

　材料が子どもたちに変化をもたらすことの端的な例は粘土である。小麦・紙・土などいずれの粘土も触っていて気持ちがよいということが出発点にある。乳幼児だと、心地よい気持ちのよさは母親の乳房の感触と重なり、安心感が生まれる。安心感は子どもたちの成長にとって最も大切なものであり、そのことが子どもたちの行動に輝きを与える。表現活動然りである。図6.そして、そのような感覚的体験は柔らかさ以外にも拡大される。3歳以前の乳幼児では主体的な表現はまだ期待しにくいが、様々な触覚的体験のできる環境で過ごせるかどうかで、子どもたちの感覚・感性の在りように差が出てくることは知られている。最近では、保育室の環境設定にいろいろな視点が盛り込まれ、ざらざら・つるつる・ぶつぶつ・ふわふわ・ぷよぷよ・ごろごろ等々のいろいろな触覚的体験のできる「触り場」の設置も検討されるまでになっている。

　ところで、粘土のような可塑材に触ったり、握ったりすることは、自ずと形態を生み出していく。見立てについて述べたように、偶然にできた形は、子どもたちの想像力を触発し、さらに形を生み出していく。手の平でぐっと握っただけの固まりに魔法のお魚を見いだし、握り方を変えてその兄弟を作り始める子どももいれば、同じような固まりを不思議な昆虫の胴体と見て、回りに顔や羽や脚を付けようとする子も出てくる。そのように、ものは私たちの中にイメージを生み出してくれる。それはいろいろな自然の材料や人工物を用いる場合でも同様である。一つ一つの特徴ある素材が想像力を起動させることもあれば、複数のものが組み合わさって想像力が新たな方向に向かって進んでいくこともある。それが日々の図工の時間に生起していることな

のである。例えば、電気製品を梱包していた発泡スチロールの何もなくなった負の空間を見て、不思議な生き物のお腹の中をイメージする子もいれば、たくさんのボトルのふたや布切れや針金を木工ボンドで固めたものを恐竜の化石のかけらという子もいるのである。図7。

　話を体験に戻すと、造形遊びが戸外で行われることが少なくないという点にも触れておきたい。物質的な作品を作り上げるレベルではなく、体全体で感じる事が強調されるようになっていることには、現代人の知覚状況ともいうべきものが関係している。自ら体験するということの後退、いいかえると体験の直接性の喪失が、体験の復活という課題を美術教育にも与えているのである。教師によって用意されているものに頼るのではなく、子どもたちは自ら校庭のすみで石ころや木片、枯れ葉や木の実を拾い集めたり、様々な事象を発見する。その中で子どもたちの胸の内にはいろんなイメージが涌き上がるとともに、陽射しや風を受けながらその身体の中に秘められた感性がみずみずしく開花していくのである。図8。

注

1) 二つの立場の相関は井手則雄『認識と創造』造形社、1978年が詳述している。
2) 内面の表出を課題とする表現主義は20世紀における最大級の芸術運動であった。
3) 「創美宣言」1952年。この宣言は戦後美術教育の大きな原動力となる。
4) John Dewey, The School and Society, The University of Chicago Press, 1899.『学校と社会』に記された手仕事（Occupation）を通しての教育は、今日においてもデザインや工芸の教育の基盤を考えるための多くの啓示を与えてくれる。
5) 第二次大戦前から身近な日常への眼差し、あるいは社会を批判的にみるという視点で一部で行われてきた生活画は、戦後に至って大きな潮流となる。一般的に社会性の乏しい日本の美術風土の中で、美術と社会を結びつけた意義は大きい。
6) メディア社会、IT社会への移行をも視野においた美術教育の変遷は次の拙著に詳しく記している。『メディア時代の美術教育』（編著）国土社、1993年
7) 図画工作科学習指導要領（平成10年告示版）の1・2学年の表現の内容から抜粋。

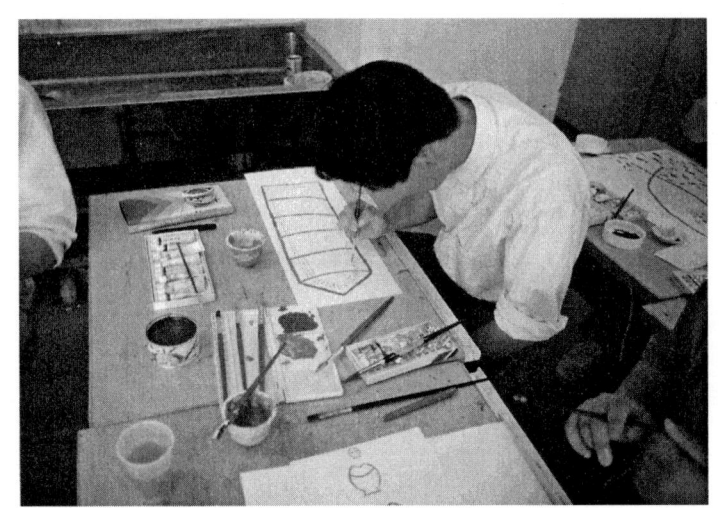

図1. 絵筆や絵具が表現を可能にする

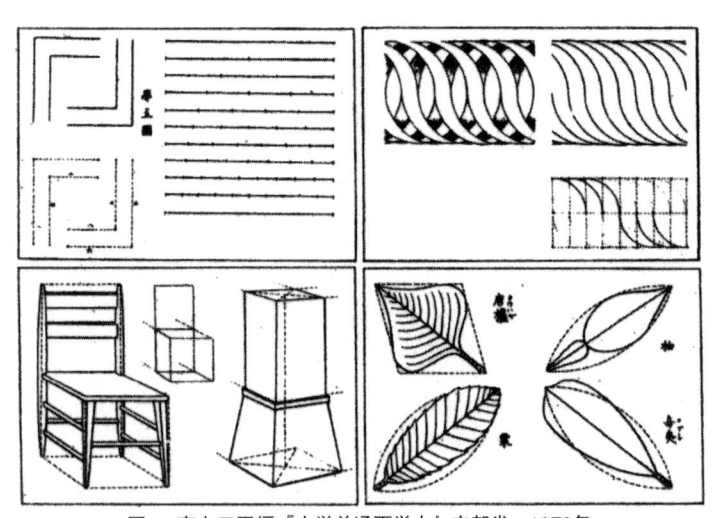

図2. 宮本三平編『小学普通画学本』文部省、1878年

図3.「にじのゆうえんち」図画工作科教科書（開隆堂）より転載

図4.「道路工事」中学生作品、美育文化1963年2月号より転載

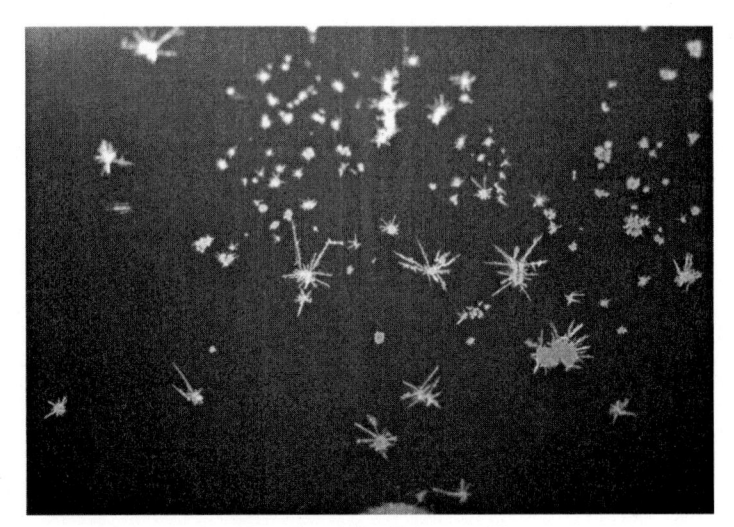

図5．窓の氷紋―見立ての一例

図6．幼児作品、柔らかな心地よさが伝わってくる

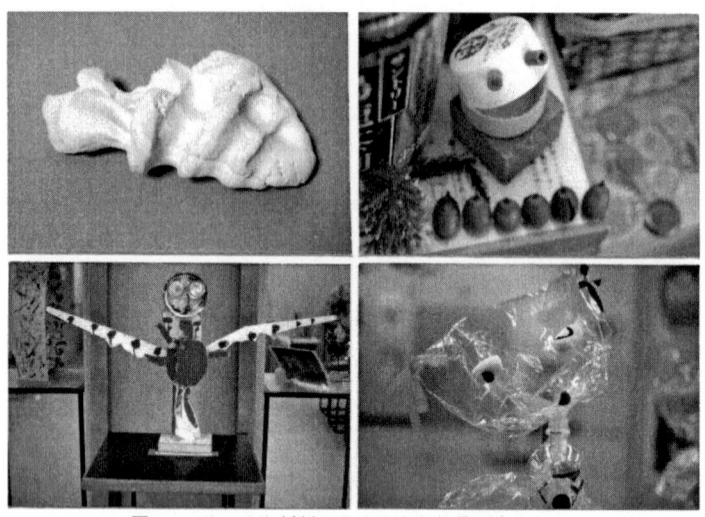

図7．いろいろな材料からすてきな作品が生まれる

図8．風は友だち―自然にふれる造形活動

技術科の教材とは

宮川　秀俊

1. はじめに

　技術科の教材は、教科の目標を達成するために、教科書会社を始めとして、図書教材会社、題材提供会社等から多くの種類が提供されると共に、教師自身によっても様々な教材が作成され使用されている。これまで筆者は、技術科の教材について、その理念（原理）研究、実践（臨床）研究、比較研究を行ってきたが、ここではその成果を「教材学の現状と展望」の視点から、「技術科の教材とは」という具体的な側面を取り纏めた。

　最初に、技術科の教材を、「技術科教育の目標を達成するために、その教育活動を円滑に遂行し、教師と生徒の疎通を図る適切かつ合理的なもの」と定義した[1)2)3)]。すなわち、この定義に基づいて考えると、技術科の教材は、機能別、形態別、メディア別、系統別に分類したり、あるいは直接具体物として示すことができるが、何れも技術科教育を活性化するために必要なものと言えよう。

　本稿では、これらの教材を、技術科教材の役割、技術科教材の分類、技術科教育の機能、技術科教材の開発、技術科教材の授業実践による検証、海外の技術科教材の例について概説し、技術科における教材の価値という面から論究したい。

　なお、教材と同等に、あるいは教材と区別しにくく使用される用語として教具があるが、ここでは便宜上、教具は教材に含まれることとした。

2. 技術科教材の役割

　技術科教育は、図1に示すように、広義の技術教育の一役を担っており、したがって、技術科教育の目標、内容、方法、評価は、生徒の発達段階に応じて技術教育を行っていることになる。

```
        広義の技術教育
         技術科教育
        （狭義の技術教育）
```

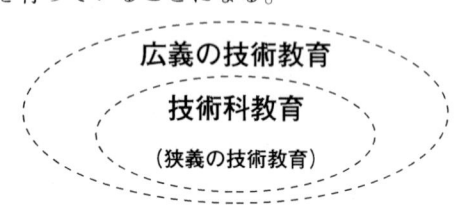

図1　技術教育と技術科教育の関係

　ここで、我が国の技術教育の研究活動の中心的な組織である日本産業技術教育学会では、技術教育で育成する技術的素養（育成する資質と能力）を、次のように掲げている[4]。
○技術的な課題を解決するための手順および安全性を判断する力や創造・工夫する力
○技術の利用方法や製作品に対する技術的な評価力
○生産、消費、廃棄に対する技術的な倫理観
○自らを律しつつ計画的に行動を継続する態度
○一般的には器用さと言われる巧緻性
○勤労や仕事に対する理解力、および職業に対する適切な判断力等

　一方、新学習指導要領（平成20年3月告示）における中学校技術・家庭科の技術科の目標は、「ものづくりなどの実践的・体験的な学習活動を通して、材料と加工、エネルギー変換、生物育成及び情報に関する基礎的・基本的な知識及び技術を習得するとともに、技術と社会や環境とのかかわりについて理解を深め、技術を適切に評価し活用する能力と態度を育てる。」となっており[5]、中学校段階で生徒に育成する能力は、上記技術教育で育成する技術的素養の6項目の全般に関わり、その基礎的内容を担っていることが分かる。また、この技術科教育の目標を達成するために、生徒は図2のような過程を経て各種の能力を身に付けていくが、技術科の教材は、この時々において重要な役割を果たしている。

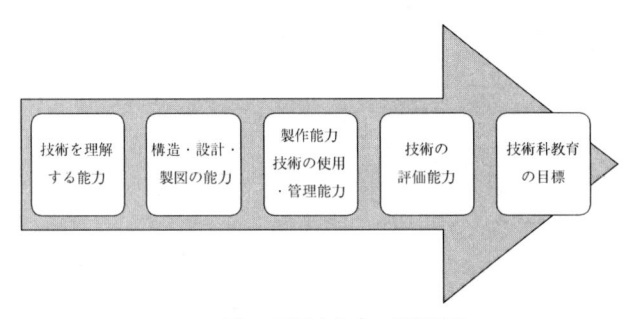

図2 目標達成への学習過程

（図中：技術を理解する能力 → 構造・設計・製図の能力 → 製作能力　技術の使用・管理能力 → 技術の評価能力 → 技術科教育の目標）

3. 技術科教材の分類

　技術科では、教室、実習室等で、教師、そして生徒により多種多様な教材が使用される。このような教材についての分類を試みると、次のようになる。
○機能別分類：修得教材、習熟教材、確認教材、評価教材　等[6]
○形態別分類：印刷教材、映像教材、音声教材、実物教材　等[7]
○メディア別分類：伝統的メディア教材、ニューメディア教材、小規模メディア教材、大規模メディア教材　等[7]
○系統別分類：教科書系教材、呈示系教材、実物系教材、視聴覚系教材、総合的教材　等[8]
○具体的分類：教科書、資料集、自作プリント、掛図（壁紙）、TRシート（トランスペアレンスシート）、スライド、VTR（ビデオテープ）、標本、実物、ソフトウエア　等[1)2)3]

　ここでは、これらの中から、具体的分類についての研究成果を示す。対象とする指導内容は、表1に示すように、現学習指導要領の「技術とものづくり」[9]とし、そこで使用される教材についてアンケート調査を実施した[10]。
　表2は、その授業で実際に使用する教材の割合（アンケートに回答した教師に対する、実際に使用すると回答した教師の割合）を示したものである。
　全指導内容を通して、教材では教科書の使用が最も多く、続いて実物、自作プリント、資料集、標本、ソフトウエアの順となっている。このことと共に、技術科の授業では、各々の授業において多くの教材が使われていること、

表1 指導計画（技術とものづくり）

指　導　内　容		過程
	技術とわたしたちの生活	1
製品の設計	つくりたい製品をきめよう	2
	じょうぶで，使いやすい製品を考えよう	3
	製品に適した材料を選ぼう	4
	接合や仕上げの方法を調べよう	5
	製品の構想をまとめ，図に表そう	6
	製図	7
	原材料はどこからくるのか/材料のリサイクルを考えた設計	8
製品の製作	製作の準備をしよう	9
	図面どおりにけがこう	10
	材料を切断しよう	11
	部品を加工しよう	12
	組み立てよう	13
	製品を仕上げよう	14
機器のしくみと保守点検	電気を使う機器のしくみを調べよう	15
	動力伝達のしくみを調べよう	16
	機器に使われている部品を調べよう	17
	機器の保守点検のしかたを調べよう	18
エネルギーの変換と利用	電気エネルギーの変換とその理由を知ろう	19
	動きを伝えるしくみを考えよう	20
	エネルギーの変換を利用した製品をつくろう	21
	技術とものづくりの未来	22

そして、実習、実験、座学の順に使用する教材が多いことが分かる。

次に、表3は、使用する教材とその使用上のねらいの関係を示したものである。同表に示されるように、使用上のねらいは、生徒の知識・理解に関するものが多く、続いて、技能、関心・意欲、創意工夫の順となっている。

続いて、図3は、生徒の関心と教材の使用指数（表2の最も右の欄の数値）の関係を示したものである。これより、生徒の関心は、教材を多く使用する程高くなること、また、実習の場合が実験や座学より関心が高いことを示している。このことは、前学習指導要領において実施した「木材加工」[1]、「電気」[2]、「情報基礎」[3] 領域の各調査の結果と符合しており、技術科教育における教材の特徴を見ることができる。

なお、文部科学省より、現学習指導要領に連動して、平成13年11月に

表2 指導内容と教材の使用状況（技術とものづくり）（単位:%）

指導内容		教科書	資料集	自作プリント	掛図	TPシート	スライド	VTR	標本	実物	ソフトウェア	その他	教材使用指数
1		79.4	11.1	20.6	0	0	0	4.8	3.2	7.9	0	3.2	130.2
2		58.7	14.3	34.9	1.6	0	0	1.6	6.3	44.4	1.6	11.1	174.6
3		69.8	9.5	28.6	1.6	0	0	0	12.7	38.1	3.2	14.3	177.8
4		76.2	9.5	25.4	1.6	0	0	1.6	14.3	30.2	1.6	7.9	168.3
5		71.4	9.5	27.0	1.6	0	0	0	4.8	30.2	1.6	6.3	152.4
6		68.3	12.7	65.1	0	0	0	0	1.6	17.5	4.8	7.9	177.8
7		66.7	9.5	60.3	6.3	1.6	0	0	0	12.7	9.5	7.9	174.6
8		57.1	6.3	4.8	0	0	0	3.2	0	4.8	1.6	6.3	84.1
9		66.7	6.3	27.0	0	0	0	3.2	0	22.2	1.6	6.3	133.3
10		66.7	11.1	33.3	3.2	0	0	4.8	0	63.5	3.2	7.9	193.7
11		74.6	15.9	25.4	6.3	0	0	6.3	4.8	66.7	0	7.9	207.9
12		71.4	15.9	27.0	7.9	0	0	4.8	1.6	68.3	1.6	9.5	207.9
13		69.8	14.3	31.7	4.8	0	0	1.6	0	65.1	1.6	7.9	196.8
14		68.3	9.5	22.2	0	0	0	1.6	0	60.3	1.6	7.9	171.4
15		71.4	15.9	33.3	3.2	0	0	11.1	3.2	31.7	3.2	6.3	179.4
16		63.5	15.9	23.8	0	1.6	1.6	4.8	7.9	23.8	4.8	6.3	154.0
17		60.3	14.3	25.4	0	0	0	1.6	6.3	27.0	3.2	3.2	141.3
18		66.7	9.5	28.6	3.2	3.2	3.2	3.2	4.8	42.9	1.6	4.8	171.4
19		65.1	12.7	41.3	1.6	0	0	6.3	6.3	31.7	3.2	11.1	179.4
20		49.2	12.7	28.6	1.6	0	0	4.8	6.3	25.4	6.3	9.5	144.4
21		55.6	11.1	31.7	0	0	0	0	3.2	55.6	1.6	9.5	168.3
22		60.3	6.3	15.9	0	0	0	0	0	1.6	1.6	3.2	88.9
平均値	座学	66.8	10.7	24.6	1.1	0.4	0.4	2.9	5.3	25.4	2.1	6.6	146.3
	実習	67.7	12.5	37.1	3.6	0.2	0	2.4	1.4	51.2	3.0	8.3	187.3
	実験	57.1	12.7	34.9	1.6	0	0	5.6	6.3	28.6	4.8	10.3	161.9
	全体	66.2	11.5	30.1	2.0	0.3	0.2	3.0	4.0	35.1	2.7	7.6	162.6

「これからの義務教育諸学校の教材整備の在り方について」として、調査研究協力者会議による報告があり、教材機能別分類表が発表された。そこでは、
・技術革新など時代の変化に教材整備を対応させること
・地方分権の趣旨を踏まえて、学校、地方公共団体による教材整備がこれまで以上に自主的に行われるようにすること
の観点から、「発表・表示用教材」、「道具・実習用具教材」、「実験観察・体験用教材」、「情報記録用教材」の4つの機能に分類されている。「発表・表

表3 使用する教材とその使用上のねらいの関係 （単位：例）

教　材＼ねらい	関心・意欲	創意工夫	技　能	知識・理解	計（例）
教科書	30	25	35	95	185
資料集	9	3	6	1	19
自作プリント	14	16	29	65	124
掛図	0	0	1	1	2
ＴＰシート	0	0	0	0	0
スライド	0	0	0	2	2
ＶＴＲ	6	0	4	14	24
標本	1	0	0	11	12
実物	29	12	53	67	161
ソフトウェア	0	0	2	1	3
その他	4	7	7	33	51
合計（例）	93	63	137	290	583

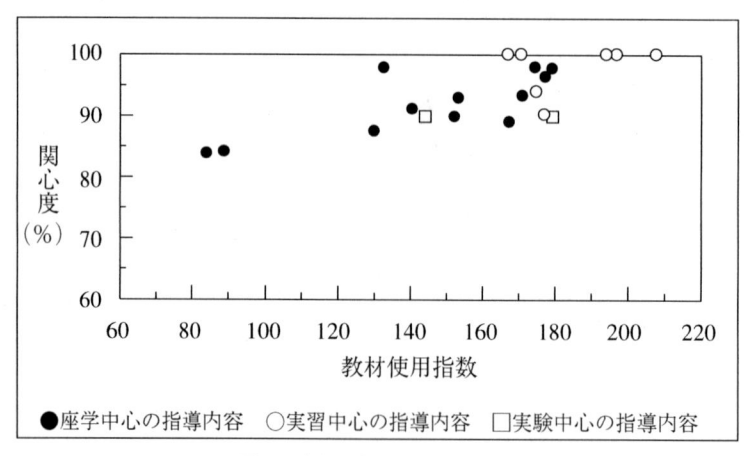

図3　生徒の関心と教材の使用指数

示用教材」、「情報記録用教材」は、学校全体で共用できる教材のため、ここでは「道具・実習用具教材」、「実験観察・体験用教材」について、以下に紹介する。なお、ここでいう教材には、設備・備品的な意味が強く、物質面の予算措置であることが分かるが、これらの教材を使用して教育活動を活発にするという意味では大切なものである。以下に、中学校教材機能別分類表[11]から、技術科で必要な教材を示す。

〇発表・表示用教材
　・黒板の類：斜眼黒板　等
　・掛図の類：教授用掛図　等
　・説明教具：屋内配線模型展開版、コンピュータシステム説明板　等
　・標本・模型：木材標本　等
　・教師用教具：木工具一式、T定規　等
　・ソフト教材：DVD、ビデオテープ　等
　・指導用PCソフト：技術とものづくり、情報とコンピュータ指導用　等

〇道具・実習用具教材
　・製図用教材：製図板、製図器　等
　・木工用教材：木工具一式、木工万力、糸のこ盤、自動かんな盤、ベルトサンダー　等
　・金工用教材：金工用具一式、小型旋盤、板金切断機、定盤　等
　・電気関係教材：電気工具一式、電動機、電圧調整器、回転計　等
　・機械関係教材：整備工具一式、分解用洗浄皿、トルクレンチ　等
　・農業関係教材：耕起用具一式、かん水用具一式、簡易養液栽培用具一式　等
　・整理用教材：集塵機、部品整理箱　等

4. 技術科教材の機能

　技術科教育は、中学生としての生徒の発達段階を考慮して、教育的な意義の基にその教育内容を構成する必要がある。図4に、その一例を示す。
　この例の場合、技術科教育の4つの分野（スコープ）について、内容と方法（シーケンス）を構築していく必要があるが、同時に指導計画に対応して

技術科の教材の選択と配列を行い、教材の特質を生かすことが重要である。

一方、技術科教育では、図5に示すように、学習前の生徒自身の知識や体験に基づく学習レディネス、そして学習過程での生徒の個性を生かす学習スタイルが学習後の成果に大きく影響してくる。そのため、生徒の学習レディネスと学習スタイルを把握し、教材を適切に生かす工夫が求められる。

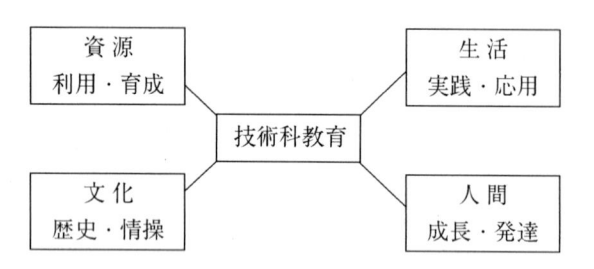

＊資源：天然資源の有効利用や循環資源の育成・確保について学ばせる。
＊文化：我が国の伝統や文化を尊重し、そして継承していく情操面を育てる。
＊生活：我々の身の回りや社会の中で、技術を実際に生かすことを学ばせる。
＊人間：成長期にある生徒の心身の成長を促し、発達段階に相応しい資質を身に付けさせる。

図4　技術科教育の教育内容例

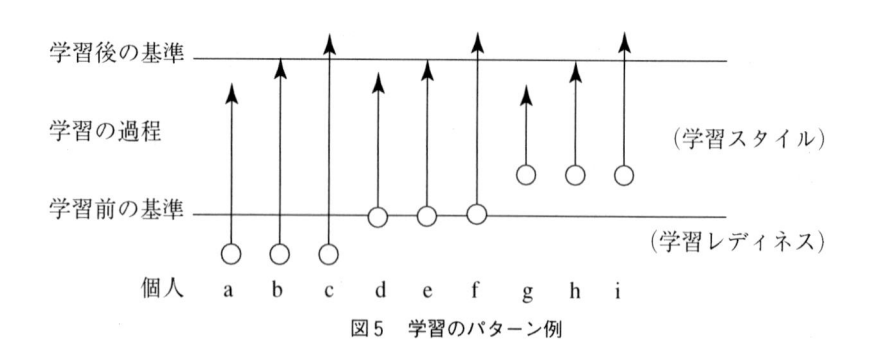

図5　学習のパターン例

5. 技術科教材の開発

　技術科の教材を開発するには、さまざま課題を検討しなければならない。ここでは現学習指導要領の内容の1つである「技術とものづくり」の中で、特に技術科発足時から大事な位置付けがなされ、しかもその教育的効果が証明されている木材加工の学習で、この四半世紀で注目されている間伐材について触れてみたい。周知のように、国産材の人工林のスギ・ヒノキ材は、持続的資源の活用、二酸化炭素の固定化等として脚光を浴びているが、一方ではその間伐材は技術科の素材としての教材にも多く導入されている。実際に技術科の教材として使用する際の検討事項を、以下に示す[12]。

○生産者側（林業・林産業）について
　・流通経路（システム）の簡素化とその方策
　・安定供給の維持（質・量面と価格面）
　・間伐材供給の意義の認識
○受け入れ側（学校）について
　・製作物のデザインや機能性の開発
　・指導方法と評価方法の確立
　・他教科との関連性の追究・推進
○間伐材について
　・乾燥方法ならびに乾燥経過の予測
　・素材の力学的性質
　・加工精度ならびに接合強度

　このような様々な要因を検討しながら、間伐材が教材として位置づくためには、あくまでも教育的価値を第一に考え、そして教育的効果に関する評価を実証的に行っていくことが必要である。

　上記のことは一例であるが、ただ単に教材と言っても、その開発にあたっては多面的にしかも専門領域の学問上、深く検討しておくことが大事である。

6. 技術科教材の授業実践による検証

すべての教科において共通なことであるが、教材の使用において大事なことは、授業実践を行ってその有効性の検証を行うことである。ここでは、技術科の授業を通して、創造性と自己教育力の育成に関わって教材の有効性を検証した例を紹介する。

(1) 創造性の育成の観点から[13]

現・新学習指導要領において、技術科の目標には、「───、進んで生活を工夫し創造する能力と実践的な態度を育てる」とされているが、このことは表現は変わっても、技術科の発足時から一貫して述べられたことである。このことを実現するために、「創造的思考力を育成する教材のあり方」として、次に示すように、具体的な観点から授業実践による検証が行われている。
・「エネルギーの変換と利用」における学習題材について
・「技術とものづくり」における学習題材と指導過程の設定について
・製作実習を中心とする学習がもつ優れた特性を生かして

そこでは、技術科教育における創造性の育成に関わる構造とそれに属する構成要素を、次のように設定して検討している。
・創造的思考－問題認識、記憶、拡散的思考、集中的思考、自己評価
・創造的技能－表現力、計画力、情報収集力、観察力
・創造的態度－自主性、好奇心、固執性、開放性、衝動性

その結果、技術科の授業において、製作実習の実施、複数題材の設定等により、創造性の育成が認めらている。

(2) 自己教育力の育成の観点から[14]

現教育課程では「生きる力」がスローガンとなり、次期の教育課程にも引き継がれていく。前教育課程で提唱されていたスローガンは「自己教育力」であったが、これは「生きる力」に継承されている。そのため、用語としての定義においても多くの部分が重なっている。これを実現するために、「自己教育力を育成する教材の研究」として、次に示すように、具体的な観点から授業実践による検証が行われている。
・中学校技術・家庭科「電気」領域の実習教材についての一考察

・「電気」領域における指導過程と複数題材についての一考察
・中学校技術・家庭科「木材加工」領域における環境教育教材について

　そこでは、技術科教育における自己教育力を、自ら進んで工夫し創造する力、自ら進んで実践していく態度、自ら律し、他者と協調する態度と定義し、これらの下位項目として次の4項目を定め、それに属する構成要素を次のように設定し検討している。

・実践的・体験的な問題解決学習の仕方の習得－課題意識、主体的思考、学習の仕方、自己評価、情報の活用、基礎・基本の知識・技能
・実践的・体験的な学習への意欲－集中力、計画性、自主性、達成志向、持続性、知的好奇心
・実践的・体験的な学習態度－自律性、協調性、感受性
・技術との関わりの中での生き方の探究－勤労観（職業観）の育成、環境保全への理解、資源の有効利用、情報化社会への対応

　その結果、技術科の授業において、製作実習の実施、複数題材の設定等により、男女ともに自己教育力の育成が認められている。

7. 海外の技術科教材

　これまで訪問した諸外国の教育機関の中から、特徴的な教材を以下に数例示す[8)][15)][16)]。教材の中心は、言うまでもなく教科書であるが、それ以外にも、諸外国の技術科の教室、実習室にはいろいろな教材を見ることができる。我が国に比べて多いのは、教室の壁を利用した掛図、実物、模型等であり、しかも工夫されたものが多い。

（1）写真1は、フィリピン・ケソン市の中学校における木材組織の教材である。玉切りの丸太を呈示して、各部の名称を学習するように意図され、生徒には大変理解しやすい。

写真1

（2）写真2は、カナダ・アルバータ州の専門学校における木材が有する欠点の壁掛け教材である。通常の良い状態の木材の見本は多いが、このようにマイナス面の呈示は珍しい。

写真2

（3）写真3は、米国コロラド州の中学校における木工具の歴史を示した掛図の教材である。木材を加工する様々な工具を、古い時代から今日までの変遷を詳細に紹介している。

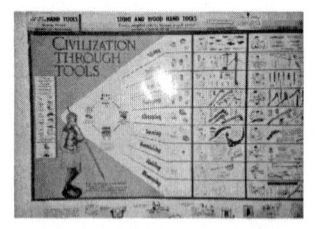

写真3

（4）写真4は、香港の中学校における実習中の安全を促す注意書きの教材である。ケガや事故の防止、事故が起きてからの処置等で、これに類する掛図は外国の学校でよく見かける。

写真4

（5）写真5は、オーストラリア・ブリスベンの中学校におけるコンピュータを用いた製図教育（CAD）教材である。この前提として、手書きによる描画教育がきちんと行われている。

写真5

（6）写真6は、米国の中学校の教材で、"木材による模型橋"を作成するための教科書、教育機器、実験機器、実習題材、学習ノート等を1セットにまとめた総合的な教材の例である。

写真6

8. おわりに

　教材は、時代が変わっても変わらない不易のものと、社会の変化に伴って変わる流行のものがある。技術科の教材は、前者もあり、また後者もあるが、特に後者の変遷には産業技術の発展に伴って著しいものがある。しかし、技術科教育の目標を達成するには、両者の教材共に大事なものであり、バランスの取れた使用が求められる。一方、技術科の授業では、導入、展開、まとめの学習過程が講義、実験、実習等で構成されるため、その場に応じた教材の適切な使用も大事である。また、生徒の個を生かす教材の使用、一斉授業での教材の使用、そして生徒に育成される技術的素養を意図した教材の使用は、さらに重要なものとなろう。

文献

1) 石塚俊郎、宮川秀俊、「技術科教育における教材の機能に関する基礎的研究－「木材加工」領域における教材の利用について－」、日本産業技術教育学会誌、第36巻第1号、1994、33頁－40頁
2) 宮川秀俊、石塚俊郎、「技術科教育における教材の機能に関する基礎的研究－「電気」領域における教材の使用について－」、日本教材学会年報、第9巻、1998、201頁－209頁
3) Hidetoshi Miyakawa and others, Study on the Fostering of Self-Educability in Technology Education -"Information Technology" Area-, Bulletin of Center for Research, Training and Guidance in Educational Practice, Aichi University of Education, 1998, pp.29-37
4) 日本産業技術教育学会、「21世紀の技術教育」、日本産業技術教育学会誌別冊、1999、1頁－10頁

5) 新学習指導要領、http://www.mext.go.jp/a_menu/shotou/new-cs/youryou/chu/gika.htm、2008
6) (財) 図書教材研究センター、授業と教材、(財) 教育研究所協会、1993
7) 大内茂男・中野照海編、教授メディアの選択と活用、図書文化、1982
8) 宮川秀俊、「諸外国の木材教育における教材・教具の利用」、日本木材加工技術協会誌、第59巻第3号、2004、102頁－107頁
9) 東京書籍、教科書「新編新しい技術・家庭科」－技術分野－、2008
10) (未発表) 宮川秀俊、戸苅祥崇、山本誠二、「技術科教育における教材利用に関する研究－技術とものづくり－」、愛知教育大学技術教育研究室、2008
11) 文部省、「これからの義務教育諸学校の教材整備の在り方について－中学校教材機能別分類表」、調査研究協力者会議最終報告、2001
12) 宮川秀俊、「技術科教育における教材開発－教員養成系大学院での基礎教育と実践研究－」、教科教育学研究、第8集、2004、183頁－208頁
13) 例えば、中島康博、宮川秀俊、「創造的思考力を育成する教材のあり方、教材学研究、第14巻、2003、165頁－168頁
14) 例えば、魚住明生、宮川秀俊、「技術科教育における自己教育力の育成に関する研究」、日本産業技術教育学会誌、第42巻第1号、2000、19頁－27頁
15) 宮川秀俊、「国際化と木材教育」、日本木材加工技術協会誌、第50巻、第12号、587頁－593頁
16) 宮川秀俊、「諸外国の木材教育－実習題材と施設・設備について－」、木材工業技術短信、第21巻第2号、2003、1頁－16頁

家庭科の教材とは

中間　美砂子

はじめに

　家庭科の教材とは何かを考えるに当たって、まず、教材とは何かについて考えてみたい。広辞苑によれば、教材とは、「教授および学習の材料、学習の内容となる事柄を言う場合と、それを伝える媒体となる物をさす場合とがある。教材研究の教材は前者、教材作成は後者となる」とある。また、教具とは、「教授・学習を効果的に行うために使用する道具。掛図・標本などのほか、テレビ・ビデオ・パソコンなど」とあり、教育内容の媒体と共に、それを提示する教育機器も指す。現代教育評価事典（金子書房）でも、「教材は教具の上位概念である。普通、教材という場合、教具も含まれる」と教材を教具の上位概念としている。これらの定義に基づいて、本稿においては、教材を広義にとらえ、学習の内容から教具までを含むものと捉えたい。
　このように、教材を広義に捉えるとすれば、どのような学力の育成を目差すのか、そのような学力を育成するには、どのような学習内容が必要か、その学習内容をどのような教具を用いて、どのような方法で学習させるのかということを考えていかなければならない。

1　家庭科でめざす学力とは

　OECDの生徒の学力到達度調査では、学力を「人生をつくり社会に参加する力量」としている。すなわち、PISA調査では、義務教育修了後の15歳児が持っている知識や技能を、実生活のさまざまな場面で直面する課題にどの程度活用できるかを評価するものとしている。この「人生をつくり社会に参

加する力量」とは、まさに、家庭科で目差している学力そのものである。家庭科では、個人・家族・地域社会の生活のウエルビーイング向上を目差して、主体的に、生涯にわたり、他者と協力しながら、生活を創造していくことのできる能力の育成を目差しており、その原動力となる批判的思考力[1]を育成することが課題となっている。

2　家庭科の学習内容の特徴

　家庭科の学習内容の大枠は、学習指導要領に示されており、それに基づいて、各学校・各教師が、学習者に応じた内容を検討して、授業づくりを実施している。しかし、学習指導要領の内容は固定したものではなく、生活の変化、教育要請の変化と共に、変化してきている[2]し、発達段階によってもその内容は異なる。平成20年3月28日告示の学習指導要領によると、小学校家庭科では、A家庭生活と家族、B日常の食事と調理の基礎、C快適な衣服と住まい、D身近な消費生活と環境、中学校技術・家庭科「家庭分野」では、A家族・家庭と子どもの成長、B食生活と自立、C衣生活・住生活と自立、D身近な消費生活と環境とされている。高等学校の改訂はまだであるが、従前の高等学校家庭科の内容を考え合わせると、大きくは、①家族・家庭と子ども・高齢者、②食・衣・住生活と自立、③消費生活と環境の三つの領域にわけることができるといえよう[3]。

①家族・家庭と子ども・高齢者

　本領域の内容は、人との関係を中心とする。人は一生の間、家族や地域社会との関係の中で生きており、人との関係なしには生活できない。小学校では、家族との関係が中心となるが、中学校では、子どもの成長と子育てが、高等学校では、高齢者を中心とした福祉が、取り上げられてくる。

②食生活・衣生活・住生活と自立

　生活的自立のための営みの中心としての食・衣・住生活の内容は、小・中・高等学校を通して取り上げられるが、その程度は螺旋的に上昇していく。安全、安心な生活を営むための、科学的知識、技術が基盤となっている。

③消費生活と環境

　食・衣・住生活を含む消費生活全体は、有限な資源を活用し、環境に影響

を与えながら営まれている。したがって、消費生活いかんが、資源や環境のありかたに大きく影響することを自覚しなければならない。

3　家庭科の学習方法の特徴

　家庭科の学習方法については、改訂学習指導要領、小学校家庭科では、「実践的・体験的な活動を通して」「生活における課題を解決するために」などが挙げられており、中学校技術・家庭科「家庭分野」では、「実践的・体験的な学習活動を通して」「問題解決学習を充実すること」などが挙げられている。

　そこで家庭科の学習方法の特徴である「実践的・体験的学習」、「問題解決学習」について考えてみたい。

　アメリカの家庭科教育学者は、カリキュラムのパラダイム転換として、「実践的問題アプローチ」を提案してきている。ブラウンは、「家庭科カリキュラムは、この実践問題を媒介として、生徒が個人と社会の間に介在する家族の生活現実を認識するとともに、問題の背景にある本質をも探究することが出来るように構成されている」「学習方法として、実践的推論の思考過程が重視される」といっている[4]。

　このような授業の考え方は、1980年代のなかば以降の授業のパラダイム転換、「技術的実践（technical practice）」から、「反省的実践（reflective practice）」への議論が基となっている。「反省的実践」としての授業とは、科学的な技術と原理の普遍的な原理が追求される「技術的実践」に対して、多様な意見の共有と合意の形成が追及されることをめざす授業である」[5]。すなわち、「反省的思考＝探求」（デューイ）を遂行しあう授業であり、問題解決的思考を展開して学習に参加する授業である。

　ブラウンの理論に基づいた実践的問題解決学習のプロセスとしては、①グループ作り（community building）、②問題の明確化（problem identification）、③実践的推論（practical reasoning）、④批判的反省・批評・判断（critical reflection and critique/judgment）⑤行動（social action）の5段階が挙げられている[6]。

　このプロセスにより、批判的思考力に基づく問題解決能力を身につけてい

くとするならば、実際の授業では、行動に結びつくアクション志向学習の導入が効果的と考えられる[7)][8)][9)]。参加型アクション志向学習としては、実践的問題を想定した事例を通して、批判的思考力を通して、問題解決を行う方法ガ多く用いられる。児童・生徒の生活の営みは、親やそれにかわる人の支えによるところが大きく、自分自身が直接、生活の営みにかかわっていない面もある。そこで、実践的問題を教師が提案したり、自分たちで考えさせたりして、問題解決のシミュレーションを行わせ、批判的思考力に基づく問題解決能力を養うことをねらうものである。このように想定問題で育成した批判的思考力、問題解決能力を、身近な現実問題に応用して解決させる学習方法としては、ホームプロジェクトや、地域活動がある。

4　家庭科の教材の特徴

以上、家庭科の学習目標、学習内容、学習方法の特徴について述べてきたが、これらの関係をみたすためには、実際に授業では、どのような教材が必要であろうか。授業づくりに必要な教材について概観してみたい。

(1) 教材の必要要件[10)]。
①正確さ・妥当性
教材に含まれる情報は、常に正確でなければならない。たとえば、教材の中核となる教科書の場合、特にその正確さが期され、細心の注意をはらって作成されている。しかし、4年ごとに改訂されるという仕組みになっているため、情報の新しさという点で問題が生じてくる。家庭科では、生活情報の変化の著しさという点で、常に情報の補正が必要である。特に、統計資料などは刻々と変わるため、インターネットなどを用いて入手した最新の資料を用いて、修正する必要がある。もちろん、教師がそれを準備するだけでなく、学習者自身に調べさせることで学習効果を上げることができる。
②偏見がないこと
教材は、偏見を含んでいてはならない。偏見で最も注意しなければならないのは、性的偏見である。教科書の図や写真については、ステレオタイプによる男女の役割についての図や写真がないか、十分注意しなければならな

い。
　偏見には、このほか、経済的偏見、年齢的偏見、人種的偏見、宗教的偏見、などもあることに留意しなければならない。
③ **適切性**
　発達段階や経験の程度、地域性に適したものでなければならない。たとえば、調理実習の授業で、食材について学習する場合、実際にその地域で多く入手できるものが基本となる。輸入品や、世界の食糧事情などについての学習も必要であるが、まず、地域の食材に目を向けることからはじめなければならない。
④ **有効性**
　学習効果を上げるために有効であるかどうかが確認されなければならない。教材使用後、授業効果を評価すると共に、学習者の意見を聞く必要もある。
⑤ **使いやすさ**
　メディア教材などの場合、使用に無駄な時間がかかりすぎたり、適切に活用できなかったりすることのないよう、適切な分類・整理を行い、機器についても、常に点検、整備しておかなければならない。また、機器の準備や使用を学習者自身が出来るようにしておく必要もある。

(2) **教材の種類・特徴**
　前述のように、授業に実践的問題アプローチを用い、参加型アクション志向学習を用いる家庭科における教材とは、メディア教材だけでなく、実物教材や、クラスメートのパフォーマンスや家族・地域の人々へのインタビュー・アンケートなどの対人教材も含まれるところに特徴がある。
Ⅰ　メディア教材
①　**印刷教材**
　・教科書
　学習指導要領に基づいて作成された教科書は、最も基本となる教材である。家庭科の教科書も、学習指導要領の変遷と共に、時代ごとに変化してきている。我が国の教科書は、個人が持つことになっているので、子どもへの影響はまことに大きい。子どもたちにとって、日課の教科書を揃えるたびに、表紙は目に入るし、授業で用いる際、少なくとも図や写真は目に入り、印象

に残るであろう。したがって、意図的教育効果だけでなく、無意図的教育効果も大きいと考えられる。こう考えてくると、教科書づくりには、まことに大きな責任が伴うことになる。家庭科の教科書を作成しているのは、主として家庭科教育学者、家庭科教員、教科書会社担当者、検定関係者であり、家政学者、生活行政に携わっている人、家政学以外の生活関連学者、実務家などが加わる場合もある。いずれにしても、教科書作成にあたっては、関係者はその責任の重さを自覚し、真剣に取り組まなければならない。

・ワークシート、ワークブック、ノート、学習カード

教師自身が作成したワークシートや、学習カード、教科書会社や、教材会社が作成したものが挙げられる。教師が作成したものが最も適切といえるが、作成には時間がかかるというデメリットがある。教師が作成する場合、シートとして、学習過程の適切な時期に配付できるというメリットがあるが、学習が終了した時点に、散逸しないよう、最初からファイルできるような形式にしておく必要がある。ワークシートとして、印刷されたものでなくとも、ノートの記入の仕方の工夫によっても、ワークシートと同様な効果を持つので、ノートの活用の仕方の指導も重要となってくる。

教科書会社や教材会社が作成した市販のワークブックが用いられることもあるが、その選択に当たっては、十分検討する必要がある。市販のワークブックのなかには、複写して用いることが許可されているものもあるが、コピーが許可されていないものもあるので、十分注意しなければならない。

・手引書、参考書

教師用手引書、参考書は、教師が教材研究をするうえで、大いに参考になる。また、参考書は、学習者が調べ学習をする場合にも活用される。図書室などに、必要な参考書を用意しておくことにも留意しなければならない。

・小説、手記等

家族・家庭について学習する場合、小説や手記に適切な事例がある場合がある。教師がそれらを参考にケーススタディを作成する場合もあるが、学習者が、自分が読んだ小説や手記をもとに作成したケーススタディについて学習する場合もある。

・新聞・パンフレット・広報誌

新聞を教材として用いる方法は、NIE（Newspaper in Education）といわれる学習方法で、新聞記事を学習素材としてとりあげ、現実の問題について

学習する方法である。家族や消費生活と環境問題に関する学習においては、効果的な場合が多い。また、子育てや介護の情報としては、身近な地域の情報が必要であり、それらの情報は、パンフレトや広報誌から得られることが多い。

②視聴覚教材

・音声テープ、ラジオ放送（音声教材）

・スライド、パワーポイント（画像教材）

・映画、テレビ放送、VTR、DVD（動画教材）

音声教材の例としては、たとえば、幼児の言葉の発達のテープなどが、画像教材例としては、衣服のコーディネートの例、食材の種類などが、動画教材としては、調理の手順、被服製作の手順などが挙げられる。市販の教材もあるが、研究会などにより、共同で作成されたものも用いられている。

③デジタル教材[11]

古藤泰弘は、デジタル教材とは、・コンピュータで操作できる。・異種の情報を複合した教材である（複合性、マルチメディア性）・利用者が既成教材に追加・補正したりして合成できる（構成性）、・受信したり発信したりできる教材（受発信性、双方向性）などの特性を持つ教材としている。

・　教材用ソフトウエア

教師が作成したものや、市販教材もある。たとえば、多く用いられているものとしては、栄養計算ソフトや家計ソフトがある。これらは、学習者が直接書き込みでき、その結果をただちに診断できるという特色を持つ。

・インターネット教材

教材という形でまとまったものだけでなく、さまざまな情報が検索可能であり、ダウンロードが可能なものもある。調べ学習において、大いに活用されている。この場合、出所を確認し、その情報が正確、かつ適性なものであるかどうかを判断する能力が必要となってくる。

・ネットワーク

Eメール（電子メール）は、コンピュータと遠距離通信技術の結合である。Eメールは、即時の、広範なコミュニケーションネットワークを可能にする。国内だけでなく、海外との情報交換も可能である。世界の人々はどんなおやつを食べているかなどを調べた実践例などもある。

④掲示教材

・掛け図、ポスター、壁新聞、板書、TP（OHP用）

　調べ学習の発表（プレゼンテーション）などにおいて用いられる。発表で用いたポスターや壁新聞などを地域のコミュニティ・センターに掲示し、地域活動の一環としている実践例などもある。

Ⅱ　実物教材

・模型、実物

　デジタル教材が開発されてきた現在でも、他の教材にはない特色を持っている。現実の生活について学ぶ家庭科では、特に重要な意味を持つ。たとえば、布や食品などの実物は、バーチャルな映像標本にはるかに勝る。住宅の縮小模型や、織物の拡大標本、被服製作の段階標本などの模型も同様である。

・実験・実習材料・用具

　実験・実習を伴う家庭科の学習においては、実験・実習材料だけでなく、実験・実習用具を必要とし、さらに、そのための専用室、施設・設備、が必要である。それらの管理も重要な学習活動であり、教材である。

Ⅲ　対人教材

①クラスメートのパフォーマンス（遂行行動）[12]

　ピア・エデュケーションといわれるように、仲間から学ぶことも多い、参加型学習とはまさに、ピア・エデュケーションをねらったものである。クラスメートのロールプレイングなどのパフォーマンスを観察すること自体も教材であり、クラスメートとの話し合い（バズセッション、ディスカッション）、クラスメートへのアンケートなども教材といえる。

②家族・地域の人々とのコミュニケーション

　家族や地域の人々の観察やインタビュー、アンケートなども教材となる。

(3) 教材の評価

①メディア教材の評価

　前述の教材の必要条件を満たし得たかを評価しなければならない。このことは、いわゆる学習成果の評価としてのテストからも、学習者の感想などからも推察することができるであろう。

②実物教材の評価

　実験・実習に用いた実物が適切であったかについて評価しなければならない。たとえば、調理実習の場合の材料いかんが、実習そのものの効果に大い

に影響する。学習者が持参する場合もあるが、その場合、選択上の注意を十分にしなければならない。

③対人教材の評価

対人教材は、最初から意図できないところにむつかしさがある。たとえば、インタビュー結果をどう扱うかは、教師の適切なリードを必要とする。インタビュー結果に意図しないものがあった場合、その結果を無視するのではなく、扱い方を工夫しなければならない。また、クラスメートのパフォーマンス（遂行行動）の結果も最初から予想することは出来ない。パフォーマンス結果をどう教材化するかは、教師の力量にかかっている。授業の中で、対人教材がどう生かされたかを評価する必要がある。

5 家庭科の授業構想と教材開発

以上みてきた学習目標、学習内容、学習方法、学習教材をどう組み合わせ、授業を構想していくかが、授業計画であり、教材研究である。ここにこそ、教師の教育観を発揮できる場があり、満足のいく授業構想、教材研究をしたうえで、授業に臨みたいものである。

しかし、授業は、授業者と学習者が創造していくものであり、計画どおりに進められるものではない。授業の過程で新たな教材が生まれてくる喜びもある。したがって、授業構想と教材開発は、シチュエーションにより異なってくるものであり、普遍的な方法があるとはいえない。

次に、試みに、授業構想と教材の関係の一例を挙げる（表1）。授業構想と教材開発について考える場合の参考にしていただければ幸いである。

さらに、具体的に実際の指導案の中での教材の位置づけを見るためには、実際の指導例を見る必要がある。そこで、小学校で実際に指導された授業例を取り上げることとしたい。2007年の関東甲信越地区小学校家庭科教育研究大会での公開授業の指導計画[13]をとりあげ、必要とされる教材について考えてみることとする（表2、表3、表4）。この指導計画は、複数の指導者によって、開発されたものであり、公開授業はその指導計画の一部を取り上げたものである。したがって、公開授業以外の箇所について、どのような教材が用いられたかは、記録からは不明であるため、筆者が想定したことをお

断りしておきたい。

表1　実践的問題解決学習におけるプロセス別教材（例）

授業プロセス		メディア教材・実物教材	対人教材
1	グループ作り		○話し合い バズセッション
2	問題の明確化	○資料収集用メディア 　教科書、手引書、参考書、 　新聞、パンフレット、広報誌、 　ネットワーク等	○資料収集 観察、インタビュー、 アンケート等
3	実践的推論	○思考まとめ用メディア 　ワークシート・学習カード、 　ノート、黒板、TP等 ○実験・実習用実物 　実験実習材料、実験実習器具等	○擬似体験 ロールプレイ、ディベート、 ディスカッション、バズセッション等 ○実験・実習
4	批判的反省	○振り返り用メディア 　振り返りシート等	○振り返り ディスカッション
5	行動	○実践計画用メディア 　計画表・記録表 ○掲示用メディア 　TP、カード、ポスター、 　自作新聞等	○実践計画作成 バズセッション ○発表

(1)「家庭生活と家族」の教材例

表2　題材「私の家庭生活をみつめよう〜わたしの成長と家族・家庭〜」

指導計画作成および公開授業者：前田真帆、松澤綾子

指導計画	時数	教材
自分の成長を振り返ろう	1＊	読み聞かせ（「おおきくなるっていうことは」）、学習カード（小さかった頃の写真、してもらっていたこと）、板書（成長のサイクル）、話し合い（ディスカッション）、ノート（気づいたこと）
自分の成長をもとに家庭の仕事について	1＊	話し合い（「支えられる自分」「支える自分」）、学習カード（家庭の仕事の分類）、ディスカッシ

授業の流れ	時数	教材
考えよう		ョン、ワークシート（感想・気づき・疑問）、
家庭の仕事をみてみよう	課外	家族の生活の観察、家族へのインタビュー
できる仕事をみつけよう	1	発表（ＴＰ、カード、ポスターなど）、家庭の仕事実践の計画
できるしごとを実践しよう	課外	家庭の仕事実践とその記録
実践報告会をしよう	1	発表（ＴＰ、カード、ポスターなど）、家族との団らん計画の作成
わが家のだんらん	課外	家族との団らんの実施・記録

＊印は公開授業

(2)「日常の食事と調理の基礎」の教材例

表3　題材名「作っておいしく食べよう」

指導計画作成および公開授業者：兼子稔、野村薫

授業の流れ	時数	教材
ゆでじゃがを作る	1	じゃがいも、調味料、調理用具
「ゆでる」調理を取材じゃがいもについて調べる	課外	料理書、家族へのインタビュー、参考書、インターネット、食品成分表、
身近な食品じゃがいもを知ろう	1	じゃがいも（メークイン、男爵）
「いためる」調理取材	課外	料理書、家族へのインタビュー
じゃがいもの油いためを作る	1	じゃがいも、調味料、調理用具
「にる」調理取材	課外	料理書、家族へのインタビュー、参考書
スープを作る	1＊	発表（家庭でのインタビュー）、食材のきり方カード、じゃがいも、調味料、調理用具、発表（試食の感想）

家族と食べよう（じゃがいもを使ったおかず）	課外	じゃがいも、調味料、調理用具、家族アンケート

＊印は公開授業

(3)「身近な消費生活と環境」の教材例

表4　題材名「かしこい生活を工夫しよう～物・お金の使い方を考えよう～」

指導計画作成および公開授業者：野崎崇、丸山浩二

授業の流れ	時数	教材
「お金」の使い方の家族の工夫	課外	家族へのインタビュー、取材カード
「お金」の使われ方と「お金」の使い方	1＊	ディスカッション、ノート（支出の予想）、板書（支出の分類）、学習カード（収入と支出のつながり、発表（収入と支出のつながり）
「お金」を使うとき気をつけること	1	学習カード（お金を使うとき気をつけること）、発表
物の購入のしかた	課外	家族へのインタビュー、取材カード
物の購入と使用で考えなければならないこと	1＊	買い物をした商品の実物、掲示（取材結果・家族の買い物の成功体験）、学習カード（買い物のとき考えていたこと）、掲示（購入の意思決定過程）、話し合い（満足のできる買い物の共通点）
物の適切な購入方法と適切な使用方法	1	学習カード（適切な購入・使用方法）発表

＊印は公開授業

【引用文献・参考文献】

1) ジャネット・ラスター講演記録「批判的思考力を育てるカリキュラムと授業～アメリカの家庭科教育の事例に学ぶ～」大阪教育大学家庭科教育研究会、2008.2、1～67
2) 日本家庭科教育学会『家庭科教育50年～新たなる軌跡に向けて～』建帛社、2000.9、1～304
3) 中間美砂子編著『家庭科教育法』建帛社、2004.5、64-67

4) 前掲3) 58
5) 佐藤学『教育方法学』岩波書店、1996.10、73-79
6) 前掲1)、32-36、54-58
7) 前掲3)、70-78、
8) ヒッチ＆ユアット、中間美砂子監訳、『現代家庭科教育法—個人・家族・地域社会のウエルビーイング向上をめざして—』大修館書店、2005.11、189-227、
9) 中間美砂子編著『家庭科への参加型アクション志向学習の導入—22の実践例を通して—』大修館書店、2006.11、1〜179
10) 前掲8) 228-237
11) 古藤泰弘「デジタル教材の特性とその生かし方」日本教材学会研究懇談会発表資料、2008.1
12) 前掲8) 304-305
13) 千葉市立瑞穂小学校「心通わせる学びの創造〜認め思いやる心の育成を通して〜」指導案集（第25回関東甲信越地区小学校家庭科教育研究大会、公開授業）、2007.11、14〜23

キーワード：批判的思考力、実践的学習活動、家庭科の教材の特徴

体育科の教材とは

岸本　肇
（きし　もと　はじめ）

1　教科・体育における内容と教材

　人間の成長・発達のために必要な教育の内容を、学校で教えるために組織化されたまとまりが教科である。勝田（1968）は、教育内容と教科との関係を、そのように説明した。
　教育内容には、教育目標とでもいうべきものから、洞察力・理解力・判断力・実践力、ものごとの成立ちや概念、原理や法則までが含まれている。教育内容ないし教科・体育の内容としてからだづくりは挙げうるが、からだづくりのための知識や方法を教える材料が教材である。したがって教材は、教師の側からすると教授の手段であるが、子どもの側からすると学習の対象である。教科書が、教材の典型とされるのは、そういう意味からであろう。
　体育では教科書を用いない場合も多いが、身体の操作能力を高める内容を学習させる材料として、跳び箱に跳び上がり、跳び下りる運動があるとする。その場合、それは、器用なからだづくりという教科内容に相応する教材と考えられる。体育における内容と教材は、そのような関係にある。しかし、跳び箱運動の種目1つひとつの立場からすると、それ自体は克服的運動として学ばれる対象であり、また表現運動でもある。要するに、直接的にからだづくりを目的とした運動ではない。個々の運動やスポーツの種目は、器械運動、陸上競技、球技などの運動領域を構成する教授（学習）内容である。すなわち、教材とみなされることが多い。
　研究授業の場などで、教育内容や教材の概念論に終始するのは好ましくない。授業者が授業で構想し、主張していることをくみとる姿勢が重要である。しかし、体育も教科である以上、その独自的な教科内容を理にかなった方法で子どもに伝えていかなければならないのは、当然である。

2 教育に不可欠な体育の内容

土井（1999）が示す教育学における概念（図1参照）は、教育全体における体育の位置づけを考える参考になる。小川太郎が整理した教育の機能概念と領域概念、および旧ソビエトの教育学諸言説がもとになっている。

機能概念	内容概念	領域概念
教育（主体としての人格形成）	認識教育	教科指導
訓育および陶冶	表現教育	および
	言語教育	教科外指導
	身体教育	
	人格教育	
	生活および労働教育	

図1　教育学諸概念の整理（土井捷三、1999）

内容概念の「～教育」それぞれには、おおむね複数の教科が想定されるが、「身体教育」の筆頭に、体育を置くのは当然であろう。知徳体の三育主義の是非はともかく、"身体"を視野に入れない教育学は、現在では存在しないのではないだろうか。

人格の発達は、知的・精神的発達、情緒的発達だけでなく、身体発達も包含したものである。したがって、人格の完成をめざす教育は、身体発達に責任を負う教科を設定しなければならない。それは体育をおいて他にないと、筆者は考える。教育に不可欠な体育の内容は、一義的には身体形成目標と関わっているのである。

3 体育の教材を編成する視点

(1) 運動（技術）から見た編成

体育は、人間の運動を主要な教材とした教科である。このことは疑いがない。したがって、体育の教材編成の大前提として、生活・労働やスポーツで

表1　運動（技術）の分類

Ⅰ．平衡を維持する（技術）
立っている　　　　坐っている　　　　かがんでいる

Ⅱ．自分のからだを動かす（技術）
　a.場所の移動なし
立つ　　　　　　　坐る　　　　　　　かがむ
おきる　　　　　　にぎる
　b.場所の移動あり
はう　　　　　　　歩く　　　　　　　走る
ころがる　　　　　泳ぐ　　　　　　　とびこむ
身をかわす
　c.他のもので
すべる　　　　　　ぶら下がる　　　　よじのぼる

Ⅲ．他のものを動かす（技術）
　[運動量を与える]
　a.自分のからだで他のものを
押す　　　　　　　引く　　　　　　　ねじる
さげる　　　　　　かかえる　　　　　さしあげる
かつぐ　　　　　　背負う　　　　　　ひき上げる
投げる　　　　　　突く　　　　　　　蹴る
弾く
　b.他のもので他のものを
漕ぐ　　　　　　　打つ

Ⅳ．動いているものをとめる（技術）
　[運動量を受ける]
　a.とまる
　b.受ける

（正木，1960）

注）岩波講座『現代教育学14』pp.192-193.には、これが若干修正された「運動技術」の分類が示されている。

発揮される運動の類別を把握しておく必要がある。

　現在ではバイオメカニクスの影に隠れてしまっているが、かつてキネシオロジー、すなわち身体運動学と訳された分野が体育学にはあった。約50年前、その立場から運動（技術）を表1のように分類し、体育指導に関連づけた論考があった（正木、1960）。その中で、「実際の体育教材には、これら4つの分類に含まれる運動（技術）をいくつか含んでいる。たとえば、サッカーでは、キックのときには支持足で平衡を保っており（Ⅰ）、けり足はボールに運動量を与えている（Ⅲ）。各人はボールを追って走る（Ⅱ）。急にとまって（Ⅳ）方向をかえ、また走る（Ⅱ）。キーパーは運動量のあるボールをうけとめる（Ⅳ）などである」とのべられているごとく、教師も子どもも「運動技術＝身体の使い方」という意識に立つことが、体育とからだづくりを結びつける環である。

(2) 体育文化的分類を基本とする編成

　2008年3月28日に告示された新学習指導要領における体育の運動領域を、表2に示した。中学校を例にすると、その領域名から、中身がわかりにくいのは、「A 体つくり運動」だけである。それ以外は、スポーツの領域とダンスである。「A 体つくり運動」は、1989年改訂の学習指導要領までの「体操」が、1998年の改訂で置き換わった領域の継続である。したがって、少し乱暴な言い方をすれば、新学習指導要領の運動領域は、体操、スポーツ、ダンスの3領域構成である。中学校の「F 武道」を除いた運動領域構成は、基本的には、小学校高学年も同じである。中学年においては「～運動」、低学年においては「～運動遊び」への領域名の変更は増えているが、高学年におけるAからFの領域との類縁性は保たれているように見える。

　ところで、本稿でいま使用している"運動領域"という用語は、学習指導要領でいう体育の"内容"に該当する。教材は、その運動領域なり内容なりを教える材料であると考えられる。このあたりの区別が判然としないので、特に問題がない場合は、体育の運動領域編成を教材編成ということも多い。

　要するに、体操、スポーツ、ダンスの運動領域の系列にしたがって、授業をつくり、教材を考えるのが、体育の伝統的な授業方法である。体育教材は、既成の運動文化財の中から、健康・体力の向上とレクリエーションの教育内容に役立てるために選択された体育文化といってもよいだろう。

表2　新学習指導要領（2008年3月改訂）における体育の運動領域

学校段階・学年	小学校			中学校
	第1・2学年	第3・4学年	第5・6学年	第1・2、3学年
運動領域	A 体つくり運動	A 体つくり運動	A 体つくり運動	A 体つくり運動
	B 器械・器具を使っての運動遊び	B 器械運動	B 器械運動	B 器械運動
	C 走・跳の運動遊び	C 走・跳の運動	C 陸上運動	C 陸上競技
	D 水遊び運動	D 浮く・泳ぐ	D 水泳	D 水泳
	E ゲーム	E ゲーム	E ボール運動	E 球技
	F 表現リズム遊び	F 表現運動	F 表現運動	F 武道
				G ダンス

注1）小学校の「内容」には、上掲以外に3・4学年から「G保健」がある。
注2）中学校に関しては、保健体育の体育分野の「内容」を挙げた。体育分野の「内容」には、上掲以外に「H体育理論」がある。

（3）体操、スポーツ、ダンス以外の運動領域
①"身体形成"をめぐる2つの教材編成観

　教材編成の課題として、学習指導要領から提起されているのは、「体つくり運動」の位置づけであろう。体育文化としての体操を、"体つくり"に特化させてよいものか、もっと大きくは、「体つくり運動」のような身体形成に資する教育内容を体育にどう位置づけるかが問われているのである。そのことを考えるために、ドイツの体育を参考にしてみよう。なお、ドイツ各州における体育の教科名は、すべてスポーツ（Sport）である。

　有名なケルン・スポーツ大学があるノルトライン・ヴェストファーレン州（以下、NRW州と略す）のスポーツ科指導要領[1]は、ドイツのスポーツ科の典型としてよく引用される。その目標は、「運動、ゲーム、スポーツをとおしての発達促進および運動文化、ゲーム文化、スポーツ文化の発達」と定型

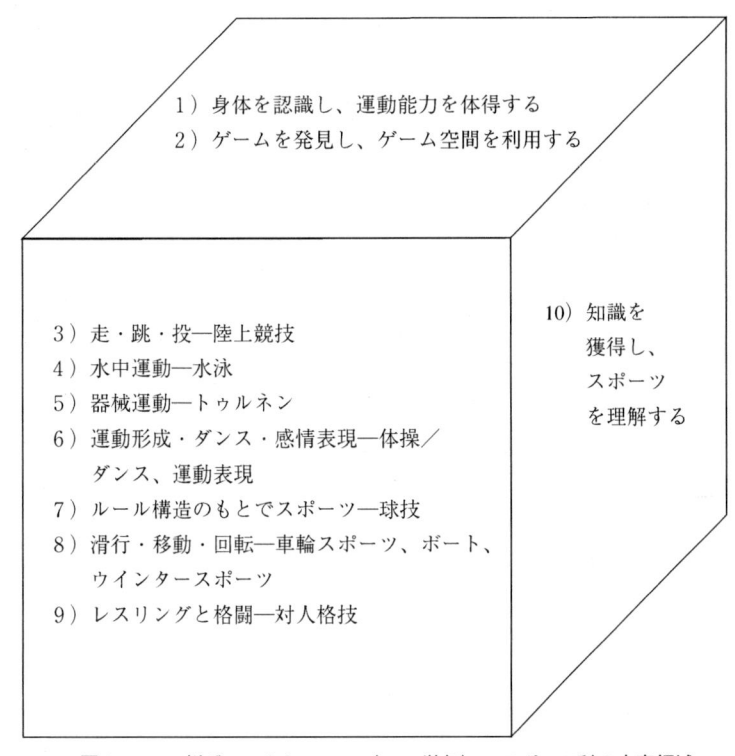

```
                1）身体を認識し、運動能力を体得する
                 2）ゲームを発見し、ゲーム空間を利用する




    3）走・跳・投―陸上競技
    4）水中運動―水泳                                    10）知識を
    5）器械運動―トゥルネン                                    獲得し、
    6）運動形成・ダンス・感情表現―体操／                         スポーツ
       ダンス、運動表現                                       を理解する
    7）ルール構造のもとでスポーツ―球技
    8）滑行・移動・回転―車輪スポーツ、ボート、
       ウインタースポーツ
    9）レスリングと格闘―対人格技
```

図2　NRW州グルントシューレ（1～4学年）・スポーツ科の内容領域
（Ministerium für Schule usw. des Landes NRW, 1999）

化されている（Ministerium für Schule usw. des Landes NRW[2]，1999. p.XXV）。発達促進と文化獲得の「二重の任務」（Doppelauftrag）が、スポーツ科に課せられているのである。

　図2は、NRW州スポーツ科指導要領の内容領域（Inhaltsbereich）である。これによると、「6)体操/ダンス、運動表現」が1つの領域になっている以外は、3)から9)に、スポーツ種目名と一致する領域が配されている。1)と2)は、「・・・運動をとおした発達促進のための基盤的意味を持つ超スポーツ領域的な運動領域としてであり、そのことにより内容領域3)～9)の活

動の前提でもある」（Ministerium für Schule usw. des Landes NRW, 1999. p.XXXIV）。

　いま、「10) 知識」は、検討外とする。大切な教材編成の視点は、スポーツ科に"超スポーツ的"な2領域があり、それらの中身が、体力づくりのようでもあるし、スポーツの基礎となる運動能力をつける内容のようでもあるということである。

　すでに消滅した国であるが、スポーツ強国であった旧東ドイツ（ドイツ民主共和国）のスポーツ科の主要目標は、「身体・スポーツ基礎形成（körperlich-sportliche Grundausbildung）」であった（Autorenkollektiv unter Leitung von Knappe, 1984）。

　その内容構成であるが、例えば、5、6学年は、「基本運動、陸上競技、球技、器械運動、体操、冬季スポーツ、水泳」の7領域であった（Ministerium für Volksbildung der DDR, 1983）。ダンスは、体操に含まれていた。しかし最大の特徴はそのことではなく、体操、スポーツの運動領域以外に、「基本運動」があったことである。これは、体操やスポーツの学習と関連づけた、基本的な体力と運動能力を育成するための領域であった。

　ところが、その時代が約20年間続いた後、1987年に発表された指導要領の改訂原案では、「基本運動」が運動領域から消え、「陸上競技、球技、器械運動、体操、選択教材、自由裁量時間、冬季スポーツ、水泳」（4〜6学年）の8領域構成になっていた[3]。1989/90年の新学期から実施される予定になっていたその指導要領は、国の崩壊に伴い、実際にはほとんど使用されていない。しかし、考え方としては重要な問題提起をしている。「基本運動」のような内容を独立した運動領域とするか、それを体操、スポーツなどの運動領域に含めてしまうか、体育における2つの教材編成法を示してからである。

②からだづくりを担う運動領域の位置づけ

　日本の体育と前述したドイツ・NRW州のスポーツ科は、身体形成目標とスポーツの実践能力をつける目標を並立させている点で似ているから、比較しやすい。NRW州の指導要領は、上述した2つの教材編成法の前者である。日本の新学習指導要領は、「体つくり運動」を「体操」ととらえれば後者になるが、やはり前者とするのが至当だろう。

　体操、スポーツ、ダンスによる運動領域編成だけで、子どものからだづくりの課題が達成できるのであれば、それでもよいだろう。しかしからだづく

りの方向目標も到達目標もはっきりしない体育で、からだづくりができるわけがない。世界的な「健康をベースにした体育（health-based physical education）」(Masurier、2002）への回帰現象は、意図的な健康・体力の教育にせまられている国際的状況を示している。からだづくりについて教える運動領域の存在は、体育文化の学習と矛盾しないはずである。

(4) 教材の整理・統合

　球技の運動領域であれば、その中にバレーボール、バスケットボール、サッカーなどがある。それらのスポーツ種目を具体的な教材に加工して授業をするわけであるが、体育でありとあらゆる種目を扱うことは、到底できない。種目の枠を超越した球技指導の論理は、たんなる教材の整理・統合のためではなく、考える体育を実践するためにも重要である。
　球技における競争課題は、「的入れ」「突破」「突破＋的入れ」「突破＋進塁」と4分類できる（鈴木　理・廣瀬勝弘他、2008）。
　ゴルフやボウリングは、相手による妨害がない「的入れ（当て）」型である。バスケットボールやサッカーは、的（ゴール）にボールを入れる回数で競うが、その途中に相手と交錯する中盤がある「突破＋的入れ」型である。バレーやテニスは、途中で相手による妨害がない「突破」型である。ソフトボールや野球は、打球が相手の間を抜けている間にプレーヤーが移動していく「突破＋進塁」型である。こう考えると、新学習指導要領におけるゴール型、ネット型、ベースボール型とは異なる「対決情況と戦術」を意識した球技の分類ができていることがわかる。
　そういう観点から、玉入れ、ドリブル競争、ポートボールなどもバスケットボールだけでなく、サッカーをも想定したリードアップゲームとして位置づけた体育指導が可能となる。こういう種目主義を排した教材観にもとづく実践研究の蓄積を期待したい。

4　考える体育と認識形成

(1)「できる」と「わかる」

　教科学習の内容には、一般に、なぜそれができなくてはいけないのか、は

っきりしないものが多い。体育で、逆上がりができなくても、人間としての価値が低いわけではないし、健康な一生が送れないわけでもない。

しかしそうであるから、逆上がりは、体育で学ぶ必要がないという理屈にはならないと思う。逆上がりが「わかってできる」体育は、次にのべるように、人間としての尊厳やからだづくりといった教育内容を教えるためにも重要である。

斎藤（1977）は、「わかるわからない」と「できるできない」との関係を、次のように類型化している。

①「わかる」─「できる」（わかってできる）
②「わからない」─「できる」（わからなくてできる）
③「わかる」─「できない」（わかってできない）
④「わからない」─「できない」（わからなくてできない）

それらを、体育に翻訳してみたい。①は、当然、目標であり、期待される。スポーツ教材の学習でいえば、課題ができ、その身体の使い方がわかっている段階である。ここで立ち止まるのではなく、人に教えることによって、自己を知り、さらにレベルアップをめざしたい。

②は、体育では多いように思われる。しかし、①に引き上げたい。この段階では示範はできても、理屈がわかっていないから、グループ学習でも力を発揮しにくい。仲間と「できる喜び」を共有できるようになりたい。

③は、「頭ではわかっているにもかかわらず、身体が動かない」である。体育では、その問題の解法がわかっているのに、解けない問題が「知的教科」よりは多いと思われる。わかっているわけであるから、練習すればできるという自信を与えたい。

④は、できない方法で繰り返している場合が多い。つまり、「『運動神経』がにぶい」のではなく、運動を理解する「頭がにぶい」であろう。そこが克服できれば、一挙に①に到達する可能性がある。

体育は、健康という生存に直結する教科である。だれでも①に到達させたいが、その①にもさらに上の目標はあるし、②③④は、現状から脱却すべきである。体育を「生きる力」を形成する教科として、学ぶ意欲が、だれにでもわく教科にしたいと思う。

(2) 認識形成

　体育の授業をとおして、子どもは何をわかり、何を学んでいるのか。正木（1958）が示した認識項目を、43年ぶりに修正した山本・野井ら（2003）の「新しい認識項目」を、下に示す。教師の側から学んでほしいという願いと、実際に子どもが学んでいる事柄は、それだけ多岐に及んでいるのである。

　① 運動の技術・技能の認識
　② 運動の行動のルールの認識
　③ からだの事実・法則・ねうちの認識
　④ からだづくりの認識
　⑤ 感情についての認識
　⑥ 生命尊重に対する認識
　⑦ 集団（国民）の健康に対する認識
　⑧ 仲間との人間関係の認識
　⑨ 生活の認識
　⑩ 身体的、文化的な権利意識の認識

　いわゆる運動学習は、直接的には①と②とにかかわる。授業の中心課題であり、教材研究も、基本的にはそのためになされる。教訓的なのは、④⑥⑦⑨の、からだ、生命、健康および生活に関する感想が、子どもの文章にほとんど見られなかったという、山本・野井らの指摘である。子どもの意識において、体育は運動する授業であって、からだについて学んだり考えたりする授業ではないという結果は、筆者も「体育の勉強調査」で得たことがある（岸本、1998）。しかし戦後、1960年以前の先進的な体育の実践記録には、運動技術とともにからだについて考えさせようとした授業過程が多く見られるという（城丸・正木、1961）。戦争の惨禍がさめやらぬ時代に標榜されたからだづくりの体育において、運動技術の学習が身体の学習でもあった意義をかみしめたいと思う。

(3) 考える体育と認識形成―亀村五郎と佐々木賢太郎の実践

　亀村（1956）は、技術を習得するプロセスに教育を見出した。佐々木

(1956)は、生活体育をうたった。ともに、かつての軍国主義教育における「できるできない」で評価する体育を批判し、子どもが運動学習をとおして、自分のからだを見つめ、からだの背景にある生活を変革する体育を重視した。亀村は書名どおり「考える体育」を、佐々木は運動とからだに関する認識学習を、実践したのである。

　体育における学びを、大事にしている点においても2人は共通している。楽しさをいえば、体育が教科として成り立つわけではない。人間の一生における運動の大切さを教えるのが体育である。適度の運動は、健康と体力をつくる。また、労働による心身のストレスを和らげ、職業病から身体を守る。そのための理論と方法は、実際に応用できる知識でなければならない。けがや病気による機能障害を克服するリハビリテーションは、基本的には運動である。だれもが、運動が楽しく、スポーツが好きになってほしいが、そうならなくても、人間生活における運動の必要性は教えなくてはならない。運動は、身体の変調を知る契機にもなる。そのためには、運動をとおして自分の平生の体調を知り、一定程度の運動ができておかなくてはならない。運動技術の学習と身体の学習を一致させる体育、からだづくりの体育には、そういう意味もある。

　「子どもは教えなければ育たない、しかし教え過ぎても育たない」のである。そういう体育実践のためにも、亀村の「考える体育」と佐々木の認識学習から、学ぶべき事柄は多い。

注

1) 日本の＜学習指導要領＞と混同しないように、ドイツのLehrplanを＜指導要領＞と訳す。
2) Ministerium für Schule und Weiterbildung, Wissenschaft und Forschung des Landes Nordrhein-Westfalenの略記。
3) Neue Lehrpläne und höhere Qualität des Sportunterrichts — Standpunkte, Überlegungen, Erfahrungen, "Alle sind zur Diskussion angerufen", Körpererziehung 37-2/3:53-122, 1987.

文献

Autorenkollektiv unter Leitung von Knappe, W. und Hasenkrüger, H.（1984）Methodik des Sportunterrichts（Lehrmaterial zur Sportwissenschaft — Bd. 1, 2）

土井捷三（1999）教育方法の科学、梓出版社、pp.3-9.
勝田守一（1968）教育と認識、国土社、pp.133-135.
亀村五郎（1956）考える体育、牧書店、p.3.
岸本　肇（1998）小学校高学年における体育認識の形成に関する研究、神戸大学発達科学部研究紀要5（2）：151-156.
正木健雄（1958）からだづくりと子どもの認識、教育95：21-29.
正木健雄（1960）キネシオロジーと体育指導、大谷武一・宮畑虎彦・猪飼道夫監修『身体運動の科学』、学芸出版社、pp.171—191.
Masurier, G. L. & Corbin, C. B.（2002）Health-Based Physical Education, International Journal of Physical Education 32(2):4-13.
Ministerium für Schule und Weiterbildung, Wissenschaft und Forschung des Landes Nordrhein-Westfalen（1999）Richtlinien und Lehrpläne für die Grundschule in Nordrhein-Westfalen　Sport, Ritterbach Verlag.
Ministerium für Volksbildung der DDR（1983）Lehrpaln Sport Klassen　5 bis 10, Volk und Wissen Volkseigener Verlag, p.15.
斎藤浩志（1977）教育実践とは何か、青木書店、p.164.
佐々木賢太郎（1956）体育の子—生活体育をめざして、新評論.
城丸章夫・正木健雄（1961）体育の授業研究、明治図書出版、p.155.
鈴木　理・廣瀬勝弘・土田了輔・鈴木直樹（2008）ボールゲームの課題解決過程の基礎的検討、体育科教育学研究24(1)：1-11.
山本晃弘・野井真吾・正木健雄（2003）体育教育における子どもの認識に関する再検討—小学校1・2年生の感想文を手がかりにして—、体育科教育　学研究19(2)：13-27.

キーワード：からだづくり、身体形成、運動領域、体育文化

外国語教育の本質と教材

伊藤　嘉一

　外国語教育とはなにか？　外国語教育はなぜ必要なのか？　外国語教育の意義はなにか？　このようなことを明確にすることは外国語教育の教材を作成するうえでもっとも必要なことである。外国語教育の特性を明らかにすることは、母国語教育との比較によってある程度可能である。

1　外国語教育と母国語教育の違い

　石橋[1]は言語教育の観点から国語教育が「自己を深化させる内向的特性」をもっているのに対し、外国語教育は「自己を拡張する外向的特性」をもっているとしている。前者は自分を深く探求していくのに対し、後者は視野を拡大し、別の視点から自分を見つめ直す機会を与えるのに役立つ。外国語教育と母国語教育の主要な違いをまとめると表1のようになる。

表1　外国語教育と母国語教育の違い

	外国語教育	母国語教育
開始時期	児童になってから	生まれたときから
言語干渉	母国語からの干渉が生じる	他言語からの干渉はない
指導者	教師（母語話者ではない）	教師（母語話者）
教材	教科書のみ	教科書のほか絵本等多数
実践の場	教室のみ	学校、家庭、社会全般
言語の相手	外国人（異文化干渉あり）	母国人（異文化干渉なし）

2 外国語教育の難しさ

　外国語教育の難しさは表1から明瞭である。その主要な点は以下のようなものである。

(1) 言語接触度 (language contact) の絶対的な少なさ
　母国語では生まれてから生涯あらゆる場面でその言語に接するのに対し、外国語では学校で一定期間その言語に接するのに過ぎない。言語接触度の圧倒的な少なさが外国語学習を困難にしている。

(2) 言語干渉の存在
　外国語教育は母国語習得がほぼ確立された後始まるため母国語からの干渉を受ける。例えば外国語の発音を母国語の発音体型で聞いたり、発音したりすることである。臨界期 (10歳前後) を過ぎてからの外国語学習ではとくにこの傾向が強い。これも外国語学習を困難にしている要因である。

(3) 異文化干渉の存在
　言語は文化を内包しているが、母国語では子ども達は生活体験や学習体験を通じてその文化をかなり理解している。しかし外国語では自国文化（母文化）とは異なる外国文化（異文化）を十分理解していないため、外国語の理解が一層困難なものとなる。

(4) 実践の場の欠如
　母国語では日常生活のすべてにおいて学習した言語を応用・実践する場と機会がある。しかし外国語では学校で学習した言語を実際に応用・実践する場や機会がほとんどない。そのため学習した言語が定着しない。

(5) 教師の自信のなさ
　母国語では教師は自らが母語話者 (native speaker) であり、言語使用に関しては絶対的な自信をもっている。しかし外国語では教師は母語話者ではないため、言語使用に十分自信をもてない。このことが実際の指導においても反映されてしまう。とくに小学校の英語教育においては切実な問題となっ

ている。

(6) 教材量の絶対的な不足

母国語では教科書の他に日常生活上で無限ともいえるほど教材がある。ところが外国語では教科書がすべてである。教材量が絶対的に不足しているだけでなく、応用・実践のための教材も不足している。

3 外国語教育の必要性

国語教育だけで十分ではないか？ なぜ外国語教育を行なわなければならないのか？ しばしばこのような疑問が発せられる。それらに答えるのが以下のような必要性である。

(1) 母国語では外国人とコミュニケーションできない

世界にはいろいろな言語を話す人々がおり、日本語ではかれらとはコミュニケーションできない。他国の人々と交わるにはどうしても外国語が必要である。「郷に入りては郷に従え」という諺があるように、その国に行ったらその国の言語を使うのが礼儀であろう。

(2) 世界がグローバル化した今日では英語は必需品である

地球が一体化し、日本は日本だけでは生きられない時代になっている。世界には多くの言語があり、これらすべてを学習することは困難である。そこでもっとも国際的に通じる英語を国際語として教育することが求められる。今日では新聞、放送、国際会議等はもちろん、インターネットを使っての情報の受容や伝達においても英語は必需品となっている。

(3) 母国語だけでは真の国際理解はできない

言語は文化と結びついており、その言語を通じてでないとその文化を本当に理解することは困難である。外国語学習を通じてその国の文化が理解できるだけでなく、異文化の視点が形成され、外国人や外国文化を理解することが容易となる。さらには日本人や日本文化を外国人の視点から見て反省、改

善、再認識することをも可能にする。これが国際感覚育成の重要な基盤となる。

(4) 国際人の育成に役立つ

　日本語では日本人は育成できても国際人を育成することは困難である。国際人とは世界に通用する人のことである。それには少なくとも2つの資質が必要である。「国際コミュニケーション力」と「国際理解力」である。
　国際コミュニケーション力は「世界の人々とコミュニケーションできる外国語力」であり、国際理解力は「国際感覚を備え、異文化を理解し、母文化を伝達できる能力」である。外国語教育はこれらのことを可能にする。

4　外国語教育の意義

　内村[2]は外国語研究の利益として、「一外国語を暁得することは一新世界を発見する事なり」と言っている。　外国語教育は学校教育のなかでどのような意義をもっているのか？　外国語教育の必要性を踏まえ、まとめてみる。

(1) 外国人とのコミュニケーションを可能にする
(2) 外国語を通じて外国の情報や文化を取得できる
(3) 外国語を通じて自国の情報や文化を伝達できる
(4) 言語に関心をもたせ、言語のしくみや役割を理解させる
(5) 文化に関心をもたせ、異文化や母文化の理解を促進する
(6) 視野を世界に広げ、世界の事柄に関心をもたせる
(7) 外国に行くことや外国人とつき合うことを容易にする
(8) 国際親善や国際交流に役立つ
(9) 海外留学や国際ボランティア活動を容易にする
(10) 外国語の活用は生活や仕事,研究を促進する

5 外国語教育の目的

　岡倉[3]は英語教育の目的を「教育的価値」と「実用的価値」に分け、教育的価値は「偏狭な愛国心を去って国際精神を涵養し、思考力を練磨し・・・」と教養的価値ととらえ、実用的価値は「英語を媒介として種々の知識・感情を摂取すること」としている。そして実用的価値を読書力に置き、英語教育の基本としている。
外国語教育の目的は時代や社会の変化によって変わってきた。日本の外国語教育の変遷を歴史的にたどることは、外国語教育の目的を明確にし、外国語教育の方向性を探るうえで有効である。

(1) 先進文化の摂取

　先進国の文化や文物を摂取する目的は遣隋使・遣唐使が始まって以来明治維新に至るまで1200年以上続いてきた。外国語教育は「漢学」（中国語）で始まり、「南蛮学」（スペイン語、ポルトガル語）、「蘭学」（オランダ語）、「洋学」（ロシア語、フランス語、ドイツ語）、「英学」（英語）と進んできた[4]。.これらの時代にあっては、進んだ外国の文化や制度、珍しい物などを取り入れるために外国語が学習された。

　福原[5]は「英学とは英国又は米国の文明の学である。英語学習はそのための道具で、目ざすところは英書を読んで英米の文化を吸収するにある。」としている。「学」と名がつくのは、その言語を通じて学問や文化を習得することが目的であったためである。専門を極めた文化人が外国語の指導にあたった。外国の書物を読むこと（リーディング）が中心であった。

(2) 文学・言語理解のため

　英学時代の指導者であった文化人が語学指導から去った後、文学や語学の専門家が外国語の指導にあたるようになった。大学では英文科や仏文科、独文科などができ、そこで教育を受けた者たちが中学や高校に赴任し、外国語教育を担当した。
「英文解釈法」が指導法として定着し、文学作品を読めることが究極の目標とされた。語彙と文法を手がかりに英文を解釈しようという手法であった。

(3)「生きた英語」の習得

戦後、「教養としての英語」から「実用としての英語」に重点が置かれ、「生きた英語」が強調されるようになった。これは必ずしも音声言語を意味するものではなく、日常の言葉を使用すべきと言う趣旨である。その結果、文学作品のような「書き言葉」から日常の「話し言葉」にシフトが移った。

イギリス英語からアメリカ英語に変わったのも戦後の大きな特徴である。音声言語にも関心がもたれるようになったが、外国人と接する機会はなかったので依然としてリーディングが中心であった。

(4) コミュニケーションとしての外国語

東京オリンピックや大阪万博、さらには日本の高度成長期を迎え、日本の国際化が進展し、国際交流が大きな課題となった。外国人との直接的なコミュニケーションの必要性が高まり、従来のリーディングに代って「聞くこと」と「話すこと」の重要性が認識されるようになった。同時に「受容のための外国語」から「発信のための外国語」(情報の伝達)が強調されるようになった。

6　外国語教育の教材

外国語教育の教材は外国語教育の目的ともっとも関わりが深い。教材は目的を具現化したものに他ならないからである。ここからは英語教育を中心に論を進めていく。

(1) 英学時代の教材

外国の進んだ文化の摂取が目的なので、外国の書物(原書)がそのまま教材として使われた。「パーレイの万国史」や「クワッケンボスの合衆国史」などである。アメリカの国語教科書である「ロングマン」、「スウィントン」、「ユニオン」、「ニューナショナル」などのリーダー(読本)は復刻され、盛んに使われた[6]。「独案内」や「独学び」のような虎巻も巷に出回り、学習の手助けとなった。これらには日本語の逐語訳と訳す順番がふられたものもあった。

英米で出版された辞書や英文法書、綴字書なども利用された。外国の書物を読むことが目標だったので、発音は重視されなかった。学習指導要領の前身である「教授要目」が学習指導の指標となった。

(2) 文学・語学時代の教材

　文学教材を読めるようになることが究極の目標だったので、教材にも物語や簡略化された文学作品が多数盛り込まれた。戦前はパーマー（H.E. Palmer）のオーラル・メソッドが、戦後はフリーズ（C.C. Fries）のオーラル・アプローチが教材に大きな影響力を与えた[7]。

　発音記号が開発され、教科書にも導入されるようになった。発音は戦前はイギリス式が、戦後はアメリカ式が使用されるようになった。教科書の登場人物や話題も、戦前はイギリス、戦後はアメリカが中心となった。

　戦後を象徴するのは視聴覚教材の普及である。ラジオやレコード、映画などである。やがてテープレコーダーが出現し、構造言語学や行動主義心理学の理論と結びついてLL（Language Laboratory）が普及し、LL教材が花形となった。

(3) コミュニケーション時代の教材

　日本の経済力の高まりと国際化の進展により、海外に行く日本人や日本に来る外国人の数が多くなり、対人コミュニケーションの機会が増えた。外国語教育の目的がコミュニケーションに置かれ、指導の重点が文字言語（読むこと・書くこと）から音声言語（聞くこと・話すこと）に移った。

　学習指導要領に「言語活動」という用語が登場し[8]、それはさらに発展し、「具体的な言語の使用場面を設定して、聞き手や話し手となってコミュニケーション活動を行なうこと」などが明示された。

　やがて外国人教師—AET（Assistant English Teacher）やALT（Assistant Language Teacher）も学校に配置されるようになり、生の英語音声が聞けるようになり、外国人と直接コミュニケーションできるようになった。ビデオ教材やCD教材、さらにはCD-ROM教材まで出現し、教材のメディアが多彩となった。

7 外国語教材の問題点と課題

外国語や社会の変化に応じて変革されてきたが、残された問題や課題も少なくない。校種別にまとめてみる。

(1) 小学校の英語教材

小学校では現在大部分の学校で英語が指導されているにもかかわらず、特定の教材はない。各自治体、各学校が創意工夫して指導しているのが実情である。しかし中には本格的な英語教材を開発して使用している自治体もある[9]。

2011年度からはすべての学校で必修として5年生から週1時間「外国語活動」を行なうことになっている。「音声を主体とし、国際理解を強調し、すべての外国語の基礎として」英語を指導する。教材は「英語ノート」という形で全国画一に配布される。しかし小学校の英語教育に関しては問題や課題が山積している。

① 十分な指針―目標、指導範囲、指導手順などが明確でないので、英語教育がまちまちとなり、学校や地域で格差がでる。
② 英語の学習指導要領や検定教科書がないので学習内容が体系性を欠き、部分的となる。
③ 教員が英語の専門家ではないため、指導に自信がもてず、「英語ノート」が供給されても使いこなせるかどうかの問題がある。
④ 中学校とのカリキュラム上の連接がないため、学習上での重複やムダがでる。
⑤ 音声英語の習得及び国際理解の面からは小学校低学年からの学習が効果的である。

(2) 中学校の英語教材

中学校では外国語の学習指導要領があり、それに基づいて6種の検定教科書が発行されている。小学校が音声言語を学習対象としているのに対し、中学校では「聞き・話す・読み・書く」の4技能をオールラウンドに習得することを目指している。改定後は1時間増え、週4時間となる。

各教科書には教師用指導書やCDなど多数の附属教材がともなっている。また副教材としてワークブックやドリル、テスト問題などもある。小学校に対し教材は充実しているが、問題や課題は残されている。

① 各社の教科書は内容も体裁も類似しており、大きな変化が見られない。もっと違いがあるほうが地域や学校に応じて選択しやすい。
② アルファベット（文字指導）は小学校でかなり行なうので、中学校では教科書からその指導を省いたほうが先に進める。
③ 語彙や基本的表現は小学校と重複するものが多くあるので、教材上でも重複を避ける努力が必要である。
④ 教科書では教材量が不十分なので、それを補う副教材が必要である。
⑤ コミュニケーションの応用・実践的な教材が必要である。また基本的なコミュニケーション・モデルのビデオ教材も必要である。

(3) 高等学校の英語教材

　高校では「実践的コミュニケーション」という名の下に、コミュニケーションの実践力を身につけることを目指している。生徒達の進路に応じて教科書が多様化し、「オーラルコミュニケーションI」、「オーラルコミュニケーションII」、「英語I」、「英語II」、「リーディング」、「ライティング」の5科目がある。高等学校での教材に関する問題点や課題は以下のようなものである。
① 教科書の種類（科目数）が多すぎる
　　将来の進路に応じて分化したものだが、科目数を減らして科目の内容を充実したほうがよい。改定により、「コミュニケーション英語基礎」、「コミュニケーション英語I、II、III」、「英語会話」、「英語表現I、II」の7科目となる。4技能の統合と発進力の向上を目指している。
② 言語構造中心に構成しない
　　教材の構成が言語構造（文法や文型）中心になりがちなので、すべてコミュニケーションを単位としたものにする。
③ 達成目標が自覚できるようにする
　　英語はいくら学習しても達成感が会得しがたい科目なので、学習するごとに進歩の度合いが分かるように教材を工夫する
④ 自己学習を促進する配慮を施す

楽しさや面白さの要素を多くして（題材、イラスト、学習方法などを工夫して）自ら学習するように教材を工夫する。
⑤ 大学受験の影響を失くす
大学受験が高校の英語教育に大きな影を落とし、教材選択を左右しているので、その影響を失くし、伸び伸びと英語を学習できるようにする。

8 これからの外国語教材

世界のグローバル化、日本のますますの国際化を見据えて、外国語教材においても以下のような改革が必要である。

(1) 夢のある楽しい教材をつくる

教材は児童・生徒にとっては心の糧であり、教科書で習ったことは一生忘れないほど大きな影響力をもつ。したがってそれは学習を動機付け、興味や好奇心をかき立て、学習を促進するものでなければならない。世界や外国人、未知の世界への夢を育むものでなければならない。

(2) 英語の極端な正確さにこだわらない

世界の人々が英語を使うようになり英語が多様化し、英語の正確さの基準があいまいになってきている。将来は「国際的に通じるか、通じないか」が正確さの基準になるであろう[10]。文法的、音声学的正確さに過度にこだわるのは現実的ではない。テストや評価にもそのような配慮が必要である。

(3) 小・中・高の外国語カリキュラムと教材を一貫させる

中学校と高校のカリキュラムは一貫しているので、小学校と中学校の外国語カリキュラムを一貫させる。そのためには小学校の英語を教科とすることがどうしても必要である[11]。

(4) 学校や学年レベルの到達目標を明確にする

小・中・高の到達目標のレベルを明確にしないと実効性が高まらない。例えば、小学校では「外国人と最小限の音声コミュニケーションができる」、

中学校は「日常の基礎的なコミュニケーションが4技能においてできる」、高校では「将来の進路に応じた基礎的なコミュニケーションができる」などという具体的目標である。高校の卒業の時点でのコミュニケーション英語の完成を目指す必要があろう。このためには小学校での英語の早期導入が必要である。

(5) 四技能の重要性の変化

戦前戦後長い間日本ではリーディングがもっとも重要な技能と考えられてきた。平成5年筆者は音声言語：文字言語の重要性の比率を60：40（％）とし、ヒアリング（H）：スピーキング（S）：リーディング（R）：ライティング（W）＝35：25：30：10（％）と考えた[12]。教材も各技能均一の学習配分ではなく、ウエイトをかけて作成すべき時代になっている。

(6) 共生の観点から外国語教育を考える

21世紀に入り、世界の急激なグローバル化が進んでいる。一国の問題が一国にとどまらず、世界が一体化して協調し合わなければ共存できない時代になっている。このような時代にあっては「共生のための外国語」がもっとも必要である。「グローバル言語としての英語」と「近隣言語」の重要性が高まっている。近隣言語[13]は中国語、韓国語、ロシア語などである。高校では英語と少なくとももう一か国語を学習する必要があろう。さもないと高卒で終わる人は、英語以外の外国語へのなじみがなく、「外国語＝英語」の意識をもってしまうであろう。

(7) 第二次基礎言語としての英語

英語はすべての外国人と話す標準言語として、そして仕事や生活の言語として今後ますます重要性を帯びてくる。日本人にとって日本語を第一次基礎言語とすれば、英語はそれに次ぐ基礎的な言語、すなわち「第二次基礎言語」[14]となるであろう。この位置づけが重要である。

(8) メディアの特性を生かした多様な教材が必要である

外国語を教科書だけで教えるのは過去の時代である。現在はネィテヴスピーカーの音声を録音したCDは常識的な備品となっている。しかしCDは場面

を提示することはできない。

　コミュニケーションを提示するにはどうしてもビデオなどの映像が必要である。授業の最初にコミュニケーションを見せると言語の使い方が具体的となり、学習がしやすくなる。音声を消して画面を見ながらスキットさせると応用・実践活動になる。これまでは同じ内容をいろいろのメディアに置き換えただけの教材が多かったが、これからは各ディアの特性を生かした多様な教材が求められる。将来的には自己学習できるCD-ROM教材やインターネットを活用して海外の人々と直接コミュニケーションできる教材なども望まれる。

注及び引用文献

1) 石橋幸太郎『言語教育の本質と目的』（言語教育学叢書1巻）213-214
2) 内村鑑三『外国語の研究』1-133
3) 岡倉由三郎『英語教育』39-42
4) 「外国語教育の歴史と日本の言語政策」星槎大学紀要No.2, 34-42
5) 福原麟太郎『日本の英学』8
6) 池田哲郎「英語教科書」（『日本の英学100年　明治編』）358 -388
7) パーマー、フリーズ等の教授法理論は『英語教授法のすべて』41-165
8) 「言語活動」は昭和45年の学習指導要領に初めて登場し、以降外国語教育における活動の基本として強調されてきた。
9) 東京都港区の国際科英語教科書 ENGLISH for the World（1,2,3,4,5,6）は本格的な小学校英語教材である。
10) 「伝達性」を評価基準とする考え方は伊藤「国際化時代の英語教育の基準」『英語教育学の現在』3-12
11) 小学校の英語を教科にすべき理由は「外国語教育の歴史と日本の言語政策」の「言語政策への提言」40-41
12) 伊藤「国際化時代の英語教育の基準」（前掲書）3-12
13) 近隣言語の重要性と必要性については「国際化時代の外国語教育」139-147 または「外国語教育の歴史と日本の言語政策」34-42
14) 日本語を「第一次基礎言語」、英語を「第二次基礎言語」とする考え方の根拠は「日本の英語教育の立場—EFLからEILへ」や「国際化時代の外国語教育」

参考文献

① 石橋幸太郎『英語教育―主張と独言』開拓社、1966
② 西尾実・石橋幸太郎『言語教育学叢書』1巻、文化評論出版、1967
③ 伊藤嘉一『英語教授法のすべて』大修館、1984
④ 伊藤嘉一「日本の英語教育の立場―EFLからEILへ」東京学芸大学紀要人文科学　第42集、1990.3
⑤ 伊藤嘉一「国際化時代の外国語教育」東京学芸大学紀要　人文科学　第43集　1991.3
⑥ 伊藤嘉一「国際化時代の英語教育の基準」伊藤嘉一他編『英語教育学の現在―21世紀に向けて』桐原書店、1993、3-12
⑦ 伊藤嘉一「外国語教育の歴史と展望」(基調講演) 外国語教育研究（紀要）第1号、外国語教育学会、1998.3 6-8
⑧ 伊藤嘉一『小学校英語教育の基本』学校図書、2002
⑨ 伊藤嘉一『小学校英語学習指導指針』小学館、2004
⑩ 伊藤嘉一「外国語教育の歴史と日本の外国語教育政策」、共生科学研究　No2、星槎大学、2006.3、34-42
⑪ 伊藤嘉一 *ENGLISH for the World*（1～6）、暁教育図書、2006
⑫ 内村鑑三『外国語の研究』警醒社書店、1899
⑬ 岡倉由三郎『英語教育』博文館、1911
⑭ 語学教育研究所『外国語教授法』開拓社、1943
⑮ 桜井役『英語教育に関する文部法規』研究社出版、1935
⑯ 土井光知他『日本の英学100年　明治編』研究社出版、1968
⑰ 土井光知他『日本の英学100年　大正編』研究社出版、1968
⑱ 土井光知他『日本の英学100年　昭和編』研究社出版、1968
⑲ 福原麟太郎『日本の英学』生活社（出版年不記）

キーワード：外国語教育、英語教育、英語教材、言語政策

総合的な学習における教材の意義と働き

小林　宏己

1　教育課程における総合的な学習の時間の位置付け

　総合的な学習の時間（以下、総合的な学習とする。）は平成10年（1998年）の学習指導要領改訂において創設された。その後平成15年（2003年）12月の学習指導要領一部改正を経て、平成20年（2008年）3月に改訂された学習指導要領において、次のように目標が定められている。[1]

　「横断的・総合的な学習や探究的な学習を通して、自ら課題を見付け、自ら学び、自ら考え、主体的に判断し、よりよく問題を解決する資質や能力を育成するとともに、学び方やものの考え方を身に付け、問題の解決や探究活動に主体的、創造的、協同的に取り組む態度を育て、自己の生き方を考えることができるようにする。」

　平成14年（2002年）の学習指導要領全面実施以降、総合的な学習の実施状況は各学校種間において、その成果に相当の開きを生じる結果となっていた。たとえば目標や内容があいまいなまま子どもにどのような力が付いたか評価が不十分なもの、教科との関連への配慮や教師による適切な指導が足りないものなど、全国的には改善すべき実践的課題が数多く指摘されてきた。平成15年（2003年）12月の学習指導要領一部改正は、こうした総合的な学習の諸課題への対応を図るものであり、各学校において目標及び内容を明確にするとともに、この時間の全体計画の作成と各教科・道徳・特別活動との関連を図る必要性をあらためて示すものであった。

　平成20年3月に改訂された学習指導要領においては、その位置付けを総則から取り出し、新たな章として独立させた。総合的な学習の教育課程における位置付けを明確にし、指導を充実させることをねらったものである。そこ

では次のように、目標が5つの要素から構成されている。
① 横断的・総合的な学習や探究的な学習を通すこと
② 自ら課題を見付け、自ら学び、自ら考え、主体的に判断し、よりよく問題を解決する資質や能力を育成すること
③ 学び方やものの考え方を身に付けること
④ 問題の解決や探究活動に主体的、創造的、協同的に取り組む態度を育てること
⑤ 自己の生き方を考えることができるようにすること

これらの要素をふまえて、総合的な学習が何をめざしているか、子どもにどのような資質や能力及び態度を育てようとしているか、さらに学習活動はどうあるべきかなど、この時間の目標が端的に表現されるようになった。

中央教育審議会答申では、「生きる力」を今後も日本の学校教育の方向性を指し示す基本理念として位置付けている。[2] それは「知識基盤社会の時代を担う子どもたちの主要能力」として、ＰＩＳＡ調査が提案するようなキーコンピテンシーにも重なる考え方でもある。これからの社会を担う子どもたちの将来を考えるならば、「生きる力」はますます重要となる。教科か総合かと二項対立させて思考停止することなく、両者の相互補完、相乗効果を図ることが今後ますます重要となる。

総合的な学習の必要性は、19世紀後半以降の近代教育において、繰り返し提唱されている。それは教科学習の限界と教師主導による知識の注入に結果しがちな弊害に対して、それらの克服の方途を求める教育改革の歴史でもあった。[3]

しかし、日本の公教育において、総合的な学習がこれほど明確かつ広範に位置付けられたことはなかった。かつて一部の先進的な教育実践家あるいは研究校において取り組まれたに過ぎなかったものが、今日ナショナル・カリキュラムとしての学習指導要領上に位置付けられ、すべての学校において実践可能となっているのである。これは日本の近代教育史上画期的なことといってよい。教師が子どもたちとともに、既定の教科書等が示す内容・方法を超えて、より自由に創造的に実践を生み出すことができるのである。このことを前向きにとらえ、教師の専門性の発揮できる好機とするか。それとも煩雑で面倒なこととらえ、総合的な学習を一時的な存在として教育史の頁に押し戻すか。教師の意識改革とともに、総合的な学習の指導に関する教材や

学習活動に関する研究と実践のさらなる積み重ねが必要となるのである。

2 総合的な学習における教材の位置と特徴

　教材は、「一定の教育目標を達成するために選ばれた具体的な素材」[4]であり、「教授および学習の材料。学習の内容となる事柄をいう場合と、それを伝える媒介となる物を指す場合とがある。教材研究の教材は前者、教材作成は後者になる」[5]と説明される。このように「内容となる事柄」あるいは「媒介となる物」として教材をとらえるとき、教科学習における教材の位置付けは各教科固有の目標と内容との関連から明確化されやすい。いわゆる親学問から基本的な知識・技能を下降させ、子どもの認識・発達との調整を図りながら各教科の目標・内容と教科書に代表される主たる教材へと、系統的に配列、編集していくのである。

　一方、総合的な学習の場合、各教科等のように、何学年で何をどう指導するのかというような配列された目標と内容の明示は、学習指導要領上に見当たらない。総合的な学習においては、本来各学校が先に述べたような5つの要素から構成されている国の示す目標に照らして、子どもと地域と学校の実態に応じて、創意工夫を生かした内容を主体的に定めることが求められているからである。しかし、このことが総合的な学習における教材の位置付けを不明確にしやすくする原因ともなる。

　総合的な学習においては、各学校が目標の実現のためにふさわしいと判断し定めた学習課題を子どもたちが探究する過程で、課題と関連する一定の内容が学ばれるという前提に立っている。したがって、教材についても、ここでは定められる学習課題との関係から考察することにする。

　学習指導要領で例示される課題は、国際理解、情報、環境、福祉・健康などの横断的・総合的な課題、児童の興味・関心に基づく課題、地域の人々の暮らし、伝統と文化など地域や学校の特色に応じた課題などである。中学校学習指導要領（第4章総合的な学習の時間）では、「地域の人々の暮らし、伝統と文化など」はなく、代わりに「職業や自己の将来に関する」があげられている。各学校においてはこれら例示された課題に基づきながら、総合的な学習の目標を構成する5つの要素と結び付くような具体的で探究的な学習

活動を設定し展開していくことになる。

　しかしながら、国際理解、情報、環境、福祉・健康などの横断的・総合的な課題、児童の興味・関心に基づく課題、地域や学校の特色に応じた課題をさらに具体的で探究的な学習活動としてそれぞれ展開していくとしても、それらの課題と活動に応じた学習内容をあらかじめ特定することはきわめて困難である。「内容となる事柄」としても「媒介となる物」としても、森羅万象あらゆる物事が総合的な学習においては教材となりえる可能性をもっている。また、学校あるいは教師側で、あらかじめ「事柄」や「物」を指定して、子どもたちに調べさせたり考えさせたりするならば、それは本来の総合的な学習ではなくなってしまうことになる。

　総合的な学習における教材に関しては、あくまで子どもが探究的にその関わりを深化発展させていくと期待される「もの・こと・ひと」などの事例として示すことが妥当と考える。学習活動と関連させながら、総合的な学習の教材にどのような特徴がみられるか。以下、学習指導要領に明示された3つの課題に即して指摘することにする。

　＜横断的・総合的な課題、活動に関わる事例＞
・地域に暮らす留学生、働く外国人の人たちとの交流活動、そして多様な文化のあり方や価値について
・身のまわりに広がる情報通信機器の利用と日常生活に影響する利便性や危険性について
・身近な自然環境、生活環境に起きている環境問題について
・さまざまなニーズをもつ人々との交流活動とその暮らしを支える社会の工夫やしくみについて
・自分たちの食生活や日常の過ごし方などがかかえる健康問題について
　＜児童の興味・関心に基づく課題、活動に関わる事例＞
・飼育や栽培活動などを通した自然や命の不思議さ、すばらしさについて
・自分の将来の夢や希望、なりたい職業と社会とのつながりについて
・つくってみたい、やってみたいことに挑戦する面白さ、工夫、技術の大切さについて
　＜地域や学校の特色に応じた課題、活動に関わる事例＞
・町自慢、町づくりについての調査、発信・提案書などの作成について

・地域の祭り、行事、伝統・文化活動への参加について
・地域のなかですすめるボランティア活動の参加・参画について

　以上のような課題、活動に関わる事例には、少なくとも次の2つの特徴がみられる。

　第一は、直接性ということである。子どもたちが実物に触れたり、実際に取り組んだり、直接出会ったり、参加・参画したりするという体験が重視されている。総合的な学習には、体験と具体的活動が常に探究のベースにあるということが必要で、たとえば図書館などで書物を通した調べ活動を行う際にも、そうした間接的な形態に終始しないことが望まれる。もちろん間接的な調べ学習から得た情報でも、子どもたちの五感を通した具体的思考と結びつくとき、いっそうの効果が生まれることはいうまでもない。

　第二は、発展性ということである。子どもたちの体験と具体的活動はけっして単発的なものではなく、相互につながり、有意味な世界を形づくっていく。たとえば、自然にふれあう活動を行うなかから、やがて人や社会に関わる課題が発見され、その解決に迫られたり、身のまわりの生活の出来事から地域や社会の問題、さらには地球規模の問題へと発展的に拡大したりするのである。総合的な学習は、子どもたち自身に自己と世界をつなぐ活動と思考のネットワークづくりを促し、一人ひとりの視野を広げていく。

3　学習における主体性と教材の関係

　総合的な学習においては、課題や活動を誰が設定するのかという問題が重要である。先に述べたように、学校あるいは教師側で、あらかじめ「事柄」や「物」を指定して、子どもたちに調べさせたり考えさせたりするならば、それは本来の総合的な学習ではなくなってしまう。なぜならば、目標自体に「自ら課題を見付け、自ら学び、自ら考え、主体的に判断し、よりよく問題を解決する資質や能力を育成すること」や「問題の解決や探究活動に主体的、創造的、協同的に取り組む態度を育てること」を含むことと矛盾するからである。

　総合的な学習を課題や活動の設定に関する主体性の問題を軸にして類型化

して表したものが図1である。[6)]

　横軸は、課題や活動の設定・決定に関して誰が担うかをめぐって、子どもと学校・教師の間に設けたものである。縦軸は、課題や活動の対象に関して、学問・科学の成果を組織する教科の論理と子どもの興味・関心や社会生活に根ざした具体的で現実的な問題との間に設定している。

　AからDまでの4つの象限のうち、Aがこれまでの典型的な教科学習である。Dは中学校での選択教科の取り組みに相当する。選択教科はあくまで当該教科固有の目標の達成をめざして行われる学習であり、生徒の特性に応じて課題学習、補充学習、そして発展的な学習など多様な学習活動を提供するものとして位置付けられてきた。

　それらに対して、BやCが総合的な学習に相当するものである。なかでもBは、学校・教師の方であらかじめ取り組むべき課題を仮設・決定し、指導計画を明確化して進める「はじめに課題ありき」の総合的な学習である。学習指導要領にある「たとえば国際理解、情報、環境、福祉・健康などの横断的・総合的な課題」を意図的計画的に扱うならば、それはBに位置付く総合的な学習となる。それに対してCは、取り組むべき課題を可能な限り「子どもの興味・関心に基づき」選択・決定させていく学習である。いわば「子どもとともにつくる」総合的な学習である。

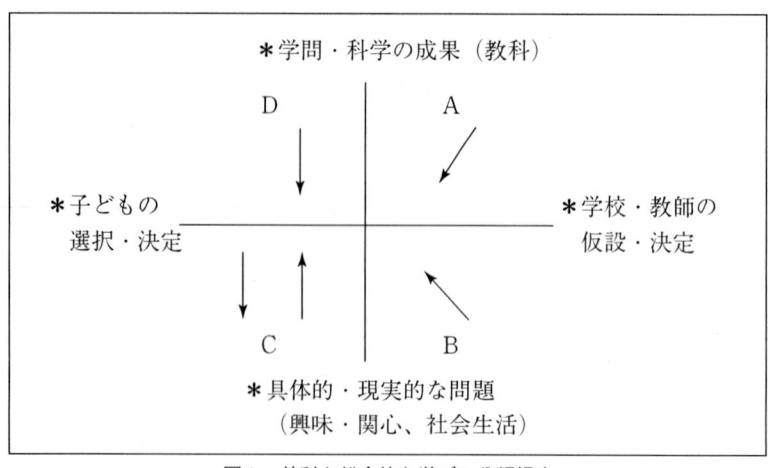

図1　教科と総合的な学びの分類視座

しかし、この図で強調したいことはBの「はじめに課題ありき」の総合的な学習とCの「子どもとともにつくる」総合的な学習を二項対立的に位置付けることではない。図中にある矢印に注目していただきたい。
　矢印Bは「子どもの選択・決定」と「学問・科学の成果」に向けたベクトルとして描かれている。たとえ学校・教師の方であらかじめ取り組むべき課題を仮設・決定し、指導計画を明確化して進める「はじめに課題ありき」の総合的な学習であっても、用意された課題はあくまで仮設されたものである。それらは探究過程で常に見直され、子どもにとって学ぶ動機と必然を兼ね備えた活動へと修正・変化させていかなければならない。こうした柔軟性、可変性を前提にしなければ、「はじめに課題ありき」の総合的な学習は、単に新たな一教科としての学習と何ら変わらぬものになってしまう。つまり、ある程度学校・教師が主導して始めた活動であっても、仮設された課題は極力柔軟に扱われるべきであり、探究過程で生まれる子どもの興味・関心を注意深く見取りながら、子どもの側に寄り添って修正していくことが必要不可欠なのである。つまり、Bの総合的な学習は、将来Cの総合的な学習に発展・移行していくことを見通しながら、子どもたちに多様な探究経験を保障し、主体的に課題を立案、選択、決定する資質や能力の育成を図ろうとするところに意義がある。
　矢印Cは、「学問・科学の成果」に向けたベクトルとの往復関係が描かれている。これは、たとえ子どもが課題を決定した学習であっても、探究過程において学問・科学の世界に通じる学びの意味の発見、獲得がなされるべきであることを表している。そして、再び子どもの興味・関心に基づく具体的で現実的な問題への取り組みへ、その学びの成果と意味が生かされるようになることが求められるのである。子ども自身が決めたからよいのではなく、そうした自律的な取り組みからどのような意味や価値との出会いがなされているかが問われねばならない。
　つまり、総合的な学習における教材は、「事柄」や「物」としての内容や形態そのもので問うよりも、ある課題の探究過程において、子どもの興味・関心に基づく自律的な取り組みのなかで、学びの意味と価値が生かされていくような「教材になる」かどうかということが問われるべきなのである。

4　構築的教材としての働き

　「教材」を批判的に解釈した結果として、生活科等ではしばしば「学習材」という表現が用いられる。教材は教師が子どもに教えるための材であり、学習材は子ども自らが学ぶための材であるという。つまり教材は教えの論理であり、学習材は学びの論理に位置付けられている。

　学習材という言葉には、子ども自身が素材に働きかけて自ら学習するための材とするという意味がこめられている。しかし、実際の授業では特定の素材を教師が学習材として提示し、学級や学年の子どもたちが一斉に共通してその材を扱いながら活動する場合が多い。たとえ授業展開のなかで子ども自らが任意に学習材を選択したとしても、授業のなかでその材が子どもに学習材として扱われることを認めているのは教師である。もしも、教師が学習材としてふさわしくないと判断すれば、何らかの指導・支援が行われるはずである。そうでなければ、結果的に放任状態を招くことになりかねない。学習材といえども、その選択・決定は、本質的には教師が行い、場合によって子どもとの協同作業として行われているのである。

　これに対して、「教材とは子どもの自己学習にゆだねられてよいような、単なる学習材ではない。それは教師の教授行為によってはじめて十分にその文化的可能性が発掘され習得されるべき文化財である。」[7] との考え方がある。ここで言う「文化的可能性」の追求は、授業にとってきわめて重要な問題である。教材か学習材か、という言葉の違いを超えていずれの場合も、授業では「文化的可能性」の追求が行われるべきである。

　ただし教科学習の場合、教師が設定した教材の内容や価値を子どもがいかに学び取るように指導するかが課題とされ、「文化的可能性」も当初教師が見込んだ範囲のものしか子どもに追求されない傾向が強い。つまり、当初に立てられた教師の指導計画通りの授業展開のもと、予定された知識・理解等へ到達させていこうとするのである。こうしたプロセスからは、「発見」や「創造」は生まれにくい。教師によって、ある素材が一方的に教材として位置付けられてしまうからである。

　こうした固定的な教材の捉え方に対して、「教材は授業展開の過程を経てはじめて言葉の真の意味での教材になるのであって、そのままでは学習のための単なる素材にすぎない。」[8] という指摘は重要である。つまり、教材を

教師によって一方的に設定されるものとしてではなく、しかも一度設定された教材が単元展開を通じて固定的に存在するものでもないという捉え方をすべきなのである。それは子どもと教師の協同による「文化的可能性」の追求を媒介する存在として教材を捉え直すということである。
　これはいわば社会的構成主義[9]からみた教材観である。
　教材を所与の実在するものとはみなさず、子どもと教師の社会的相互作用の過程において真に生成されるものとして考えるのである。教材は教師が一方的に仮設・提示するものばかりではなく、むしろその後の授業における追究過程において、子どもと教師がともにつくる協同的で対話的な関係のなかに構築されていくさまざまな思考対象物であると考えるべきなのである。それはたとえば、ノート、カード、作文、ポートフォリオ、製作途中の構成物等の記述・表現そのものであるといえよう。
　たとえば総合的な学習において、地域に流れる河川の環境保全に関する調査・探究活動を通して得られた考察結果をポスターセッション形式で発表するという文脈を想定してみる。ここでは「地域に流れる河川とその環境保全について」が課題あるいはテーマである。当初は河川とその環境の実態そのものが観察・考察対象となり、さまに教材として存在している。その後入手されていく各種調査データ等が直接の考察対象となり、派生的に生まれる子どもたちのノート記述、カード・メモ、意見交換内容そのものも検討材料となっていく。ポスターづくりの段階になると、ポスター内容の選択・構成と掲示分量・表現内容等の検討が行われるなか、具体的にはポスターの構成案、下書き等をめぐる検討が始まり、そうした構成案・下書き原稿そのものが教材となっていく。さらにポスターが完成し、次の段階としてそれを貼り出した前で、どのように説明するかという課題に直面する。ここでも説明原稿の草稿をめぐっての検討や実際に声に出して練習してみることも必要となる。草稿とそれを活用して説明する話し方、パフォーマンス自体が教材になっていくのである。
　このように、教材は総合的な学びが探究されていく過程とともに、常に子どもたちの思考・表現活動の具体的な対象物として生成・変化しながら存在している。いわば、子どもの思考・表現をめぐる自己あるいは相互の対象化というプロセスにこそ着目しなければならない。教師が授業や活動の構想を立てる際に、教育目標や文化的可能性等を構想し、当初の教材を仮設する。

これを未だ実践に入る前の段階における「0次教材」とする。その後実際の探究過程において、教材は子どもと教師の社会的相互作用のなかで1次、2次、3次と生成・変化していく。授業における活動の全展開過程においてみれば、まさに「N次教材」へと変化・発展しているのである。[10]

総合的な学習における教材は、総合的な学習の目標に明記されている「問題の解決や探究活動に主体的、創造的、協同的に取り組む」ための「内容となる事柄」あるいは「媒介となる物」となっていくものである。そして、教師と子どもによって、子どもの問題意識や願いなどを反映したさまざまな思考・表現物を目標の実現あるいは創造に向けて位置付けられながら、「N次教材」へと構築されていく。それは同時に、当初に構想した教師自身の文化的追究を実践の事実に即して省察し、子どもとともに新たな探究の可能性を追究するということでもある。ここでは教師も子どもとともに「学ぶ人」そのものになりきることが求められている。総合的な学習がめざす「問題の解決や探究活動に主体的、創造的、協同的に取り組む」活動、そして授業を創造するためには、子どもの思考に即した教師自身の教材研究、活動研究の質的向上が問われているのである。

注・引用文献

1) 小学校学習指導要領改正（平成20年3月28日告示）による。
2) 中央教育審議会答申「幼稚園、小学校、中学校、高等学校及び特別支援学校の学習指導要領等の改善について」（平成20年1月17日）P.22
3) デューイ・スクールの「プロジェクト学習」、キルパトリックの「プロジェクト・メソッド」などはその代表的存在である。1930年代および50年代のアメリカでは、中等学校カリキュラムの総合化が試みられ、教科と教科の「関連」あるいは「融合」を図るカリキュラムが構成された。1960年代のイギリスでは「インフォーマル教育」が注目され、既存教科を前提とした統合化ではなく、子どもが自分で学習テーマを設定し、自分で解決していく「トピック学習」や「プロジェクト・ワーク」などの総合的な学習が取り組まれてきた。日本では、大正デモクラシー期に教師の注入主義的教育を否定し、児童の学びを基調とした自由教育運動が興った。そして戦後においてはコア・カリキュラム運動が展開している。加藤幸次「諸外国における総合学習の歴史」高浦勝義編著『総合学習の理論』黎明書房、1997年、PP.34-38。特にアメリカの単元学習については、佐藤学『米国カリキュラム改造史研究－単元学習の創造－』東京大学出版会、1990年に詳しい。

4) 図書教材センター編「授業と教材」教育研究所協会、1993年、P.2
5) 「広辞苑」第五版、岩波書店
6) 小林宏己「総合的な学習におけるカリキュラムの編み直し－「0次案」から「n次案」の構築－」日本生活科・総合的学習教育学会誌「せいかつか&そうごう」第10号、2003年、P.14
7) 磯田一雄「教材」『授業研究用語辞典』教育出版、1990年、P.19
8) 同上
9) ヴィゴツキー（Vygotsky, L.S.）やワーチ（Wertsch, J.V.）などを系譜とする。学習や発達を他者との相互作用を通して成立する社会的な事象として考える。
10) 小林宏己「構築的教材化論の試み」教材学研究13集、2002年、PP.123-126。同「活動的で協同的な授業における教材のあり方－構築的教材の実践的活用－」教材学研究17集、2006年、PP.69-76

キーワード：総合的な学習、教材分析、社会的構成主義、構築的教材

道徳の教材とは

吉澤 良保
（よしざわ　　　よしやす）

1　道徳性の形成と道徳の教材

(1) 道徳性についての見解1

　学校の教育活動全体を通じて展開する道徳教育は、道徳的な心情および判断力、実践意欲と態度の育成を目指して行われる。そして、道徳性の育成を図る道徳教育のかなめとしての道徳の時間では、総合的な学習の時間、特別活動および他の教科等との密接な関連を図りながら計画的、発展的な指導を行うことで道徳的価値を補充、深化、統合し、人間としての在り方生き方についての自覚を深め、道徳的実践力を啓培する、と前提条件を設定することが本稿での道徳性を論ずる際の起点である。

　そもそも道徳性とは何をもっていうのか、については社会の進歩発展とともに変化するものなのか、それとも、人間が元来持ち合わせている傾向性なのかについて、ギリシャ時代よりプラトン（424-347 B.C.）[1]を嚆矢として多くの先哲らが解釈をし、その時々の社会、世間に流布させてきた理念、観念、概念であり、人間としての在り方生き方であった。そのため、道徳の時間で使用する読み物資料の選定に当たっては、児童生徒が資料（学習材）に登場する人物等を通して「人間を見つめ、人間について考え、人間としての成長を促す」ことが可能となる効果的な資料、すなわち、人間の理解を可能にする内容でなければならない[2]。

　本稿は道徳性の本義が時代の変遷や社会体制によって変容するものであるか否かを問い、追究するものではない[3]。あくまでも、道徳の時間で使用する資料（学習材）をもって児童生徒（以下、生徒という）が「共感[4]」を通して人間としての在り方生き方にこだわっていくといった資料の教材化を図る過程、すなわち、「培う。養う。啓培する」「養成する。育成する。育て

上げる」「しつける。形成する。陶冶する」という文化化と社会化にかかわる学習指導の段階に着目しつつ、道徳性にかかわる資料の教材化への過程を考察するものである。

社会体制の変化によって影響を受けるのが客体として我々の存在であるが、変わることのない道徳的価値に基づいた主体としての生き方をもって道徳性（道徳的傾向性）[5]と理解することも可能である。この観念的な内面世界を主体的に自覚し（インサイト）、さらに、日常生活を営む主体的な人間として概念化することで（コンセプト）、実践に向けたエネルギーを蓄える、という3つのステージ（段階）で道徳的な傾向性をとらえていくなかで、各段階で使用される資料（学習材）に着目し、教材化を促す過程が道徳授業にどのように影響するかである。

(2) 道徳性についての見解2

本節では『中学校（小学校）学習指導要領（平成20年3月）』と同年9月の解説書『中学校（小学校）学習指導要領解説―道徳編―』を参考に以下のように「3つの段階」で道徳性について分析していくことにする。

【第1段階】

道徳性について自覚し、概念化し、実践化を図っていくためには、人間が元来備えている人間としてのよさである善なるものを「伝え」るために（培う。養う。はぐくむ）という用語を使用する段階である[6]。この点について、前掲した学習指導要領とその解説編では次のようにいう。

道徳性は人間としての本来的な在り方やよりよい生き方を目指してなされる道徳的行為を可能にする人格的特性であり、人格の基盤をなすものであると。

しかし現実には、第1段階の道徳授業にあっては、とにかく授業を行うことが優先されるため資料を収集することが教師の役割になる。そのため、次のような視点で読み物資料の収集を行う。

①生徒が一定の道徳的価値を含む資料を通して自己を見つめ、考え、人間としてのよさを伸ばす資料はないかと考える。
②生徒が自由に考えを発表でき、生徒が相互に共感し合える資料はないかと考える。
③学級経営にすぐに役立つ資料はないかとも考える。

④道徳授業のねらいは個々の道徳的行為や日常生活の処理ではなく、生徒が時と場と機会に応じて「意味のある活動」に至るような資質の形成に資する資料が欲しいと考える。
⑤他の教師の協力、保護者、地域住民の参加など多様な指導形態をとるのに有効な資料はないかと考える。その結果、思いやり、集団生活の向上、基本的な生活習慣、感謝、友情、環境保全といった内容を扱う読み物資料に関心が向き、広い心、人間の心の弱さ、人類愛、人間愛、愛校心、国際性といった分野の資料を見つけにくくする。

【第2段階】
　第2段階に入る。ここでは広い意味、一般的なものの見方、考え方である概念化を図るとき、すなわち、人間としてのよさを他の人や集団とのかかわりの中で「一定の水準に引き上げる」必要が生じてくる。そのため（養成する。育成する。育て上げる）といった用語を使用するようになっていく。
しかし、道徳性を概念化する学習指導では留意すべきことが生じてくる。この点を前掲した学習指導要領とその道徳編では次のようにいう。
　教師の側からの一方的な道徳的価値の注入や押し付けがましい指導ではなく、あくまでも、児童生徒が自律的に考え、判断し、物事をよりよく解決していくことができる人間主体を目指すものでなければならないと。
　そのため、教師としては「道徳教育の全体計画」「道徳の時間の年間指導計画」「学級における道徳教育の基本方針」といった「3つの指導計画」に基づいた次のような「一定の水準に引き上げる」資料の確認を求められるようになる。
●基本的な生活習慣の定着と集団生活への適応を支援する生徒指導上の内容の工夫を図るに足る資料であること。
●家庭や地域社会との連携を図り、人間尊重の精神と生命に対する畏敬の念を、具体的な生活に生かしていけるような資料であること。
●豊かな心をもち、個性豊かな文化の創造と民主的な社会及び国家の発展に努めていけるような資料であること。
●世界の中の日本人としての自覚をもち、国際的視野に立って、世界の平和と人類の幸福に貢献できるような資料であること。

【第3段階】
　この第3段階での学習を一定の成果を求めて「固め成す」といった前提に

立つとき（しつける。形成する。陶冶する）という指導観が生まれてくる。この点について、学習指導要領とその解説編では次のようにいう。

　道徳性は、生まれた時から身に付けているものではない。人間は道徳性の萌芽をもって生まれてくるが（第1段階）、その後の成長段階で他の人、集団、社会、自然とかかわることで（第2段階）、そのよさを開花させ、その人ならではの個性を形成していくと。

　本節はこの「固め成す」という第3段階に着目する。その理由として、第1、2段階は学習者自身が主体的に行う学習過程と理解できるが、他の人、集団や社会、自然とのかかわり方、すなわち、社会性の学習に関する指導が欠落する[7]。
　「そのよさを開花させ、その人ならではの個性を形成していく」では積極的な社会性の形成（しつける。形成する。陶冶する）にはならないと考えるからである。
　しかし、授業者である教師には第1、2段階における道徳性について「人間としてのよさ」と理解し、「自分」の生き方に対する自覚（主体性）及び継続して特定の行為を続けていく根気強さ（実践力）、といった意味に置換してしまう傾向が強いのである[8]。
　ここに教材と教師とのデカラージュ（ズレ）が生じるのである。第1段階から第2段階へと理解が進んだ先で飛躍が生じ、「意味のある活動」に対する道徳的実践の指導が浸透しない原因となる。道徳性の理解と道徳的実践の理解とのズレを埋める学習材、教材が不足しているのである。だからこそ、(伝える)段階、(引き上げる)段階、(固め成す)段階における学習材の選定から教材化に至る学習過程、学習指導案の作成に習熟し授業でズレを生じないようにする必要がある[9]。
　そのため、デューイはその著『民主主義と教育』の中で未熟な集団の成員を一定の社会集団のメンバーへと育て上げていく教育に注目したのである。

2　人間としての在り方生き方を考える道徳の教材

道徳的心情にかかわる事例

　K中学校の音楽教師Sは音楽授業で使用する曲目の歌詞を資料化して道徳授業を行った。Sは主たる発問として「この詞からどんな状況を想うことができるか」と、生徒に尋ねていく。2、3の発言は聞かれたものの生徒たちの心に響く意見ではなかった。重苦しい雰囲気が教室内に漂った。すると、一人の生徒Tが手を挙げ「先生、この箇所、全員で合唱したらどうでしょうか」と発言した。早速SはそのTの提案を受け入れて合唱に移った。すると授業が動き出した。その結果活発な発言が多く聞かれるようになった。授業後、さわやかな笑顔の生徒たちがそこかしこに居た。

　以上は学級という集団で確かめることができた道徳的心情について事例である。教師Sの資料の取り上げ方の工夫（第1段階）まではよかったが、生徒Tのとっさの一言で授業が第3段階へと動いたのである。道徳性の啓培、育成、形成といった前述したキーワードでこの事例を見れば、道徳的心情では「形成」といった第3段階がポイントとなる。教師主導で道徳的心情といった内面世界を「はぐくむ」のでも「引張る」のでもなく、教師と生徒が互いの顔の表情や身振り、手振りといった所作に表れているものを感じ取るのである。そうした指導過程を意図的、計画的に構築したとき学習材が道徳的心情へと迫まっていく教材に変容する点を暗示する事例である[10]。

道徳的判断力にかかわる事例

　授業に集中できない、しない生徒が増えている。生徒が授業に集中しない、できない原因の一つには教師の言葉に課題があると考える。すなわち、教師の多くは「つまり‥こういうことね」とか「例えば‥こうでしょ」といった「つまりと例えば」といった予見のもとで勝手に話を進めることが多いため、生徒が自分で考え、自分で判断して問題をよりよく解決していこうとする意欲を削ぐ傾向にある。いわゆるパターナリズム（先回りしてお節介をやくこと）に教師が陥っているのである。次はそうした教師と生徒の言葉のやりとりの例である[11]。

　　教師「今は授業中。私語をしてはいけません。エチケットに外れています」
　　生徒「いつ誰が私語をエチケット外れと決めたのですか」

教師「つまり、先生が不快な気持になるからです。当たり前です」
生徒「だったら静かに話せばいいのですか」
教師「つまり、授業中の私語はマナー違反です」
生徒「違反ということはどういうことですか」
教師「例えば、禁止されていることを破っていることです」
生徒「破るとどうなるのですか」
教師「教室から出します」
生徒「だったら先生や友達が不快にならないように話します」
教師「でも、きっと誰かの迷惑なります」
教師「いいですね。私語はマナー違反です」
生徒「エチケットとマナーはどこがどう違うのですか」
教師「屁理屈いう前に私語を止めるか、教室から出ていきなさい」

　以上の教師と生徒との間のやりとりでは双方が反発し合う状況に追い込まれていく。私語はマナー違反である、という説教をしていているに過ぎないし、私語をしている、といった事実よりも教師と生徒の感情的な対立の構図になっている。

　道徳的な判断力を問う授業にあってはコールバーグの見解[12]を持ち出すまでもなく、力のある人、怖い人に合わせることが公正であるという規定に始まり、次第にメリット、デメリットで判断→よい子の振りをする振舞い→秩序を維持するための言動→公平・公正な状態を保全しようとする言動→倫理的な価値に基づいた言動、といった段階を上っていく。教師はよく生徒の実態は現時点ではこの段階にあり、授業ではこの段階まで引き上げていこうとする第2段階の指導過程を想定するが、授業は混沌とした状況に陥ることがしばしばである。それは道徳的な心情面と道徳的な実践意欲と態度を教師が整理整頓できずに無理やり「プロクルテスのベッド」を持ち出すためである。

　よって道徳的な判断力を育成する第2段階の授業は生徒の反応の仕方次第で第1段階か第3段階のいずれかに傾斜していくことも十分に考慮しておくことが必要である。

道徳的実践意欲と態度にかかわる事例

　W中学校に通うYは学級担任Fの熱心な勧めもあって3年生の夏休み期間、

公立の保育園でのボランティア体験活動に1週間参加することになった。問題行動が多くたびたび教師の指導を受けていたY。そのこともあってか初日から一緒に参加した他の仲間たちとは異なっていた。その保育園に溶けこもうとしないのである。しかし、園児たちはお構いなく「おにいちゃん、おにいちゃん」と黄色い声をかけながらYを取り囲んでは遊びをせがんだ。そして昼食の時間になり、園の職員のリードで食事の準備に入った。「さあ、みんなで食事にしましょう」と園長さんが職員と中学生たちに声をかけたときそこにはYの姿がなかった。一人、別室で食事をとろうとしているところであった。心配そうに園長が事情を尋ねると「自分の弁当は、朝、駅前のコンビニで買ったものだから園児には見せたくない」と硬い表情で応えるのであった。事情を理解した職員が手際よくYの弁当の中身を別の容器に移し替えた。にっこりとして席を立った。そして無事に園児たちと楽しく食をとることができた。
　このことがあってから、他の職員たちのYに対する見方が変わっていった。最終日には園児たちや職員との別れを惜しむYの姿がそこにはあった。ボランティア終了時に書かれたYの感想文には「中学校の先生からボランティア活動に参加するようにいわれたときは面倒臭いものには参加したくないと思っていた。しかし、参加してみて自分の考えが間違っていることに気づいた。自分は園児や職員の方々からとても大切なものを教えてもらった気がしている・・・。」

　以上は様々な人の思いやりを介することでしだいに人間への関心が濃くなり、生活に対する意欲や態度が改善されていった事例である。教師Fの継続的な指導と保育園の職員と園児たちのかかわりがYの生き方を変えたのである。道徳性の啓培、育成、形成といった前述したキーワードでこの事例を見れば、道徳的実践意欲と態度の「形成」といった第3段階の指導は性急に教師主導で行動を「形成」させたり「育成」するのではなく、じっくりと人の思いを介して「はぐくむ」指導過程を構築してこそねらいに迫れる授業となる。道徳的心情をねらいとする授業とは逆の指導過程を意図的、計画的に辿ると効果が上がることを暗示している。
　道徳授業は生徒が様々な体験を通して自己の生き方への自覚を深め、人間としてのよさを開花させていく過程で教師のかかわり方が重要な役割を果た

す。ここでいうかかわり方とは、教師と生徒が人間としてのよりよい生き方を求め、共に考え、共に語り合い、その実行に向けて努力するための共通の課題に対して、多様な指導方法[13]によって展開されるが、ともすれば、内面世界に向かっての学習が始まる。生徒自身が、教師の話を聞くだけではなく、自分に向けての問を発しながら自問自答する時間が道徳授業である、といった学習と指導を織り込むことが何よりも大切なのである[14]。

注

1) ソクラテスの弟子プラトンは師を死に至らしめたポリスの在り方を反省し、絶えず変化する現実の世界を超越して永遠に変わることのない理想の世界（イデア）の実現に向けた思索と実践に努めた。それは例えば、我々が黒板に描かれた三角形を見ながら、三角形の性質を考えるとしよう。すると、三角形を見た人は皆、理性によって頭の中に描いた完全な三角形を想像する。即ち、三角形のイデアを「直観」することになる。プラトンはこのことを次のように説く。「魂は昔、イデアの世界に住んでいたが、今では肉体という牢獄に囚われ、現実の世界に住んでいる。そして、人間の肉体は絶えず変化し、消滅するが、人間の魂は、美しい善いものを経験するたびに、昔住んでいた魂の故郷（イデアの世界）を懐かしく思う。このイデアの世界に対する魂の憧れがエロスである。」即ち、このエロスに促されて、人間の魂は肉体から自由になり、美しい善いものを追求していく。

　　プラトンは腐敗と堕落が蔓延していくアテネを救うために、いかにイデアを実現していけばよいのか考えた。彼は人間の魂の働き（機能）を「理性・意志・情欲」に分けて考え、理性には「知恵」、意志には「勇気」、情欲には「節制」の3つの徳を対応させた。そして、勇気と節制とが知恵に支配され、人間の魂が全体として調和するとき、「正義」（当時は適材適所という意味）といった徳が生まれるとした。これがギリシャの四元徳である。

2) 仏教（浄土真宗）では仏性のことを「仏になりうる性質があること」と理解している。同様に道徳性についても「よくなる可能性を秘めていること」ととらえることもできる。よって道徳性について「特質、備わったもの」といった理解ではなく「なりうる、できる、よくなる」と積極的な解釈をすることが求められる。

3) 我が国の教師は、欧米の宗教教育に代わるものとしての道徳教育の充実に、その役割とその責任の任を負うところが大きい。戦前において道徳は、1879（明治12）年の「教学聖旨」で「教師が本来道徳の教師であること、そしてこの道徳は儒教的な人倫の大道でなければならない」とし、1890（明治23）年の「教育勅語」に至って確定的になったといえる。以後、教育勅語は国民の道徳の根幹となる中で、教師はその精神（儒教思想）を身をもって

実践し、子どもの模範となること（修身）が社会から当然のごとく要求されていった。しかし、戦後の米国流のプラグマティズム的教育観、「為すことによってどう行動するかを学ぶ」（learning to do by doing）といったデューイ（Dewey, John）的教育観の導入に伴い、儒教道徳的教育観は批判の矢面に立たされたのである。

　この点について稲富栄次郎は「日本の道徳教育の世界観的基礎」ということについて主張した。つまり、我が国のように宗教にも頼りがたく、宗教的情操や愛国心、倫理学にも依拠しがたい状況にある国家の道徳教育に対する唯一の拠り所は「教育基本法」にある。即ち、教育基本法を基盤とする道徳教育こそは世界中で通用するものであり、教育の理想である。そして、この抽象的な思想を学校教育で実現していくには学習指導要領に具体的な内容を明示し、指導していく必要がある、と説いたのである。

4）　筆者はアダム・スミス（Smith, Adam 1723-1790）が『道徳情操論』の中でいう「共感」を重視する。それは例えば、空にちりばめられた星を見て驚異の感情を起こす。地震や落雷に恐怖の感情を抱く。また、絵画や音楽などに感情を揺り動かされる感情である。さらに、不慮の事故、災害で家族を失った人の悲しみ、苦痛を思い遣り涙する。努力の結果、目標達成した人の喜びに対しても我を忘れて共に喜ぶことができる。

　そしてアダム・スミスは「だれかが往来で人目もはばからずに大声で泣き叫んでいるとする。愛児が車にはねられたと分かれば、その人の悲しみや動作は衆人のだれでもが納得する」といった感情の社会的側面にも注目する。この種の感情は個人的、主観的、非合理的なものではなく、社会性と合理性をもつ感情だからである。この原理をアダム・スミスは「みんなが付いて行く、みんなが付いて来てくれる」感情、「世間が、社会がパトスを共にする」感情、即ち「共感（sympathy）」と呼んだ。「共感」は世間や社会といった漠然とした感情であるが、我々の胸中での行為であり、それをスミスは「胸中の人」ともいった。行為をする「胸中の人」が良心であり、社会の良心と一体となったとき、「コモンセンス（common sense）」となるのである。

5）　脚注　と同義である。

6）　ジョン・デューイ（Dewey, John 1859-1952）は、一般的に社会集団の伸長、成長を図る教育といった動的な活動を次のような用語を使用して説明する。

　「成長に必要な環境の諸条件に配慮する」教育では、（ア）はぐくみ"fostering"（イ）養い"nurturing"（ウ）培い"cultivating"という「伝達の過程」に注目する。

　そして教育を「一定の水準に引き上げる活動」としたとき、（エ）養成する"rearing"（オ）育成する"raising"（カ）育て上げる"bringing up"過程に注目するのである。さらに「集団としての教育の成果を出そうとする」教育には、（キ）仕付け"shaping"（ク）形成"forming"

(ケ) 陶冶"molding"の3つが加わる。

7) 道徳性の発達を促す主なかかわり方としては、自分自身、他の人、自然や崇高なもの、集団や社会が考えられる。これらのかかわりの輪を広げる過程で、大切にしようとする家族や他の人、集団、組織、社会や山川草木が増える一方、自分の好き嫌いで判断し、行動するといった利害・得失の感情や身びいきの感情が増大していく傾向にある。

　基本的に道徳性の発達は、他律から自律への方向をとる。それは、結果を重視することから動機をも視野に入れての判断が可能となることであり、一面的な見方から多面的な見方へ、さらに、相手のことを考え、思い遣る心情や自分を見つめる能力が高まる、といった広がりとなっていく。かかわりを豊かにするとは、困難なことを避け、結果が自分にとって有利に働くことを求める現世的、主観的な見方に支配されがちな生徒に対して、思慮深い態度で自律的に自分を見つめ、判断し、かかわっていく客観的な感情の高揚である、といった点を明確にしていくことが大切である。

8) 我々は今までの自分や現在の自分、そして将来に向けてこう在りたいと願う自分を静かに「見つめ、考える」ことで、自立（意味のある活動に従事すること。就職すること）していく。また、仲間と活動する、会社で仕事をするといった意味での自立は、自己の向上を願う意欲（自尊の感情）を育てていくことで促進されていくものでもある。

　自主自立を促すときは自律の訓練がかかせない。それは、結果を重視する判断から動機がどんなものであったかをも視野に入れた判断が要求されるからであり、一面的な見方から多面的な見方へ、さらに、相手のことを考え、思い遣る心情や自分を見つめる能力が高まる、といった広がりで多面的に判断することができるようにしていくからである。「自分らしい生き方」を確立するには、困難なことを避け、結果が自分にとって有利に働くことを求める現世的で主観的な見方"feel-good－now"に支配されがちな自分（自己）に対して、思慮深い態度で自分を見つめ、考え、多くの人とかかわっていく自律的な感情を育てていくことである。

9) デューイはその著（松野安男訳『民主主義と教育』岩波文庫p.44―45）で以上、未熟な集団の成員を一定の社会集団のメンバーへと育て上げていく教育について次のように説く。

　・・・連続し発展して行く社会の生命にとって必要な態度や性向を子どもたちの内部に発達させることは、信念や情緒や知識の直接的な伝達によってなしうることではない。それは環境という媒介物を通してなされるのである。

　・・・子どもたちが、だんだんといろいろな集団に属して行き、それらの集団の活動を分担するようになるにつれて、意識的にそうしようとしないでも、いっそう深く根本的な教育的性向形成がなされるようになる。

しかしながら、社会がいっそう複雑になるにつれて、未成熟者の能力の養成に特に気をつけるような特別の社会的環境を設置することの必要性が明らかになる。この特別な環境の比較的に重要な三つの機能を列挙すれば、それによって発達させることが望まれている性向の諸要素を単純化し、順序づけること、現存する社会的慣習を純化し、理想化すること、子どもたちを放任しておいたら、おそらくその影響を受ける可能性のある環境よりも、いっそう広く、いっそうよく均衡のとれた環境を作り出すことである・・・

10) 背景には奈良時代、平安時代を経て鎌倉時代になって確立するに至る仏教界における小乗仏教と大乗仏教の伝統的な心の在り方の専修（せんじゅ）があるためではないかと考える。道徳授業での教師も心情を内へ向ける指導が多いが、生徒は外に向かって心情を発信することが得意ではない。

11) ルソー、今野一雄訳『エミール（上）』岩波文庫、p.124－125を参考にして筆者が自作する。

12) ローレンス・コールバーグ（Kohlberg, Lawrence 1927-1987）は道徳性には認知的な核があると考える。そして、我々が責任ある道徳的行為を行うに際しては、感情、意欲、習慣が複雑に絡まっているが、問題となる状況をどう認識し、どのような処理・行為・活動をとることが、なぜ、必要となるか、といった判断力が最大の要因となる、と説く。

　また、道徳は様々な人の多様な要求や意見をどう調整していくかの過程での「人とのつながり、かかわり」にあり、道徳の中心的観念は「公正さ」にあるとする。そのため、当初は、道徳的判断力の発達の6段階に着目する中で、「ジレンマ討論によってその判断力を高めていくことができる」とし、公正さの『発達段階と序列』(1969)や『＜である＞から＜べきである＞』(1971)について説いた。しかしその後、青年期における慣習的レベル（第四段階）から脱慣習的レベル（第五段階）への移行、あるいは公正推論（第六段階）に関して各方面からの批判が見られたこと、また、コールバーグ自身とその共同研究者による理論の明確化と経験的妥当性により、各段階の規定の仕方も修正されている。

13) 生徒が道徳的価値について内面的な自覚を深めていく際の手掛かりとして資料（学習材）は道徳授業のねらいに迫る媒体の役割を務めるものである。したがって、資料が具備する要件として以下の点を考慮する必要がある。

　　ア　生徒の感性に訴え、豊かな感動を与える資料
　　イ　人間の弱さやもろさに向き合い、生きる喜びや勇気を与えられる資料
　　ウ　生や死の問題、人間としてよりよく考える生きることの意味などについて深く考えさせることができる資料
　　エ　学級生活等を振り返り、道徳的価値を考えることができる資料
　　オ　地域や郷土に関連した資料,今日的な課題に考えることのできる資料

カ　特定の価値観に偏しない中正な資料、多様な学習活動が可能な資料
14）ルソー、今野一雄訳『エミール（上）』岩波文庫、p.173-174

　　寓話は大人を教えることができるが、子どもには生の真実を語らなければならない。真実に覆いをかぶせると、子どもはもう骨折ってそれを取り除けようとはしない。子どもはみんなラ・フォンテーヌの寓話を習わせられるが、それを理解できる子どもは一人もいない。理解できたとしたら、もっとまずいことになる。その道徳にはいろいろなものが混じっている。

　　－同上、p.181

　　子どもが寓話を学んでいるのを注意して見るがいい。それを実生活にあてはめて考えることができる場合、子どもはほとんど作者の意向とは逆の考え方をすること、作者が改めさせようとしている、あるいは、持たせないようにしている欠点について反省することはしないで、子どもは他人の欠点から自分の利益を引き出すというよからぬことを心がけるようになることが分かるだろう。社会にあっては言葉だけの道徳と実践上の道徳が必要なのだ。

　　－同上、p.190-191

　　若き教育者よ、私は一つの難しい技術をあなたに教えよう。それは訓戒を与えずに指導すること、そして、何一つしないで成し遂げることだ。もっとも、こういう技術はあなたには相応しくない。それはあなたの輝かしい才能をすぐに示すことにはならないし、父親たちにあなたを高く評価させることにもならない。しかしこれこそ、成功に導く唯一の技術なのだ。

特別活動の教材とは

林　尚示
（はやし　まさみ）

1　はじめに

(1) 特別活動とは

　特別活動とは、小学校第1学年から高等学校第3学年までの初等、中等教育の教育課程を構成する領域の1つである。[1)]

　特別活動は、学校段階で構成内容が異なる。小学校では、学級活動、児童会活動、クラブ活動、学校行事で内容が構成される。中学校では、学級活動、生徒会活動、学校行事で内容が構成される。高等学校では、ホームルーム活動、生徒会活動、学校行事で内容が構成される。それらを表にすると、表1のようになる。

表1　特別活動の構成内容

学校段階	内容1	内容2	内容3	内容4
小学校	学級活動	児童会活動	クラブ活動	学校行事
中学校	学級活動	生徒会活動		学校行事
高等学校	ホームルーム活動	生徒会活動		学校行事

　小学校のクラブ活動については主として第4学年以上の児童を対象としているが、それ以外の内容は全学年を対象としている。

　授業時数は、学級活動が35単位時間（小学校第1学年は34単位時間）、ホームルーム活動も原則として年間35単位時間以上である。

(2) 教材とは

　教材という語は学校教育法に記載がある。具体的には、「小学校において

は、文部科学大臣の検定を経た教科用図書又は文部科学省が著作の名義を有する教科用図書を使用しなければならない。2前項の教科用図書以外の図書その他の教材で、有益適切なものは、これを使用することができる。」(学校教育法、第34条)とされている。この規定は、小学校だけではなく、中学校、高等学校、中等教育学校、特別支援学校にも準用される。

ここからは、教材を教科用図書、教科用図書以外の図書、その他の教材の3タイプに区分できる。

教科用図書以外の教材については、校長から教育委員会に届け出るように管理運営規則等で定められていることが一般的である。例えば、『東京都立学校の管理運営に関する規則』では、「校長は、学年または学級全員若しくは特定の集団全員の教材として、次のものを継続使用する場合、使用開始期日十四日前までに委員会に届け出なければならない。」(第19条2)と規定されている[2]。

なお、14日前までに届けるものは、副読本、解説書その他の参考書、学習帳、練習帳、日記帳の類である。

教材の選定については、『東京都立学校の管理運営に関する規則』では、保護者の経済的負担について考慮しつつ、次の3つの要件を具えるものを選定できるとしている。①内容が正確中正であること。②学習の進度に即応していること。③表現が正確適切であること(第18条)。

特別活動は教科ではないため教科用図書は使用しないが、東京都立学校を例とすると、副読本、解説書その他の参考書、学習帳、練習帳、日記帳の類を使用する場合は、校長から教育委員会に届出をすることになる。

また、届出の要らない「その他の教材」についても、上記の教材選定の要件は参考になる。特別活動の場合、活動の内容そのものが教材でもあるが、保護者の経済的負担について考慮しつつ、内容が正確中立で、児童生徒の学習状況に即応しており、表現が正確適切である活動を選定することになる。

なお、2008(平成20)年3月28日に公示された『小学校学習指導要領』及び『中学校学習指導要領』[3]でも、特別活動の領域では教材という用語は使用していない。しかし、教育課程全般に関する総則の部分では視聴覚教材、教育機器などの教材について適切な活用を図ることを示している。そのため、特別活動でも、他の領域と同様に視聴覚機器や教育機器を活用して創意工夫のある指導計画を作成できる。

351

2 学級活動・ホームルーム活動の教材

(1) 学級活動の教材

　学級活動は小学校及び中学校で実施される特別活動の内容である。小学校の内容は2つ、中学校の内容は3つで、共通する内容と異なる内容があり、表2のようになる。

　教材については、機能を重視した教材選択・教材整備に努め、各学校の教育目標、教育課程、特色ある学校づくりなどに対応して、弾力的・効果的な教材整備を図っていくために、機能別に一覧表が作成されている。そのため、文部科学省が2001（平成13）年に作成した『教材機能別分類表』[4]を基に学級活動の教材についてまとめてみたい。なお、『教材機能別分類表』では、教材を広い意味でとらえ、大きく、①発表・表示用教材、②道具・実習用具教材、③実験観察・体験用教材、④情報記録用教材の4つに区分している。

　まず、学級や学校の生活づくりについては、係活動で特別活動連絡黒板を活用したり、話合い活動で意見表示発表板を使用したりするなど、発表・表示用教材が活用できる。

　次に、適応と成長及び健康安全については、適応、成長（中学校）と健康、安全に区分した。適応、成長（中学校）については、ソフト教材として適応や成長に関する内容を取り扱うDVD、ビデオテープ、紙芝居などの発表・表示用教材が活用できる。また、健康、安全の内容については、掛図の類として、健康、安全に関する教授用掛図などの発表・表示用教材が活用できる。

　最後に、中学校の学業と進路については、学業指導や進路指導で、書架の類として、パンフレットスタンドなどが利用でき、検査用器具として、手先指先検査板などの道具・実習用具教材が使用できる。

表2 小学校・中学校学級活動の内容と教材例

番号	小学校の内容	中学校の内容	教材例
1	学級や学校の生活づくり	学級や学校の生活づくり	・特別活動連絡黒板 ・意見表示発表板
2	日常の生活や学習への適応及び健康安全	適応と成長及び健康安全	・適応, 成長に関するDVD, ビデオテープ, 紙芝居 ・健康, 安全に関する教授用掛図
3		学業と進路	・パンフレットスタンド ・手先指先検査板

(2) ホームルーム活動の教材

　ホームルーム活動は高等学校でのみ実施されている特別活動の内容である。『小学校学習指導要領』と『中学校学習指導要領』については2008（平成20）年3月28日に公示されたが、『高等学校学習指導要領』はまだ改訂版が公示されていない。そのため、ここでは、中央教育審議会が2008（平成20）年に出した答申『幼稚園、小学校、中学校、高等学校及び特別支援学校の学習指導要領等の改善について』[5]と文部科学省が2003（平成15）年に一部改正した現行の『高等学校学習指導要領』[6]に基づいて論じてみたい。

　答申では、ホームルーム活動については、①ホームルームや学校の生活づくり、②適応と成長及び健康安全、③学業と進路の3つの内容から構成することとしている。中学校と比較した場合、中学校の「学級」が高等学校では「ホームルーム」という用語に変換されているのみで、3つの構成内容の区分は共通である。ただし、『高等学校学習指導要領』の改訂では、ルールやマナー、社会生活上のスキル、人間形成や将来設計といった事項に重点を置き、内容を整理することになっており、ガイダンスの充実も図られる。

　そのため、表3では、小学校・中学校学級活動の教材例に加えて、ホームルームや学校の生活づくりでは、社会生活上のスキルの習得に関するDVD、ビデオテープ、紙芝居といった発表・表示用教材を例示した。また、適応と成長及び健康安全では、説明教具（ルール、マナー）といった発表・表示用教材を例示した。学業と進路では、ガイダンス設備一式などのガイダンス用教材を例示した。

表3　高等学校ホームルーム活動の内容と教材例

番号	高等学校の内容	教材例
1	ホームルームや学校の生活づくり	・社会生活上のスキルの習得に関するDVD，ビデオテープ，紙芝居 ・特別活動連絡黒板 ・意見表示発表板
2	適応と成長及び健康安全	・適応，成長に関する説明教具（ルール，マナー） ・適応，成長に関するDVD，ビデオテープ，紙芝居 ・健康，安全に関する教授用掛図
3	学業と進路	・ガイダンス設備一式 ・パンフレットスタンド ・手先指先検査板

3　児童会活動、生徒会活動の教材

(1) 児童会活動の教材

　児童会活動は小学校のみで実施されている特別活動の内容である。児童会活動の内容は、(1) 児童会の計画や運営、(2) 異年齢集団による交流、(3) 学校行事への協力である。児童会活動の授業時数は、それぞれの内容に応じて、年間、学期ごと、月ごとなどに適切な授業時数が充てられる。

　表4に小学校児童会活動の内容と教材例を示すが、小学校の内容については、表5の中学校の内容と共通性がある。具体的には、児童会と生徒会で会の名称は異なるものの、小学校の内容は中学校の内容の「生徒会の計画や運営」、「異年齢集団による交流」、「学校行事への協力」の部分と共通である。ここからは、基礎となる小学校での3つの内容をもとに、中学校では、新規に「生徒の諸活動についての連絡調整」、「ボランティア活動などの社会参加」が内容として加えられていることが分かる。

　児童会の計画や運営では、黒板（スケジュール記録用）や、代表委員会活

動での意見表示発表板などの活用ができる。

　異年齢集団による交流では、児童集会活動での遊具一式や、プログラムスタンド、スポットライト一式などが活用できる。

　学校行事への協力では、例えば、放送委員会による行事進行のために放送設備一式や、新聞委員会による行事内容の記録のために音声記録教材や映像記録教材などの活用ができる。

表4　小学校児童会活動の内容と教材例

番号	小学校の内容	教材例
1	児童会の計画や運営	・黒板（スケジュール記録用） ・代表委員会活動での意見表示発表板，など
2	異年齢集団による交流	・児童集会活動での遊具一式 ・プログラムスタンド，スポットライト一式，など
3	学校行事への協力	・放送委員会による行事進行のための放送設備一式 ・新聞委員会による行事内容の記録のための音声記録教材や映像記録教材，など

(2) 生徒会活動の教材

　児童会活動は中学校及び高等学校で実施されてる特別活動の内容である。2008（平成20）年3月28日に公示された『中学校学習指導要領』による中学校の生徒会活動の内容は、(1) 生徒会の計画や運営、(2) 異年齢集団による交流、(3) 生徒の諸活動についての連絡調整、(4) 学校行事への協力、(5) ボランティア活動などの社会参加である。文部科学省が2003（平成15）年に一部改正した『高等学校学習指導要領』による高等学校の生徒会活動の内容は、(1) 学校生活の充実や改善向上を図る活動、(2) 生徒の諸活動についての連絡調整に関する活動、(3) 学校行事への協力に関する活動、(4) ボランティア活動などである。小学校同様に、中学校及び高等学校でも、生徒会活動の授業時数は、それぞれの内容や学校の実態に応じて、年間、学期ごと、月ごとなどに適切な授業時数が充てられる。小学校児童会活動の内容と教材例を踏まえて中学校・高等学校生徒会活動の内容と教材例を作成する

と、表5のようになる。

　生徒の諸活動についての連絡調整については、例えば部活動を構成する各部に対して校庭や体育館などの利用割り当てを行うための黒板などが活用可能である。

　ボランティア活動などの社会参加については、例えば高齢者疑似体験用具一式、保育人形などの福祉関係体験用具を活用することができる。

表5　中学校・高等学校生徒会活動の内容と教材例

番号	中学校の内容 (2008年)	高等学校の内容 (2003年)	教材例
1	生徒会の計画や運営	学校生活の充実や改善向上を図る活動	・黒板（スケジュール記録用），など
2	異年齢集団による交流		・生徒集会活動での遊具一式，など
3	生徒の諸活動についての連絡調整	生徒の諸活動についての連絡調整に関する活動	・黒板（校庭,体育館等利用割り当て用），など
4	学校行事への協力	学校行事への協力に関する活動	・放送委員会による行事進行のための放送設備一式，など
5	ボランティア活動などの社会参加	ボランティア活動など	・高齢者疑似体験用具一式， ・保育人形，など

4　クラブ活動の教材

(1) 小学校クラブ活動の内容と教材

　クラブ活動は小学校で実施される特別活動の内容である。『小学校学習指導要領』によると、クラブ活動の内容は、「学年や学級の所属を離れ、主として第4学年以上の同好の児童をもって組織するクラブにおいて、異年齢集団の交流を深め、共通の興味・関心を追求する活動を行うこと。」とされている。そのため、第4学年以上の児童で学年や学級とは異なる集団でクラブ

を組織して、①異年齢集団の交流を深める、②共通の興味・関心を追求する活動を行う、という2つの内容に取り組むことになる。

『教材機能別分類表』では、クラブ活動用教材として、園芸用具一式、飼育用具一式などの道具・実習用具教材を例示している。これらは、園芸クラブ、飼育クラブなどでの活用が想定できる。それ以外のクラブとしては、文部省が1999（平成11）年に発行した『小学校学習指導要領解説特別活動編』には、手話クラブ、コンピュータクラブ、伝統芸能クラブ、英会話クラブが、例示されている。

小学校のクラブ活動は、中学校及び高等学校の部活動、そして大学での課外活動にもつながってくる内容であるため、ここでは、大学の課外活動の区分を基に小学校のクラブ活動を分類してみたい。大学では、文科系サークル、体育系サークルという区分がある[7]。そのため、小学校のクラブ活動も、この区分にならい、文科系クラブと体育系クラブに区分し、教材の例示をしてみた。

表6　小学校クラブ活動の内容と教材例

番号	小学校の内容	クラブ活動の教材例	
1	異年齢集団の交流の深化	・特別活動連絡黒板，など	
2	共通の興味・関心の追求	文科系クラブ	体育系クラブ
		・園芸用具一式 ・飼育用具一式 ・教授用掛図(手話) ・コンピュータ一式 ・DVD（伝統芸能） ・英語アルファベットポスター，など	・ライン引き ・ソフトボール用具一式 ・サッカー用具一式 ・バスケットボール用具一式 ・ボール整理かご，など

5　学校行事の教材

(1) 学校行事とは

　学校行事は、学校段階で構成内容が異なる。2008（平成20）年3月28日に公示された『小学校学習指導要領』では、儀式的行事、文化的行事、健康安全・体育的行事、遠足・集団宿泊的行事、勤労生産・奉仕的行事で内容が構成される。2008（平成20）年3月28日に公示された『中学校学習指導要領』では、儀式的行事、文化的行事、健康安全・体育的行事、旅行・集団宿泊的行事、勤労生産・奉仕的行事で内容が構成される。新『高等学校学習指導要領』の公示には間に合わなかったため、現行版をもとに紹介すると、儀式的行事、学芸的行事、健康安全・体育的行事、旅行・集団宿泊的行事、勤労生産・奉仕的行事で内容が構成される。[8] それらを表にすると、表7のようになる。

　なお、学校行事の授業時数は、児童会活動、生徒会活動、クラブ活動と同様に、それぞれの内容や学校の実態に応じて、年間、学期ごと、月ごとなどに適切な授業時数が充てられる。

表7　学校行事の構成内容

学校段階	内容1	内容2	内容3	内容4	内容5
小学校（2008）	儀式的行事	文化的行事	健康安全・体育的行事	遠足・集団宿泊的行事	勤労生産・奉仕的行事
中学校（2008）	儀式的行事	文化的行事	健康安全・体育的行事	旅行・集団宿泊的行事	勤労生産・奉仕的行事
高等学校（2003）	儀式的行事	学芸的行事	健康安全・体育的行事	旅行・集団宿泊的行事	勤労生産・奉仕的行事

（下線は執筆者による。新『高等学校学習指導要領』は公示されていないため、高等学校のみ2003年の学習指導要領によった。文化的行事は名称に変更のあった行事である。小学校で遠足、中学校で旅行というのは従前の通りである。）

(2) 学校行事の内容と教材例

　学校行事のそれぞれの内容について、教材の例を考えてみたい。その前に、まず、それぞれの学校行事で行われる典型的な活動を紹介する。儀式的行事には入学式、卒業式などの活動が含まれる。文化的行事（学芸的行事）には学校祭、合唱コンクールなどの活動が含まれる。健康安全・体育的行事には、病気予防の講話、交通安全指導、体育祭などの活動が含まれる。遠足（旅行）・集団宿泊的行事には修学旅行、集団宿泊などの活動が含まれる。勤労生産・奉仕的行事には大掃除、飼育栽培活動、地域清掃活動などの活動が含まれる。

　入学式や卒業式などの儀式的行事及び、学校祭や合唱コンクールなどの文化的（学芸的）行事では、『教材機能別分類表』での道具・実習用具教材に含まれる学校行事用教材であるプログラムスタンドやスポットライト一式などを活用することができる。健康安全・体育的行事では、教授用掛図（保健学習、安全、応急手当など）、交通安全用具一式、各種のスポーツ用具一式などを活用できる。遠足（旅行）・集団宿泊的行事では、デジタルカメラのような映像記録教材や万が一の事故等に備えた準備として応急手当用具一式

表8　小学校、中学校、高等学校学校行事の内容と教材例

番号	内容	活動の例	学校行事の教材例
1	儀式的行事	入学式 卒業式	・プログラムスタンド ・スポットライト一式，など
2	文化的（学芸的）行事	学校祭 合唱コンクール	・プログラムスタンド ・スポットライト一式，など
3	健康安全・体育的行事	病気予防の講話 交通安全指導 体育祭	・教授用掛図（保健学習，安全，応急手当など） ・交通安全用具一式 ・スポーツ用具一式，など
4	遠足（旅行）・集団宿泊的行事	修学旅行 集団宿泊	・デジタルカメラ ・応急手当用具一式，など
5	勤労生産・奉仕的行事	大掃除 飼育栽培活動 福祉施設との交流	・清掃用具一式 ・飼育栽培用具一式 ・介護用品モデル一式，など

などの教材が利用できる。勤労生産・奉仕的行事では、清掃用具一式、飼育栽培用具一式などの野外活動用教材や、介護用品モデル一式などの福祉関係体験用具が利用できる。

なお、学校行事はその活動のバリエーションが特に豊かであるため、活動の例として示したものや学校行事の教材例として示したもの以外にも、各学校や各教師の創意工夫で多様な活動が展開でき、多様な教材が利用できる。

6　まとめ

特別活動の内容について紹介しながら、各内容で活用できる教材の例について検討してきた。その結果は、大きく次の3つにまとめることができる。

第1番目に、特別活動という学校の教育課程を構成する主要な領域では今まであまり顧みられてこなかった教材に着目し、教材の例を示すことができた。

第2番目に、学級活動、ホームルーム活動、児童会活動、生徒会活動、クラブ活動、そして学校行事といった特別活動の構成内容別に、それぞれの活動に対応した教材の例を提示できた。特別活動でもつまずきやすい内容を確実に習得させるために知識・技能などを活用する活動を充実させていくことは必要であるが、その際、各構成内容別に活用できる代表的な教材の例を示すことができた。

第3番目に、小学校、中学校、高等学校という学校段を考慮して、教材の例を提示できた。特別活動についても学校段階での繰り返しの活動によって目標の定着度を高められるが、それとともに一定の計画性、系統性を持たせた教材配置の例について提示した。

なお、残った課題としては、文部科学省が2008（平成20）年3月28日に公示した『小学校学習指導要領』及び『中学校学習指導要領』による特別活動の教育内容に関する主な改善事項を踏まえて教材についても改善する必要があることである。新学習指導要領では、次の2点が改善されている。

・よりよい人間関係を築く力、社会に参画する態度や自治的能力の育成を特に重視し、それらにかかわる力を実践を通して高めるための体験

活動や生活を改善する話合い活動、多様な異年齢集団による活動を一層重視する。
・学級活動（ホームルーム活動）や児童会・生徒会活動、学校行事等について、それぞれの活動を通して育てたい態度や能力を示す。[9]

　上記の改善内容から分かるように特別活動の各構成内容別に目標が設定されたことを受けて、今後は体験活動、話合い活動、異年齢集団活動のための教材についてさらに検討を進めていくことが大切である。具体的には、特別活動の実施に際しても各教科、道徳、外国語活動、総合的な学習の時間といった他の領域と同様に、副読本、解説書その他の参考書、学習帳、練習帳、日記帳の類の教材の活用を模索して活動の目標を効果的、効率的に達成していく研究の推進については今後の課題となる。

注

1) 特別活動は、中学校を例とすると、「望ましい集団活動を通して、心身の調和のとれた発達と個性の伸長を図り、集団や社会の一員としてよりよい生活や人間関係を築こうとする自主的、実践的な態度を育てるとともに、人間としての生き方についての自覚を深め、自己を生かす能力を養う。」という目標を達成するための教育活動である。2008（平成20）年の改訂で、「人間関係」という用語が目標に新たに加わった。そのため、人間関係を築くための教材の充実が今後は必要となる。
2) 東京都教育委員会、『東京都立学校の管理運営に関する規則』、1960（昭和35）年4月1日、教育委員会規則第八号、http://www.kyoiku.metro.tokyo.jp/ kohyojoho/reiki_int/reiki_honbun/g1012049001.html、2008年3月28日閲覧。
3) 文部科学省、『小学校学習指導要領』、2008（平成20）年、http://www.mext.go.jp/ a_menu/shotou/new-cs/youryou/syo/syo.pdf、2008年3月28日閲覧、及び、文部科学省、『中学校学習指導要領』、2008年、http://www.mext.go.jp/a_menu/shotou/new-cs/youryou/chu/chu.pdf、2008年3月28日閲覧。
4) 文部科学省『教材機能別分類表』、2001（平成13）年、http://www.mext.go.jp/ a_menu/shotou/kinou/main12_a2.htm、2008年3月31日閲覧。小学校、中学校、盲学校、聾学校、肢体不自由者を教育する養護学校、病弱者を教育する養護学校、知的障害者を教育する養護学校について、『教材機能別分類表』が作成された。
5) 中央教育審議会、『幼稚園、小学校、中学校、高等学校及び特別支援学校の学習指導要領等

の改善について』、2008（平成20）年1月17日。http://www.mext.go.jp/a_menu/shotou/new-cs/news/20080117.pdf、2008年3月31日閲覧。

6）　文部科学省『高等学校学習指導要領』、1999（平成11）年3月告示、2002（平成14）年5月、2003（平成15）年4月、2003（平成15）年12月一部改正、http://www.mext.go.jp/b_menu/shuppan/sonota/990301/03122603.htm、2008年3月31日閲覧。

7）　東京学芸大学を例とした。東京学芸大学では、2006（平成18）年6月末現在承認されているものでは文化系サークルとして69団体、体育系サークルとして71団体、その他の団体として1団体の課外活動団体がある。なお、その他の団体とは、学園祭を実行する小金井祭実行委員会である。

8）　2008（平成20）年3月28日に公示された『小学校学習指導要領』及び『中学校学習指導要領』と現行の学習指導要領での学校行事に関する大きな差異は、従前の学芸的行事が文化的行事と名称変更されていることである。従前の学芸的行事が新しく文化的行事となり、新規に活動の成果の発表と文化や芸術に親しむ内容が加えられた。このことにより、発表時の教材や、文化芸術に関する教材を充実させることが必要となる。

9）　文部科学省、『新しい学習指導要領（教師用パンフレット）』、http://www.mext.go.jp/a_menu/shotou/new-cs/pamphlet/index.htm、p.7、2008年4月27日閲覧。

キーワード：学級活動、生徒会活動、学校行事

幼児教育の教材を考えるための一考察

谷田貝　公昭
高橋　弥生

1　現代の幼児の姿

　幼児期の教材を考えるには、現代の幼児の実態を知っておくことがまずもって必要があろう。なぜなら幼児の実態把握なくして教材の開発は考えられないからである。我々はこれまで幼児の基本的生活習慣や生活技術について多くの調査を行ってきた。そこでその調査結果から現代の幼児の姿を明らかにし、教材を考える上での参考に供したい。

(1) 基本的生活習慣習得の実態

　基本的生活習慣とは、人間が社会人として生活を営むうえで不可欠かつ最も基本的な事柄である、食事、睡眠、排泄、着脱衣、清潔に関する5つの習慣のことをいう。基本的生活習慣を身に付けるということは、その社会への適応を意味する。また、この習慣を身につけることは幼児教育の必要性の課題の一つでもある。基本的生活習慣の形成は、子どもの心身両面の発達に大きく影響を及ぼし、その後の学校生活にもつながることから、現代の子どもの基本的生活習慣の獲得状況を把握し、その形成を促す幼児教育が望まれる。

①食事の習慣

　食事の習慣のうち、食事行動について注目してみると同一年齢の子どもの70～75%ができるようになる年齢は次の通りである。
・箸で食べられるようになる（3歳6ヶ月）
・握り箸をしなくなる（4歳）
・茶碗と箸とを両手に持って食べられるようになる（4歳）

・最後まで一人でご飯が食べられる（3歳6ヶ月）
・食事にかかる所要時間の平均は27.89分である

　以上のことは幼児期に身に付けておくことが必要といえるだろう。小学校入学時にこれらのことが習得されていなければ、学校生活に不便をきたすことになりかねないからである。

②**睡眠の習慣**

　睡眠の習慣に関しては、就寝時刻が遅くなっていることが現代の幼児にとっては大きな問題であるといえる。小学校に入学後は、9時台に70％以上の子どもが就寝しているが、就学前の幼児の70％以上が就寝するのは、これより1時間遅い10時台である。

表1　幼児の睡眠時間

年齢	全睡眠時間	夜間の睡眠時間
0.6～0.11	11:42	10:08
1.0～1.11	12:06	10:20
2.0～2.11	11:05	9:41
3.0～3.11	11:03	9:41
4.0～4.11	10:45	9:42
5.0～5.11	10:19	9:44
6.0～6.11	10:11	9:45
7.0～7.11	9:31	9:26
8.0～8.11	9:30	9:26

　さらに幼稚園入園前の幼児に関してはさらに遅くなり、中には夜中の12時を超える幼児もいる。しかし起床時刻をみると、就学前の幼児の70％以上が8時までに起床をしている。そのため、就寝時刻の遅れによる睡眠不足は昼寝によって補うことになり、分散型の睡眠を取らなければならない現状が見られるのである。幼児の夜間睡眠時間と一日の全睡眠時間については表1に示す通りである。この現状は幼児期の睡眠習慣としては憂慮せざるをえない。

③**排泄の習慣**

　排泄の習慣に関しては、自立が全体的に遅くなる傾向にある。同一年齢の

子どもの70～75％ができるようになる年齢を見ると次の通りとなる。
  ・排尿・排便の事後通告ができる（2歳6ヶ月）
  ・排尿・排便の予告ができる（3歳）
  ・昼間のオムツがとれる（3歳6ヶ月）
  ・排尿の際すべて一人でできる（3歳6ヶ月）
  ・排便の際すべて一人でできる（4歳）
  ・排便の際紙でお尻が拭ける（5歳）
  ・和式・洋式のどちらでも使用できる（5歳）

　小学校に入学してからの排泄の失敗は、精神的にマイナスの影響を受ける場合があるので、幼児期にきちんと身に付けることが望ましい。また、排便の習慣が不規則な子どもが多いことも心配な状況である。排便が規則的にある幼児は、年齢に関係なく約3割程度しかいないのである。不規則な排便の習慣は、体調不良を引き起こしたり、学習意欲にも影響したりすることがあるので気をつけたい習慣であろう。

④着脱衣
　着脱衣の習慣は、手指の巧緻性や取り組む意欲が影響をする習慣である。幼児期に身につく着脱衣の行動としては次のことがあげられる。
  ・衣服を一人で着ようとする（2歳）
  ・一人で靴が履ける（2歳6ヶ月）
  ・一人でパンツがはける（3歳）
  ・一人で衣服の着脱ができる（3歳6ヶ月）
  ・前ボタンが一人でかけられる（3歳6ヶ月）
  ・一人で靴下をきちんとはける（3歳6ヶ月）

　このように、3歳6ヶ月ころに70～75％の幼児が一人でほぼ着脱ができるようになることがわかる。ただし、着脱に要する時間については確認していないので、就学までに手早くできるようにする必要があるだろう。

⑤清潔
　清潔の習慣については、他の習慣に比べ比較的早く身に付くようである。
  ・うがいができるようになる（2歳6ヶ月）
  ・石鹸を使って一人で手を洗える（3歳）
  ・一人で顔を洗う（4歳）
  ・髪をとかす（4歳）

・鼻をかむ（4歳）
・朝の歯磨きが一人でできる（5歳）

　このように、4歳頃に多くのことが一人でできるようになる。しかし清潔の習慣は油断すると崩れやすく、小学校に入学してから歯磨きの習慣が乱れてしまうこともあるので、幼児期に確実に身につける必要があろう。

(2) 幼児の生活技術の実態

　生活技術とは、日常の生活の中で良く使う技術であり、特別に難しい技術ではない。生活技術を身につけることで、日常生活に困らないだけでなく、道具の原理を自然と覚えたり、科学的な思考を養ったりする可能性も十分含まれている。電化製品が多くなり、単純な道具を使いこなす技術がおろそかにされている傾向を感じるが、幼児にとっては単純な道具を使いこなせるようになる経験の中に、健全な成長に必要な多くの要素が含まれているのではないだろうか。

　我々が調査した生活技術の中で、幼児の生活に特に必要なものを取り上げてみることにする。

①箸の使用について

　幼児期に正しく箸を持って使えているかどうか、実際に実技調査をした結果が表2である。判定としては、a）伝統的な持ち方で正しく使える、b）一見正しい持ち方だが、使い方が違う、c）独自の持ち方である、の三段階である。この結果から分かるように、幼児期に正しく持って使える子どもはほとんどいない。手指を動かすことが脳の発達を促すことは、脳科学の面からも言われており、実際に手を使って遊ぶ遊具もたくさん販売されている。箸は食事のたびに使用する物であり、その動かし方も食事の内容により変化する。つまり箸を正しく持って使用する事で手指をかなり細かく動かすことになり、それにより脳も沢山働かせる事になるのである。わざわざ高い遊具を買わなくても、手指を十分使う事ができるはずである。さらに、食事の際のコミュニケーションを深める助けにもなるので、幼児期の大切な教材としてもっと見直すべきであろう。ちなみに昭和10年～11年にかけて行われた山下俊郎の調査によれば[1] 3歳半で箸が正しく使えるとされている。現代の幼児も、きちんとしつけさえすれば3歳半で正しく使う事は不可能ではないのである。

②鉛筆の使用について

　鉛筆を本格的に使用するのはおそらく小学校に入学してからの事であろう。しかし近頃は幼児期から絵を描いたり、字を書いたりする子どもが少なくない。中には幼稚園などでも字を教えている場合がある。ただしその際、字の形については熱心に教えるが、鉛筆の持ち方についても同じように熱心に教えているであろうか。幼児の鉛筆の持ち方・使い方を我々が調査した結果は表2の通りである。箸と同様に正しく持って使っている子どもはほとんどいない。鉛筆が正しく使えないと、姿勢が悪くなったり、手が疲れやすくなったりして、長時間使い続ける事はできない。そうなれば小学校に入ってからの学習にも支障を来しかねないだろう。

表2　鉛筆・箸の持ち方、使い方（%）

年齢		鉛筆持ち方	鉛筆使い方	箸持ち方	箸使い方
2～4歳	a	4.5	3	4.5	1.5
	b	16.4	17.9	13.4	10.4
	c	79.1	79.1	82.1	88.1
5～9歳	a	9.1	6.5	6.3	4.2
	b	26.8	27.9	14.3	14.5
	c	64.1	65.6	79.3	81.3

2007年調査

　鉛筆も箸も、その持ち方や使い方を間違って覚えてしまうと、正しい方法に直すには苦労を伴う。最初の段階で正しく身につける事が望ましいだろう。

③ハサミを使う

　ハサミは幼稚園・保育所でも使用している。小学校に入学してからも学習の中で使用するだろう。ハサミを持つ手（利き手）の動き自体は非常に単純なため、比較的小さい年齢でもハサミで紙を切ることができるようである。しかしそれは単に切り落とす作業である。決まった形を切り抜くといった作業の場合大切なのは、ハサミの開閉具合を調節する力加減と、紙を持つ手とハサミを持つ手の協応動作なのである。我々が小学生を対象に行った調査では、1年生の段階でハサミを使ってハート型を切り抜く事ができる割合は

0％で、2年生になっても10％に満たない。これでは思うようにハサミを使えるとは言えないだろう。このような場合は使い方を教えるというよりは、何度も何度もハサミを使う機会を持ち、熟練していくことが大切なのである。

④**ひもを結ぶ**

　最近はひも靴やひもの付いた服を着ている子どもが少ないため、子ども達の生活の中にひもを結ぶ機会は少なくなってきている。そのためか、小学生を対象にした調査結果を見ても正しく結べる子どもはごく少数である。一見正しく結べているように見えても、縦結びになってしまっている子どもが多く、縦結びということすら知らない子どもも少なくない。小学生高学年になってくると、スポーツをやるためにひも靴を使用する子どもが増えるようであるが、ひもがほどけている状態で走り回ることは非常に危険である。また、正しく結べていないとほどくことができない状態になってしまい、困った事になることもある。幼児期の服や靴にひもが使用されている物を取り入れることで、毎日ひもを結んだりほどいたりする練習ができるのであるから、面倒がらずに取り入れる事が大切である。

⑤**ボタンかけ**

　ボタンについてはひも結びより良くできている。調査によれば、前ボタン（大ボタン）は上中下の全ての位置が小学校1年生の段階でかけられるようになっている。幼児の遊具にもボタンかけをするものがあるように、ボタンについてはパジャマや園児の制服などにも多く使われており、幼児が触れる機会が多いのであろう。機会が多ければできるようになるという証であり、ボタンかけ以外の技術に関しても幼児期に十分身につける事が期待できるのではないだろうか。

⑥**トレーナーをたたむ**

　「たたむ」ということについては、小学1年生の段階で多くの子どもたちが経験している。幼稚園や保育所でも、自分の脱いだ服をたたむ経験を多少ともしているであろう。きちんとたためる子どもは3割ほどであるが、この子どもたちに共通しているのが「お手伝い」であった。普段の生活の中で、服をたたむことがお手伝いとして与えられている子どもは、非常に手際がよく、きれいにたたむことができた。子どもにとって「お手伝い」というものは、大人の真似をすることであり、非常に意味のあることである。生活の中

に「お手伝い」を意識的に取り入れることが大切である。
⑦食器を持つ
　毎日3回の食事があることを考えると、食器を持つなどということは何の問題もなくできるのではないかと考えていた。しかし実際に調査を行ってみると、きちんともてる小学1年生は30％にも満たない。幼児ともなればもっと数値が下がるだろう。判定の基準は、「糸底に指をかけて持ち、指が茶碗の中に入らない」持ち方を正しいと判定している。茶碗は子ども用である。多く見られた間違いは、人差し指を茶碗に入れて、上から持つような持ち方をする子どもであった。食器を正しく持ったり、箸を正しく使ったりすることは、文化の伝承でもあり、幼児期に身に付けるべきことであろう。給食などで使う皿での食事やスプーンやフォークの使用が、このような結果を生んでいる一因ではないだろうか。
⑧弁当箱を包む
　包むことは案外難しく、調査では小学1年生で弁当箱を正しく包めた子どもはほんのわずかだった。驚いたのは、包む以前の段階で、四角い布の上にどのように弁当箱を置くのかがわかっていないことであった。弁当箱の辺と布の辺が平行になるように置いてしまうのである。ちなみに小学校高学年になっても弁当箱を正しく包めるのは2割程度である。高学年になっても、弁当箱を布のどの位置に置くかすらわからない子どもも珍しくないのである。

表3　生活技術の調査結果（できた割合）（％）

	はさみ	堅結び(前)	たたむ	食器を持つ	包む
1年生	0	0	38.2	26.3	2.6
2年生	7.4	7.4	55.6	34.2	7.9
3年生	0	2.3	56.1	45.2	7.1

(3) 幼児の足指の動き
　現代の子どもたちの動きが、なんとなくぎこちない、怪我をしやすい、といった声はよく聞かれる。我々はそのぎこちなさの一因に足指の動きが関係しているのではないかと考え、足指の動きの調査を行った。その結果によれば、すべての足指がよく動く幼児は3割程度で、その他の子どもは親指、小指以外の三指が十分に動かない場合が多いようである。足指が十分動かない

と、足全体が板のような感じで、歩いたり走ったりするときに踏ん張りがきかず、転びやすい。また、立っていてもバランスが悪く、疲れやすいようである。

このような状態を改善するために最も有効な方法が裸足であろう。さらにぞうりのように鼻緒のある履物を履いて遊ぶことで、足指が動かされることになる。最近の子どもたちが一日に歩く歩数が少ないことや靴下をいつでも履いていることなども悪影響を及ぼしていると考えられるので、保育の中に意識的に足指を使う場面を作り出す必要があろう。

2　幼児の望ましい生活

(1) 直接体験をする

　幼児の生活は遊びを中心として成り立っているが、最近はコンピューターゲームなどの広がりにより、幼児の遊びまでもが間接体験となってしまっている。しかし幼児期は体を使って覚えることが大切で、体を使うことで脳の発達をも促すことにもなっているのである。間接体験が多くなることは幼児の発達にとってあまりよいことではなく、幼児期の生活は直接体験を重視することが大切である。直接体験でしか得られない感覚や心情を、保育者は大切にしなければならないし、そのような体験が多くできるような環境を整えなければならないだろう。

(2) 手伝いをする

　幼児が手伝いをする際には、最初のうちは大人の手が必要になり、大人にとっての負担が増える場合がある。そのため、幼児に手伝いをさせることを好まない大人も少なくない。しかし幼児期の子どもは、大人の様子を模倣しながら多くのことを身に付けていくものである。そのため、お手伝いは大変意義のあることなのである。ままごと遊びとは違い、本物の道具を使い、家族やクラスの一員として役に立つ仕事をすることが大切である。これにより自ら一生懸命生活技術を身に付けようとしたり、情緒面の発達にも役立つことがあるだろう。大人は面倒がらずに子どもにお手伝いをたくさんさせるべきであろう。

3 まとめ

　我々は、調査の結果などから現代の子どもの状況を明らかにしてきた。幼児教育の教材を考える上で、基本的生活習慣や生活技術は大切な要素であると思う。本来幼児期に身に付けなければならない基本的生活習慣は、小学校に入学しても身についていないものがいるのが現実である。生活技術にいたっては、簡単な技術でさえも体得していないのが現状である。たとえ便利な道具が開発されたとしても、すべてが機械化することはありえないだろう。また、文化の伝承という視点からも、幼児期から身に付けておいてほしいことがある。この現状を踏まえた保育、またそのために必要な教材が考えられる必要があるだろう。

注
1)　山下俊郎「幼児の生活指導」(保育学講座5) フレーベル館　1972年

参考文献
・谷田貝公昭、村越晃、高橋弥生ほか「現代の子どもの生活技術Ⅷ」　日本保育学会第58回大会発表論文集　2005年　P966～977
・村越晃、高橋弥生ほか「現代の子どもの生活技術Ⅸ－沖縄の子どもを対象に－」　日本保育学会第59回大会発表論文集　2006年　P1030～1031
・谷田貝公昭、村越晃、高橋弥生ほか「現代の子どもの生活技術Ⅹ－北海道の子どもを対象に－」日本保育学会第60回大会発表論文集　2007年　P1394～1395
・原英喜、内田雄三、高橋弥生ほか「『ぎこちない子どもの動き』に関する調査研究」身体運動文化研究11巻1号　2004年　P57～70
・谷田貝公昭和、高橋弥生「データでみる幼児の基本的生活習慣－基本的生活習慣の発達基準に関する研究－」一藝社　2007年

キーワード：基本的生活習慣、生活技術、望ましい生活

下　巻　目　次

Ⅲ章　各教育内容と教材 —————————————————————5

① 国語科の教材について
中学校国語科教育における教材と課題　………喜岡　淳治　　7

国語科の教材について　－小学校国語科教育における教材と課題－
　　　　　　　　　　　　　　　　　　　………新田　裕子　20

読みの教材における変遷と課題　－認知科学の知見を導入して－
　　　　　　　　　　　　　　　　　　　………梅澤　実　　28

② 社会科の教材について
社会科授業における確かな教材の配置と構成　－中学校社会科を中心に－
　　　　　　　　　　　　　　　　　　　………高山　博之　41

地理学習と教科書教材　　　　　　　………栗原　清　　52

社会科における環境教育教材の開発　－「森林」に関する教材開発の視点－
　　　　　　　　　　　　　　　　　　　………山下　宏文　62

③ 数学科の教材について
『塵劫記』の継子立ての教材化に向けて
　　－一般のきまりを帰納的に見つけるための数学的な考え方を探る－
　　　　　　　　　　　　　　　　　　　………笠井　健一　74

数学教育における教材開発の役割　　………太田　伸也　84

高等学校数学教材への新しいアプローチ
　　－数学を使う力を育てるための教材－　………植野　美穂　95

④ 理科科の教材について
子どもの思考・操作活動を支える教材の在り方　………石川　喜三郎　104

情意的関わりをもった教材の力　－動物の発生、命を学ぶ、事例から－
　　　　　　　　　　　　　　　　　　　………丹伊田　弓子　113

自然を読む力をつける図書教材　－小学校理科学習ノートの改善－
　　　　　　　　　　　　　　　　　　　………塚田　亮　　122

⑤ 生活科の教材について
生活科における自然体験の意味　　………石井　恭子　132

成長単元における絵本の教材としての可能性
　　－『おおきくなるっていうことは』(中川ひろたか文・村上康成絵)を中心に－
　　　　　　　　　　　　　　　　　　　　　………齊藤　和貴　142
⑥　音楽科の教材について
　学習材としての民俗芸能の太鼓の特性　　　………石塚　真子　154
　歌唱教材の変遷　　　　　　　　　　　　………澤崎　眞彦　166
　打鍵楽器の学習と教材提示の視点　　　　………田邉　隆　178
⑦　美術(図画工作)科の教材について
　図画工作科の学ぶ意欲を高める教材構成のあり方　………岩﨑　由紀夫　186
　「造形遊び」とその実態について　－学生へのアンケート結果が示すもの－
　　　　　　　　　　　　　　　　　　　　　………山田　芳明　197
⑧　社会科の教材について
　小学校教育との円滑な接続を図る技術科導入教材のあり方
　　　　　　　　　　　　　　　　　　　　　………浅田　茂裕　206
　21世紀の社会に求められる能力を育成する技術科の教材　－その理論と実際－
　　　　　　　　　　　　　………魚住　明生・中島　康博　217
　技術科の教材について　－教材としての「題材」－
　　　　　　　　　　　　　　　　　　　　　………中村　祐治　231
⑨　家庭科の教材について
　子どもの活動を豊かにする家庭科授業の工夫　………高木　幸子　245
　家庭科の学習意欲を高める教材の開発
　　－食生活の自立を目指す学習プログラム－
　　(ミニマム・エッセンシャル調理実習をもとにして)
　　　　　　　　　　　　　　　　　　　　　………田中　京子　256
　学習指導要領の変遷と家庭科の教材　　　　………高部　和子　266
⑩　体育科の教材について
　体育科における「表現運動」「ダンス」領域に関する学習指導内容と教材開発
　　　　　　　　　　　　　　　　　　　　　………畑野　裕子　280
　小学校期低学年期における鬼遊びの学習内容に関する検討
　　－ボールゲームへの発展を視点として－　………内田　雄三　293
　鉄棒運動での教材づくり　－「こうもりふりおり」の授業実践からの考察－
　　　　　　　　　　　　　　　　　　　　　………藤井　喜一　302

⑪ 外国語（英語）科の教材について
　小学校英語教育の課題と教材　　　　　　　………長谷川　淳一　311
　中学校英語教科書の質的分析　－作る立場・使う立場から見た現状と問題点－
　　　　　　　　　　　　　　　　　　　　　………末岡　敏明　321
　日本の英語教科書の計量分析と今後の展望　………相澤　一美　334
⑫ 総合的な学習の教材について
　総合的な学習における知の総合化と環境教育教材開発………小坂　靖尚　342
　「善光寺坂の神様の木」と、子どもの追究　………櫻井　眞治　351
　人間力の育成を図る総合的な学習の時間の内容と教材
　　　　　　　　　　　　　　　　　　　　　………原田　信之　365
⑬ 道徳の教材について
　モラルジレンマ資料について　　　　　　　………荒木　紀幸　372
　道徳の時間の充実を図る指導者と教材　　　………宇井　治郎　386
　情報モラルを育成する道徳教材の開発と「心の教育座談会」の実践
　　　　　　　　　　　　　　　　　　　　　………鈴木　明雄　399
⑭ 特別活動の教材について
　特別活動の教材の歴史　　　　　　　　　　………遠藤　忠　411
　特別活動の教材　－話し合いと集団づくりの活動を中心に－
　　　　　　　　　　　　　　　　　　　　　………山田　真紀　425
　特別活動の教材について　－「望ましい集団活動」とは何か－
　　　　　　　　　　　　　　　　　　　　　………安井　一郎　437
⑮ 幼児教育の教材について
　幼児教育の教材とは　　　　　　　　　　　………大沢　裕　448
　音楽表現活動を豊かにする保育展開と教材について
　　　　　　　　　　　　　　　　　　　　　………三森　桂子　461

執 筆 者 一 覧

辰野　千壽	筑波大学〈名誉教授〉		まえがき
川野辺　敏	星槎大学		あいさつ
長谷川　榮	筑波大学〈名誉教授〉		第Ⅰ章①
山口　満	びわこ成蹊スポーツ大学		第Ⅰ章②
佐島　群巳	帝京短期大学		第Ⅰ章③
福沢　周亮	聖徳大学		第Ⅰ章④
小笠原喜康	日本大学		第Ⅰ章⑤
柴山　英樹	聖徳大学		第Ⅰ章⑤
古藤　泰弘	星槎大学		第Ⅰ章⑥・⑥ⅴ
柴田　義松	東京大学〈名誉教授〉		第Ⅰ章⑥ⅰ
清水　厚実	財団法人国書教材研究センター		第Ⅰ章⑥ⅱ
大河原　清	岩手大学		第Ⅰ章⑥ⅲ
植田　恭子	大阪市立昭和中学校		第Ⅰ章⑥ⅳ
菊地　紀子	帝京短期大学		第Ⅰ章⑥ⅵ
新井　郁男	上越教育大学〈名誉教授〉		第Ⅰ章⑦
下田　好行	国立教育政策研究所		第Ⅰ章⑧
北　俊夫	国士舘大学		第Ⅰ章⑨
小野瀬雅人	鳴門教育大学大学院		第Ⅰ章⑩
清水　健	青山学院大学		第Ⅱ章①
石橋　昌雄	東京都武蔵野市立本宿小学校		第Ⅱ章②
半田　進	東北福祉大学		第Ⅱ章③
福地　昭輝	鶴川女子短期大学		第Ⅱ章④
日台　利夫	元静岡大学		第Ⅱ章⑤
八木　正一	埼玉大学		第Ⅱ章⑥
柴田　和豊	東京学芸大学		第Ⅱ章⑦
宮川　秀俊	愛知教育大学		第Ⅱ章⑧
中間美砂子	元千葉大学		第Ⅱ章⑨
岸本　肇	東京未来大学		第Ⅱ章⑩
伊藤　嘉一	星槎大学		第Ⅱ章⑪
小林　宏己	早稲田大学		第Ⅱ章⑫

吉澤　良保	東京純心女子大学	第Ⅱ章⑬
林　　尚示	東京学芸大学	第Ⅱ章⑭
谷田貝公昭	目白大学短期大学部	第Ⅱ章⑮
髙橋　弥生	目白大学	第Ⅱ章⑮

日本教材学会設立20周年記念論文集
「教材学」現状と展望

〈記念論文集編集委員会〉

　　石橋　昌雄　（東京都武蔵野市立本宿小学校）
　　伊藤　嘉一　（星槎大学）
　　宇井　治郎　（元東京純心女子大学）
　　植野　美穂　（東京学芸大学附属国際中等教育学校）
　　小林　宏己　（早稲田大学）
◎　澤崎　眞彦　（東京学芸大学）
○　清水　厚実　（財団法人図書教材研究センター）
　　清水　　健　（青山学院大学）
　　髙部　和子　（元兵庫教育大学）
　　塚田　　亮　（東京都渋谷区教育センター）
　　中村　祐治　（元横浜国立大学）
　　仲　　久徳　（早稲田大学）
○　長谷川　榮　（筑波大学(名誉教授)）
○　福沢　周亮　（聖徳大学）
　　藤井　喜一　（東京未来大学）
　　三森　桂子　（目白大学）

　　　　　　　　　　　　　　　◎は委員長
　　　　　　　　　　　　　　　○は副委員長

〈事務局〉
　　十亀　有信　（事務局長）
　　仲田　星子　（編集業務担当）

日本教材学会設立20周年記念論文集

「教材学」現状と展望（上巻）

平成20年11月8日　第1刷発行

記念論文集
編集委員会　　澤崎　眞彦
委員長

発　行　者　　川野辺　敏

発　行　日本教材学会
　　　〒162-0825　東京都新宿区神楽坂6-35　　電話　03-5261-0761

発　売　協同出版株式会社
　　　〒101-0054　東京都千代田区神田錦町2-5　電話　03-3295-1341

定　価　本体価格2,500円＋税

制作　協同出版

落丁本・乱丁本はお取り替えいたします。　　　Printed in Japan
定価はカバーに表示してあります。
ISBN 978-4-319-00227-6